DIE GEHEIMNISLOSIGKEIT

© 1996 Residenz Verlag, Salzburg und Wien
Alle Rechte, insbesondere das des auszugsweisen Abdrucks
und das der photomechanischen Wiedergabe, vorbehalten
Satz: Schaber Satz- und Datentechnik, Wels
Printed in Austria by Wiener Verlag, Himberg
ISBN 3-7017-0938-6

PETER WATERHOUSE

Die Geheimnislosigkeit

EIN SPAZIER- UND LESEBUCH

Residenz Verlag

Das Wort

... daß bey dem Leibe nichts als Größe, Solidität oder Undurchdringlichkeit, und Bewegung oder Veränderung der Stelle anzutreffen ...

(Leibnitz, Januar 1701, Deutsche Schriften, 1840, Locke nacherzählend)

Als ich draußen in der Nähe des Endes von Wien saß, im weichen Gras der Wiese, an einem herbstlichen Nachmittag, und alles Unferne ein wenig schwirrte im Wind – die Blätter da im Lindenbaum, die ungleichen Gräser und Kräuter, die Hagebuttensträucher und auch mein Haar und weiter ein Schilfufer und manchmal entlang dieses Ufers ein Fahrrad, daran die schwarze Antriebskette – und da ich, der Sitzende, erhöht war auf der Kuppe, weit, mühelos weit hinüberblicken konnte in den Sinus zu vielem, was jenseits von meinem Schwirren sehr still gebreitet lag, und eine schon im Nachmittagslicht machtvoll beleuchtete oder aus sich leuchtende, aber auch blinkende und sich wiederholende Tankstelle betrachtete und auch das Wort sprach, *Tankstelle,* aber mir ein besseres wünschend, welches genauer war als das Wort *Stelle,* vielleicht *Szene, Terrasse, Zaunstelle, Arsenal* oder *Postament,* vielleicht auch *Stadel* – und so war ich ein paar Stunden ganz versunken –, und dann wieder halb erwachte und sagte: die Wildente; die Bewegung des Winds; die Stirne runzeln; wenn wir uns trennen; bei Nacht über eine Zollgrenze Waren schaffen; Brosche; Sutur: da, nur allmählich, hörte ich den Schwarm, der zunächst die Bienen war, welche aufflogen, flogen und landeten, auf von der einen Blüte und hinab auf eine süßbittere Blüte, und manches Mal die Wörter, die ich enttäuscht oder nicht enttäuscht und bloß leise sprach, die auch zu fliegen schienen, und später auch das Rieseln der Luft oder das Murmeln und Summen und wechselnde Geflüster und leise Singen der Luft und das leise Singen des Blatts, Grashalms, Hagebuttenholzes, meiner Haare und der Schilfrohre – das war dann alles ein Schwarm, und ein

5

wenig schwärmte dann ebenso die Stadtanlage, was ich doch kaum beachtete, oder diese Landschaft, flüsternd, schwor, das heißt, sie antwortete, she answered, sie versicherte, sie bekräftigte, und ich war fast wie das Zünglein an der Waage; Bienen, Gräser, Blätter und meine paar Worte – Wildente, Wind, Stirne, Nacht und die Zollgrenze –, die schwirrten alle, und zurecht hieß es Schwirren, aber plötzlich, ruhig dasitzend in der Frühabendstimmung, sagte ich das Wort *amen* und wußte nicht, warum das Wort jetzt da war, aber meine Unruhe begann.

Gesumme. Wirbeln. Die Landschaft hatte keinen festen Leib. Ich erhob mich und sprach wieder ein paar Wörter, die gut in diese Landschaft gehörten, *Zaun, Landstraße, Kilometerstein, Motel, Mörtel,* und sie waren ohne einen festen Leib. *Schalmei,* und ich wendete mich zum Schilfrohr, und es gab einen großen Luftort, fast Luftkurort bis da ganz hinab zur Böschung, welche schwirrte, Halme und die Klingen aneinanderwetzend. Schalmei und Halme. Warum klingt hier alles so und schwirrt?

Schwarm; Examen. Da war ein Ruderschlag in sanfter Strömung: Erfreuet euch, wenn da draußen, wie ihr es immer heißen möget, eine Natur liegt, die ja und amen zu allem sagt, was ihr in euch selbst gefunden habt. Wer hier war, geht nur in ausgelassenen Sprüngen oder tanzt.

Ich erinnerte mich an das Gedicht von Matsuo Bashô:

> Köstlicher Reisährenduft!
> Unsere Schritte zerteilen ihn – und
> rechts leuchtet das Meer

Jedes Wort ist vermeidlich, welches Position ist, Subjektivität, ein bunter Held, eine umrissene Sache, wie das neue und das rote Automobil des Nachbars, das er besitzt und benützt und pflegt. Aber die wirklichen Worte, die beinahe wunderbaren Worte sind die Normalfälle, die familiären Worte, solche, die man getrost links liegen gelassen hat, die nichts taugen, mit denen man nicht dichten kann, denn keiner kann dichten. Da wo fast nicht gesprochen wird, fast nichts gesagt wird, über keine außerordentliche Sache, keinen berühmten Menschen, keine besondere Landschaft, da dichtet einer vielleicht.

Auf einer etwas höheren und freieren Stelle blieb der Großvater stehen, und sagte: »So, da warten wir ein wenig.«

Er wendete sich um, und nachdem wir uns von der Bewegung des Aufwärtsgehens ein wenig ausgeatmet hatten, hob er seinen Stock empor, und zeigte auf einen entfernten mächtigen Waldrücken in der Richtung, aus der wir gekommen waren, und fragte: »Kannst du mir sagen, was das dort ist?«

»Ja, Großvater«, antwortete ich, »das ist die Alpe, auf welcher sich im Sommer eine Viehherde befindet, die im Herbste wieder herabgetrieben wird.«

»Und was ist das, das sich weiter vorwärts von der Alpe befindet?« fragte er wieder.

»Das ist der Hüttenwald«, antwortete ich.

»Und rechts von der Alpe und dem Hüttenwalde?«

»Das ist der Philippgeorgsberg.«

»Und rechts von dem Philippgeorgsberge?«

»Das ist der Seewald, in welchem sich das dunkle und tiefe Seewasser befindet.«

»Und wieder rechts von dem Seewalde?«

»Das ist der Blockenstein und der Sesselwald.«

»Und wieder rechts?«

»Das ist der Tussetwald.«

...

»Kannst du mir sagen, was das für weiße Gebäude sind, die wir da durch die Doppelföhre hin sehen?«

»Ja, Großvater, das sind die Pranghöfe.«

»Und weiter von den Pranghöfen links?«

»Das sind die Häuser von Vorder- und Hinterstift.«

»Und wieder weiter links?«

»Das ist Glöckelberg.«

»Und weiter gegen uns her am Wasser?«

»Das ist die Hammermühle und der Bauer David.«

»Und die vielen Häuser ganz in unserer Nähe, aus denen die Kirche emporragt, und hinter denen ein Berg ist, auf welchem wieder ein Kirchlein steht?«

»Aber, Großvater, das ist ja unser Marktflecken Oberplan, und das Kirchlein auf dem Berge ist das Kirchlein zum guten Wasser.«

Aber das, was Stifter da geschrieben hat, das waren ganz andere Worte als diejenigen, die ich zuvor zu mir selbst gesprochen hatte. Und rechts von dem Berg und wieder rechts von dem Wald und wieder rechts. Und die Alpe, auf welcher sich im Sommer eine Viehherde befindet, die im Herbst wieder herabgetrieben wird. Das ist wohl eine ganz charakterlose Alpe, im Winter ist sie sogar noch zeichenloser als im Sommer, im Winter, da ist sie eine Alpe ohne Herde. In dieser Landschaft befindet sich Seewasser und befindet sich etwas vor der Alpe und befindet sich Vieh. Auf eine Allerweltswelt fast sehen da der Großvater und der Enkel herab, nichts ist besonders, nichts ist typisch, gerade nur die Einwohner der näheren Umgebung hätten Bescheid wissen können bei diesem Gespräch, für jeden anderen ist es bloß ein ›und rechts und rechts und rechts‹.

Das sind heldenlose Wörter. Was kann man mit solchen Wörtern tun? Das ist leicht zu beantworten. Aus ihnen wird eine Landschaft, das heißt etwas Großes mit weiten Zwischenräumen und vielem Schweigen und einer Unbestimmtheit. Großvater und Enkel schauen in ein charakterloses Böhmisches und zugleich in alle Welt. In alle Welt schaut man nur, und die ganze Welt hat man nur, wenn man Allerweltsworte spricht.

Und wirklich sagt der Großvater sogleich nach dieser Befragung des Enkels, in welcher bereits unsichtbar alles da ist, das folgende:

> und wenn die Berge nicht wären und die Anhöhen, die uns umgeben, so würdest du noch viel mehr Häuser und Ortschaften sehen: die Karlshöfe, Stuben, Schwarzbach, Langenbruck, Melm, Honnetschlag, und auf der entgegengesetzten Seite Pichlern, Pernek, Salnau und mehrere andere.

»Und mehrere andere«, da gehen die paar Namen über in die vollkommene Anonymität. Und wenn die Anhöhen und Häuser und Ortschaften und ihre Namen nicht wären, würde einer noch weiter sehen; und wäre da gar kein Name und gar kein Wort, dann würde einer alles sehen.

Ja, aber die Sichtbarkeit entsteht nicht aus dem Diaphanen. Sie entsteht überhaupt nicht aus Visualität, sondern aus Gehen und Atmen, aus verschiedenen beinahe mimetischen Körperbewegungen –

8

Er wendete sich um, und nachdem wir uns von der Bewegung des Aufwärtsgehens ein wenig ausgeatmet hatten, hob er seinen Stock empor, und zeigte auf einen entfernten mächtigen Waldrücken in der Richtung, aus der wir gekommen waren, und fragte:»Kannst du mir sagen, was das dort ist?«

»Granit« heißt diese Erzählung aus Adalbert Stifters »Bunten Steinen«. Der Granit liegt vor dem väterlichen Geburtshaus, dicht neben der Eingangstür. Das ist ein schwerer, kompakter, erfüllter Gegenstand; hier der Granit, da die Allerweltswelt.

Eines der jüngsten Mitglieder unseres Hauses, welche auf dem Steine gesessen waren, war in meiner Knabenzeit ich. Ich saß gerne auf dem Steine, weil man wenigstens dazumal eine große Umsicht von demselben hatte. Jetzt ist sie etwas verbaut worden. Ich saß gerne im ersten Frühlinge dort, wenn die milder werdenden Sonnenstrahlen die erste Wärme an der Wand des Hauses erzeugten. Ich sah auf die geackerten aber noch nicht bebauten Felder hinaus, ich sah dort manchmal ein Glas wie einen weißen feurigen Funken schimmern und glänzen, oder ich sah einen Geier vorüber fliegen, oder ich sah auf den fernen blaulichen Wald, der mit seinen Zacken an dem Himmel dahin geht, an dem die Gewitter und Wolkenbrüche hinabziehen, und der so hoch ist, daß ich meinte, wenn man auf den höchsten Baum desselben hinauf stiege, müßte man den Himmel angreifen können. Zu andern Zeiten sah ich auf der Straße, die nahe an dem Hause vorübergeht, bald einen Erntewagen bald eine Herde bald einen Hausierer vorüber ziehen.

Könnte man nicht jetzt sagen, da seien Neigungen zur Monotonie? »Eines der jüngsten Mitglieder unseres Hauses, welche auf dem Steine gesessen waren, war in meiner Knabenzeit ich. Ich saß gerne auf dem Steine.« Mit »ich« endet der Satz; mit »ich« beginnt der nächste. Hier ist ein Hinweis darauf, daß man eine ganze Erzählung vielleicht aus einem einzigen kleinen Wort schreiben könnte; und das wäre dann beinahe eine universale anonyme Erzählung. Wie wird dieses »ich« noch bezeichnet – als Mitglied, Mitglied des Hauses. Das »ich« ist kein individuelles, sondern Anteil eines anderen, Teil des Hauses, Teil eines Allgemeineren und Weiteren. Das »ich« ist keine Granitsubstanz, sondern schaut immer in eine Landschaft.

Wie klingen universale Erzählungen? Sie klingen zum Beispiel so:

> Wir waren, während der Großvater erzählte, durch die Felder von
> Oberplan herab gegangen, wir waren über die Wiese gegangen,
> in welcher das Behringer Brünnlein ist, wir waren über die Stein-
> wand gestiegen, wir waren über den weichen Rasen gegangen, und
> näherten uns bereits den Häusern von Oberplan.

Die Heimat, das sind immer die unbedeutenden, nebensächlichen Wörter. Solche Wörter sagen: nicht ich, aber dort drüben
das Strauchwerk; nicht ich, aber da die große Landstraße; niemals ich. Es sind republikanische Sätze. Die Heimat sind
immer die anderen.

Mit seinen Fragen an den Enkel – und rechts? und rechts? und
rechts? –, mit den wenigen und kargen Fragen für eine weit
ausgebreitete Landschaft gelingt dem Großvater ohne Mühe
die Erzeugung der Durchlässigkeit. Das ist keine Durchlässigkeit für Sinn, sondern eine Durchlässigkeit für Wirklichkeiten,
der Großvater hat, auf der Kuppe, dem Enkel fast solche
Durchlässigkeit gezeigt und gegeben, daß die Toten dort gehen
könnten, fast die ganze Gemeinschaft des unweit südlich später dann erbauten Lagers Mauthausen. Ja, so endet auch diese
Erzählung:

> Wie es aber auch seltsame Dinge in der Welt gibt, die ganze Ge-
> schichte des Großvaters weiß ich, ja durch lange Jahre, wenn man
> von schönen Mädchen redete, fielen mir immer die feinen Haare
> des Waldmädchens ein: aber von den Pechspuren, die alles einleite-
> ten, weiß ich nichts mehr, ob sie durch Waschen oder durch Ab-
> hobeln weggegangen sind, und oft, wenn ich eine Heimreise beab-
> sichtigte, nahm ich mir vor die Mutter zu fragen, aber auch das
> vergaß ich jedesmal wieder.

Wie es aber seltsame Dinge in der Welt gibt, die ganze Geschichte weiß ich, ja durch lange Jahre, wenn man von Mauthausen redete, fielen mir immer die feinen Haare des
Mädchens ein: aber von den Pechspuren, die alles einleiteten,
weiß ich nichts mehr, ob sie auf diese Weise oder auf jene
Weise endeten, und oft, wenn ich eine Heimreise beabsichtigte,

nahm ich mir vor, die Mutter zu fragen, aber auch das vergaß ich jedesmal wieder. Was für eine Selbstvergessenheit und Unbedeutendheit zugunsten der Erinnerung. Hier ist soviel Durchlässigkeit geschaffen, Durchlässigkeit und Unschwärze, daß die böhmische Landschaft sich verwandelt zu Zeit – »ja durch lange Jahre, wenn man von schönen Mädchen redete, fielen mir immer die feinen Haare des Waldmädchens ein«. Die Landschaft, die Zeit, die Erzählung des Großvaters, der Enkel sind allesamt in einer Verfassung weiter Durchlässigkeit. Der Enkel scheint alles berühren zu können, am Beginn der Erzählung sogar den Himmel, bloß sein eigenes Pech nicht, das schwarze, sondern immer nur die Durchlässigkeit und Zartheit. Ein solcher Zustand heißt Sprache.
Kann man denn mit der Sprache Mauthausen, mittels der Durchlässigkeit, aufsperren? Und die Durchlässigkeit mittels unbedeutender Wörter erweisen?
Die nächste Erzählung in der Sammlung »Bunte Steine« heißt »Kalkstein«. Sie eröffnet mit dem folgenden Satz:

> Ich erzähle hier eine Geschichte, die uns einmal ein Freund erzählt hat, in der nichts Ungewöhnliches vorkömmt, und die ich doch nicht habe vergessen können.

Das gewöhnlichste Wort ist das unvergeßlichste. Das gewöhnlichste Wort ist in alle Richtungen offen, in alle Wirklichkeit offen. Es ist ein Empfangswort für alles. Ebenso kann es auch sein mit einer Landschaft, die ganz unbedeutend ist. Der Erzähler dieser Geschichte sagt zu einem Pfarrer, dem er nach vielen Jahren wiederbegegnet: »Und in dieser abscheulichen Gegend haben wir uns wieder gefunden.« Und der Landpfarrer antwortet ihm: »Sie ist, wie sie Gott erschaffen hat, es wachsen hier nicht so viele Bäume wie in Schauendorf, aber manches Mal ist sie auch schön, und zuweilen ist sie schöner als alle andern in der Welt.« Und man möchte fast denken: Weil diese Kalkstein-Landschaft so unansehnlich ist, so anders als Schauendorf, anders als die Dörfer, in welchen man schaut, darum ist sie zuweilen die schönste der ganzen Welt. Sie setzt sich zur Welt in Relation, sie überflügelt die Welt, weil sie selbst nichts ist, identitätslos, gottlos, geheimnislos, also zart.

11

Da sagte ich wieder das wenigsilbige japanische Gedicht mir auf:

Köstlicher Reisährenduft!
Unsere Schritte zerteilen ihn – und
rechts leuchtet das Meer

Duft, die zarte Sache. Ist man in diesem Duft, teilt ihn, als Geher, mit seinen Schritten, erreicht seine Durchlässigkeit und Leichte und Unbedeutendheit, so entsteht aus diesem Zarten beinahe eine Wirklichkeit, rechts das leuchtende Meer. Dieses Meer leuchtet scheinbar nur darum, weil die zarte Kraft und Sache anwesend ist, die alles-verbindende, so daß im Gehen im Duft eines Reisfelds ein ganz anderes Meer zu leuchten beginnt. Der Geher geht im unbedeutenden Kontinuum. Das Zarte ist, da man es mit seinen gewöhnlichen Schritten teilt, universal.

Würde einer den geheimnisvollen Granit teilen, er würde ihn zerbrechen. Aber das Zarte, teilt man es, wie da der Geher mit seinen Schritten, wird weit und kann sich verwandeln. Es ist wohl eine Form von Zellteilung und Wachstum und Reifung, wenn der Reisduft vom Geher geteilt wird und auf einmal das große leuchtende Meer, das allergrößte Reiskorn rechts zur Ernte bereit ist. Die Duftfrucht, die Dufthülle springt auf, und in der rechten Hälfte liegt das gereifte Körnchen, weiß, Reis, das Meer, leuchtend.

In der Augustluft
Gerader Lagerweg – und
laut sind die Toten

Das Bashô-Büchlein hatte ich bei mir; es ist nicht größer als meine Hand. Ich schlug es auf und begann in den Anmerkungen zum 15. Kapitel zu lesen, welches folgt auf die Überschreitung des Grenzpasses Shirakawa, einem der Tore zum Hinterland. Die Anmerkung 85: »Der Abukuma-Fluß, (196 km lang), nördlich der Grenzschranke von Shirakawa, fließt durch den Reg.Bez. Fukushima, dann in den Reg.Bez. Miyagi, wo er südlich von Sendai ins Meer mündet.« Anmerkung 86: »Mit dem Aizu-Gipfel ist einer des Bandai-Gebirges gemeint. – Die erwähnten drei Landschaften sind alle im Reg.Bez. Fukushima gelegen, jeweils um die Städte Taira,

Sôma und Miharu.« 87: »Das Spiegelmoor, etwa 6 km nördlich von der Shirakawa-Schranke, hat seinen Namen nach
einer Legende. Nachdem der hierher verbannte Wada Tane-
naga getötet worden war, bekam er von seiner Frau Besuch,
die sich aus Kummer über seinen Tod mit einem Spiegel unterm Arm in den Teich stürzte und ertrank. Seither soll man
auf dem Wasserspiegel merkwürdige Gestalten erblickt
haben.« 88: »Sukagawa, damals eine wichtige Wechselstation
der Nordland-Straße Ôshû-kaidô; heute eine Stadt gleichen
Namens im Reg.Bez. Fukushima.« 89: »Tôkyû, Pseudonym
des Chefs der erwähnten Poststation, ein alter Freund Ba
shôs.« 90: »Wörtl.: ›rissen mir die Eingeweide in Stücke‹, ein
sinisierender Ausdruck für große Schmerzen oder starke
Emotionen.« Aber in der 91. Anmerkung stand geschrieben
das Wort *furyu*, das dem deutschen Wort *Windfluß* vergleichbar ist. Bashô bezeichnet mit diesem Wort die Poesie. So begann ich das 15. Kapitel des Buchs zu lesen:

Wie es auch immer gewesen sein mag, wir kamen jedenfalls über
den Paß und überquerten den Abukuma-Fluß. Zu unserer Linken
erhob sich der Aizu-Gipfel und zu unserer Rechten erstreckten
sich die Domänen von Iwaki, Sôma und Miharu sowie jene Berge,
welche die Grenze zwischen den Provinzen Hitachi und Shi-
motsuke bilden.
Wir gingen am »Spiegelmoor« vorbei, doch gerade heute war der
Himmel bedeckt und so konnte sich darin nicht das geringste
spiegeln!
In der Poststation von Sukagawa hatte ich einen Freund namens
Tôkyû, den besuchten wir und blieben vier bis fünf Tage seine
Gäste. Er stellte uns unverzüglich die Frage: »Wie erging es Euch
denn beim Überschreiten der Grenzschranke von Shirakawa?«
Ich antwortete: »Durch die Beschwerden der langen Reise an
Körper und Seele erschöpft, von der Schönheit der Landschaft
fast der Sinne beraubt und jener poetischen Reminiszenzen einge-
denk, die mir geradezu das Allerinnerste aufwühlten – war ich
geistig nicht verfaßt, auf der Stelle einen Vers zustandezubringen.
Euch zuliebe aber dichte ich jetzt:

> Der wahren Poesie
> Uranfänge – das sind Pflanzerlieder
> Eurer Hinterlande!

Sie nämlich einfach so – unbedichtet – links liegen zu lassen wäre unverzeihlich gewesen, das versteht sich von selbst!«

Dieses Gehen, in der Richtung des nördlichen Hinterlandes, ist immerzu ein solches »zu unserer Linken« und »zu unserer Rechten«, also ein Teilungsprozeß, also der Nachweis der Zartheit der Landschaft, mit dem fernen Punkt der definitiven zarten Empire des Nordens immer im Sinn. Aus der Festigkeit in die Zartheit; aus dem Ich in die Nordprovinzen – »die Hauptstadt hatte ich mit dem Frühlingsnebel verlassen; daran muß ich jetzt denken, hier, vom Herbstwind durchweht, am Grenzposten von Shirakawa«, schreibt der im 10. Jahrhundert geborene Priester Nôin-hôshi in einem Gedicht. Dort am Grenzposten weht der Wind den Reisenden nicht an, sondern durchweht ihn; man steht dort an der Grenze der Durchlässigkeit. Ein Gedicht eines anderen aus der Zeit um 996 ruft: »Ach, gäb's doch ein Mittel, jenen in der Hauptstadt die Nachricht zu überbringen: ›Heute haben wir ihn überschritten, den Grenzpaß von Shirakawa!‹« Großer Augenblick auf dem Weg zur Geheimnislosigkeit und Heimatlosigkeit.

»Der wahren Poesie Uranfänge – das sind Pflanzerlieder«, dichtet Bashô, und dieses Wort *Poesie* entspricht jenem japanischen Windfluß *furyu. Windfluß* ist poetisches Sprechen. Der Windfluß, er bringt Blätter, Gräser, Gezweig zum Schwirren und Rieseln, Murmeln und Summen, aber er selbst sagt ohne diese Blätter, Gräser, dieses Gezweig nichts. Sein Sprechen ist selbstlos oder unbedeutend, anonym, wie es jene, irgendwelche Pflanzer waren. Diese Pflanzer haben vielleicht gesungen wie Wind. Gewiß waren sie durchweht, also in einer mächtigen Unbeständigkeit inbegriffen, in einem Taumel. Taumelnde Luft und geheimnislose Worte. Daß sich hier Matsuo Bashô an die Pflanzerlieder erinnert, ist in seinem Reisebericht keine Ausnahme. Das Gehen und Schreiben ist eine fortwährende Erinnerung an Verse und Sätze:

Hier in der Nähe der Wechselstation Sukagawa lebt im Baumschatten einer Riesenkastanie ein Einsiedlermönch. Der Vers: »… in Bergestiefen … beim Aufsammeln von Kastanien …« kam mir sogleich in den Sinn. (…) Hier ging mir überhaupt erst auf, was jener Dichter (Taira Kanemori) mit den Zeilen »...jenen in der Hauptstadt die Nachricht zu überbringen ...« zu meinen schien. (...) Ja, und dann jene berühmte Weide des Dichters Saigyô – »...die am Bach mit klarem Wasser stand!« (...) Ich bekam einen Stich ins Herz, als mir angesichts der Blüten von Ueno und Yanaka unwillkürlich das Gedicht einfiel: »... wann werde ich sie wiedersehen ...?« (...) »Resolute Strenge und ungehobelte Schlichtheit kommen der Menschenwürdigkeit am nächsten« – würde Konfuzius dazu gesagt haben. (...) So üppig setzt sich der Tau hier stets aufs Blattwerk, daß er auch in der Dichtung besungen wurde, etwa in dem Vers: »Edle Ritter, Eure Hüte ...«

Nicht ganze Gedichte, nur Verse oder Teile von Versen schreibt Bashô aus der Erinnerung auf. Er zitiert nie vollständig, er umgibt die erinnerten Verse mit Ungesprochenem, er gibt ihnen »eine Neigung zur Winzigkeit und Nichtexistenz«. Dieses halb-gesprochene »Edle Ritter, Eure Hüte ...«, als Bashô den üppigen Tau erzählt, würde vollständig heißen: »Ihr Ritter, sagt es Eurem Herrn, er nehme mit seinen Hut! Denn auf der Heide von Miyagi dort unter jenen Bäumen im Schatten da fällt, dichter als Regen, der Tau!« Um die außerordentliche Taumenge scheint es zu gehen, aber das Zitatstückchen weicht dem Außerordentlichen aus, beschränkt sich auf die Hüte, um die es gerade hier am wenigsten geht. Das Zitat in seiner Verkürzung richtet sich auf das Wenigbedeutende, Geheimnislose, denn von dort aus nur kann einer des Ganzen und des Kontinuums gewahr werden, in einem Aufgehen aus unbedeutender Selbstvergessenheit.

> Wie verehrungswürdig!
> Zarte Blätter – grüne Blätter
> von Sonnenstrahlen durchglänzt

Ich wollte nicht aufbrechen nach Hause. Die außerordentliche Dämmerungsmenge war gekommen. Ich schaute dahin und dorthin. Meine Finger angehörten derselben Farbfamilie wie die Hagebutten am Zweig. Ich schaute, und ich saß im nicht-mehrgrünen Bett. Fahrer zündeten mit Schlüsseln Motor und Licht der Wagen, oder dort drehte einer, den ich nicht sah, den Schlüssel im anderen Sinn zurück, und Lampions erloschen.

Die Tennisplatz-Lichter schaltete irgend jemand aus, so daß die Landschaft sofort eine andere war, die weißen Spieler gingen jetzt unstrahlender. Kein 0 : 15, 0 : 30, 15 : 30. Dann hervor kam, in einem schwarzen Kleid, ihre Haut war hell, eine junge Frau, auf dem geraden Weg, der hinabführte von der Halle, Verkäuferin von Schuhen, die jetzt barfuß ging und die Sandalen in der linken Hand trug. Sie kam zur Landstraße und ging deren Saum entlang, schon funkelten die Glasstückchen und die Aufschriften der Verpackungen und die Aluminiumzungen der Bierdosen und die Asche an jenem Straßenrand, der ihr Heimweg war, in eine Brücke hinein. Verlassener war die Halle, welche auf einsamem oder billigem Grund stand; nein, nicht verlassener, denn sie, die violette, wurde umkreist von Wagen und immer wieder von den vielen Lichtern geblendet, daß sie sich um- und umschaute, in diesem Märchen. Ich wünschte mir, daß dort in dem Schloß einer lebte, der am Abend auf die Wiesen kommt, denn sein Zuhause ist durchsichtig geworden. Wirklich kam einer, wie ich es mir gewünscht hatte, jetzt die Tamariskensträucher entlang, mit vier Kindern, und den zweigleisigen Weinbergweg. Es werden die letzten Sätze der Tagesgeschichte geschrieben, sagte er zu den Kindern. Sie hockten sich nieder an einem Löwenzahnfleck; eines spielte mit der Schnalle seines Gürtels; eines las in einem Buch mit vielen Bildern; eines trank mit einem Strohhalm den Saft aus einer Flasche; zwei schauten, der Vater, der Kleine neben ihm ebenso still und ernst. Jetzt kamen von der anderen Seite Geschlossenheiten oder Familien gezogen. Die Männer allesamt in weißen Hemden, daß es aussah, als hätten sie die zu den dunklen Hosen gehörigen dunklen Anzugjacken fortgeworfen, auf dem Weg hierher, und ihre Gesichter glänzten von Wärme, oder der Ball war wieder eingesteckt worden in ein Netz, welches ich nicht sah; die Kinder in kleinen Unterfamilien, jüngere Buben, ältere, eine im Gehen haarkämmende Mädchenschule, vier einander überschreidende Mädchen, eines abseits nach Fliegen oder Mücken schlagend; die Mitte, die Korbträgerinnen, in weiten Röcken von bedeutsamer Farbe, alle diese Mütter oder Nicht-Mütter mit Schultertüchern und tief über die Stirn gebundenen Kopftüchern. Und dann waren

16

Decken ausgebreitet inmitten der Stehenden, und die Körbe standen auf den Decken, und das war ein Bild von großer Kraft, und alles in dem Bild war zueinander nah. Und jeder, bevor er die Decke betrat, welche in dem Bild wieder ein Bild darstellte, zog die Schuhe aus, und es standen zwischen den Familien schnell aufgestellte Reihen von allerlei Schuhen. Jetzt war es ganz still, und in diesem akustisch freien Tal war unweit, an einem hohen Hausblock, die Sprechanlage zu hören, zuerst der schrille Ton der elektrischen Verbindung, der sehr natürlicher Laut war, eine gute Anwesenheit, auch das erste Zeichen einer Einwohnerschaft, die niemals zu den Fenstern zu kommen schien, und darauf eine Stimme, die sagte: »Viertes Stockwerk«. Dann war das vorbei, und ich schaute, und erleuchtet wurden jetzt in allen Richtungen die Worte *Das Kleine Journal. 150 000 Exemplare pro Tag, Kleine Widrigkeiten des Ehelebens, Fitness Land, Bibliothek und Lesezimmer für moderne Literatur, Merkur, American Extravaganza Company, Spielwaren aus Sachsen, Milch, Olympische Spiele, Konkurrenz-Fliegen der ersten Aviatiker der Welt, La vittoria è la pace, Campari, Rettet das Wasser.* Die Worte waren in Quadraten und Rechtecken gemalt, oder sie standen frei auf Dächern. *Milch* war aufgetragen auf der hohen Mauer am Ende einer Halle, das Wort wurde angestrahlt von starken Lampen, und die Halle lag im Schatten oder in der Dämmerung. Und dann waren auch Schatten und Dämmerung bis hinüber zu dem Wort *Austria*, das am oberen Rand einer runden Fassade gemalt war, Buchstaben größer als menschengroß, von innen beleuchtet, blau, und danach war wieder Lockerung und Entspannung. So dachte ich an Stifters Erzählung:

Ich ging auf meinem Wege nach der Hochstraße dahin, und dachte immer an den Pfarrer. Die ungemeine Armut, wie ich sie noch niemals bei einem Menschen oberhalb des Bettlerstandes angetroffen habe, namentlich nicht bei solchen, die andern als Muster der Reinlichkeit und Ordnung vorzuleuchten haben, schwebte mir beständig vor. Zwar war der Pfarrer beinahe ängstlich reinlich, aber gerade diese Reinlichkeit hob die Armut noch peinlicher hervor, und zeigte die Lockerheit der Fäden, das Unhaltbare und Wesenlose dieser Kleidung. Ich sah noch auf die Hügel, welche nur mit

Stein bedeckt waren, ich sah noch auf die Täler, in welchen sich nur die langen Sandbänke dahin zogen, und ging dann in meinen Gasthof, um den Ziegenbraten zu verzehren, den sie mir dort öfter vorsetzten.

Ich fragte nicht um den Pfarrer, um keine rohe Antwort zu bekommen.

Dann ging ein Erklärender vorüber, der erklärte einer mit ihm gehenden Frau, redete und redete und zählte mit Handbewegungen auf und zeigte auf sie, die nicht antwortete und zu Boden schaute, und drückte die Enden der Finger gegen die Brust, beteuernd, so gingen diese Partner auf dem Weg, und ich blickte ihnen lange nach.

Wörter für die geheimnislosen Landschaften.

Atmen. Ja, die Dinge sind Vögel. Spechte. Goldammern. Marillenbäume. Schwalben. Landstraßen. Raben. Spatzen. Häuser und Dörfer. Wäsche auf die Leine gehängt. Die weggeworfenen schwarzen Anzugjacken. Der Kuckuck zu Mittag. Fahrräder. Bushaltestellen. Elstern. Spaziergänger. Und sie fliegen. Amen und atmen. Die Marillenbäume sind durchlässig. Die Spechte sind durchlässig. Wäsche auf der dunklen Leine weht, und ihre Farben sind wechselhaft und springen gelind von einem Stück über auf ein anderes, und wieder zurück. Daß etwas atmet, muß etwas geheimnislos sein, wesenlos und unhaltbar und ohne Heimat. Alles träumt.

»Die andern als Muster vorzuleuchten haben«, »schwebte mir beständig vor«, »gerade diese Reinlichkeit hob die Armut noch peinlicher hervor«, »um den Ziegenbraten zu verzehren, den sie mir dort öfter vorsetzten«. Stifters wunderbare Nachlässigkeit; wörtliche wunderbare Durchlässigkeit.

In Stifters Erzählung »Granit« wird auch, ohne daß es gesagt wird, die Heimatlosigkeit erzählt. (Von der Heimatlosigkeit kann einer überhaupt nur ohne Wörter erzählen, ohne Abhängigkeit von Wörtern und Buchstaben.) Dem Enkel, dem Ich dieser Geschichte, wird von einem fahrenden Handwerker übel mitgespielt. Nach getaner Arbeit im Dorf sagt dieser, ein Wagenschmiermann, dem zuschauenden Buben: »Willst du die Füße eingeschmiert haben?« Der Unwissende hält beide Füße hin, und das Pech breitet sich schön auf der Haut aus. Damit geht er dann über den sehr schön gewaschenen und gescheuerten Boden der Stube. Jetzt aber wird dem Kleinen noch übler mitgespielt: »Ich war gleichsam vernichtet«, sagt er über jenen Augenblick nach der Strafe und den Schlägen.

> In diesem Augenblicke ging der Großvater bei der hintern Tür, die zu dem Brunnen und auf die Gartenwiese führt, herein, und ging gegen mich hervor. Er war immer der Gütige gewesen, und hatte, wenn was immer für ein Unglück gegen uns Kinder herein gebrochen war, nie nach dem Schuldigen gefragt, sondern nur stets geholfen. Da er nun zu dem Platze, auf dem ich saß, hervor gekommen war, blieb er stehen, und sah mich an. Als er den Zustand, in welchem ich mich befand, begriffen hatte, fragte er, was es denn gegeben habe, und wie es mit mir so geworden sei. Ich wollte mich nun erleichtern, allein ich konnte auch jetzt wieder nichts erzählen, denn nun brachen bei dem Anblicke seiner gütigen und wohlmeinenden Augen alle Tränen, die früher nicht hervor zu kommen vermocht hatten, mit Gewalt heraus, und rannen in Strömen herab, so daß ich vor Weinen und Schluchzen nur gebrochene und verstümmelte Laute hervorbringen, und nichts tun konnte, als die Füßchen empor heben, auf denen jetzt auch aus dem Peche noch das häßliche Rot der Züchtigung hervor sah.

Was tut dann der Großvater? Er lädt den Kleinen ein mitzugehen, weit, in ein anderes Dorf. Der, der wie vernichtet ist, soll mitgehen, auf die Kuppe hinauf und von dort aus immer weiter und weiter schauen, rechts und links. In seinem Unglück wird er das ganz Weite sehen können. Der Großvater wird sagen: »Und wenn die Berge nicht wären und die Anhöhen, die uns umgeben, so würdest du noch viel mehr Häuser und Ortschaften sehen.« Das ist, wie wenn er sagte: Und wenn dein Unglück noch größer wäre und deine Heimatlosigkeit, die dir widerfahren sind, so würdest du noch viel mehr Häuser und Ortschaften sehen und daß in diesen Ortschaften viel Leben ist, viele Menschen wohnen. Und es wird sein, wie wenn er sagen würde: Wenn du noch mehr Lockerheit wärst und Unhaltbarkeit und Wesenlosigkeit, so wäre diese Landschaft größer als alle anderen in der Welt. Das ist so, wie wenn man sagte: Die Heimatlosigkeit und die gebrochenen und verstümmelten Laute sind das Ganze.

Gedicht für Georg Wilhelm Friedrich

Aus dem Fenster
der Kinderschrei
ich kann ihn hören

Links der Löwenzahn
rechts der Löwenzahn
Löwenzahn

Zu dem Birkenzweig
gehe ich
Felder dahinter

Am schmalen Pfad
ein schmaler Zaun
und dann drittens

Zwischen den Häusern hindurch
zu den Häusern
dort drüben

Der mir entgegenkommt
grüßt mich
Ein dritter ist nicht da

Vogellicht
Graslicht
Lichtschau

Die Glocken
läuten Mittag
was tue ich

Glockenturm
weit
Ich bin hier

Fragen
Antworten

Motorrad da
Es fährt vorüber
Motorrad dort

Das Motorrad hält
verhallt
Briefträger steht in der Landschaft

Der Kiebitz fliegt
fällt
fliegt

Fällt
fliegt
fällt

Zwei Wiesen
zwei Flügel
und mein Weg

Dann schaue ich
geradewegs
zu meinen Schuhen

Autobus rechts
Stille links
Ich bin der Philippgeorgsberg

Einen Schritt
traumhaftig
auf dem Briefträgerweg

Hinter dem Wald die Autobahn
vor dem Wald ich
zwischen uns der Wald

Dann zwischen euch
– Autobahn, Wald –
bin ich

Philippgeorgsautobahn
Wald
und andere Wälder

Bäume und Gras
gerade hier
haben ihr Leben verloren

Dieser Verlust
diese Endlichkeit
dieser Inhalt

Große Straße
Ich schaue die Tankstelle an
und möchte durch sie gehen

Die Namen der Städte
und hier die Tankstelle
durch die ich gehen möchte

Stelle
wie ein Kelch
und es duftet

Bald gehe ich
wieder auf Wegen
mit einem Geisterleib

Jedes Gedicht, das ich sagte und schrieb oder schreiben wollte, kam aus einem: Ich kann nicht sprechen; ich habe keine Wörter. Und immer wieder einmal war diese Schwelle mit Rhythmus zu überbrücken. Kaum war die schmale Passage hindurchrhythmisiert worden, trat links, rechts, vorne und in der Höhe alles auseinander. »Aber der erste Schlaf ist doch kein ruhiger gewesen. Ich hatte viele Sachen bei mir, Tote, Sterbende, Pestkranke, Drillingsföhren, das Waldmädchen, den Machtbauer, des Nachbars Vogelbeerbaum, und der alte Andreas strich mir schon wieder die Füße an.« Ich kann nicht sprechen; ich habe keine Wörter; weil nahebei das Ganze ist. Rhythmisiere dich da hinüber. Und dann waren die Wörter immer vollständige und Lexikonwörter.

Das Ganze; ich weiß nicht, was es ist. Aber, oder bin ich getäuscht, ich höre es, weiter Sprung, in den Gedichten von Oskar Pastior. Da vermeine ich, daß das Ganze eine Gestalt der Durchlässigkeit ist. Diese Gedichte sind wohl nicht mit Wörtern geschrieben, sondern mit mimetischen Durchlässigkeitstypen. Und in ihnen höre ich gar keine Dinge, denn es gibt keine. Es gibt nur Tote, Sterbende, Pestkranke, Drillingsföhren, Waldmädchen, Vogelbeerbäume, vielleicht im Traum eines Einschlafenden.

Also die Mehrsprachigkeit. Wenn man Adalbert Stifter übersetzte in die Mehrsprachigkeit, man hätte dann Gedichte von Oskar Pastior, glaubte ich einmal, wenn man Stifters geheimnislose Wörter übersetzte in Pastiors Nicht-Wörter oder Mehr-als-Wörter, es würde so klingen:

> Park mit Usen: Krampustine: Prim aus Ketn
> Kus-Primaten: Paks mit Urne: Unpas Kismet
> Pe Ist Ramunk: Ra Ist Knumpe: Puk Ist Mer An
> Praksimuten: Simuprakten: Maksiturpen

oder es würde so klingen:

> Emmaus Ist Saus und Graus – woher! Sanskritanten wanken trist an; Liptons Dauer = die englische Stunde = Ruoz aus Hand & Lunge – »die Story«!

Ja, bei Stifter ist es eine Erzählung, aber hier ist es eine »Story«, und die ist oder hat eine Handlung, und die ist eine Hand und Lunge. Hier kann man mit dem Begriff Mehrsprachigkeit viel anfangen, eine Erscheinungsweise der Durchlässigkeit und des Atems und des Nicht-Ist, eine englische Stunde. »Ptema Nuskri: Atme in Purks«, lautet die Titelzeile über dieser Schrift, aus der ich zitiert habe.

Oskar Pastior hat deutlich auf eines seiner Gedichte hingewiesen, welches ein sehr frühes Erlebnis der Kindheit in Rumänien erinnert:

> Mein erstes Gedicht bestand aus drei Wörtern und hatte den Vorzug, daß ich es mir ohne Zeitnot, notfalls stundenlang, aufsagen, genauer gesagt zubrummen konnte. Es ging so:
> Jalusien aufgemacht, Jalusien zugemacht
> Jalusien aufgemacht Jalusien zugemacht …
> und so fort. Es veranschaulichte den siebenbürgischen Sommernachmittag eines Kindes im Hinblick auf die Nichtverläßlichkeit von geschlossenen Räumen.

Ein 1987 erschienenes Lesebuch seiner Gedichte und Textformen trägt sogar den Anfang dieses Gedichts als, wegweisenden, Titel »Jalousien aufgemacht«, mit französischem *ou.* Jalusien mit unfranzösischem, rumänischem, deutschem, kindlichem *u* dann im Gedicht »Testament«:

Jalusien aufgemacht, Jalusien zugemacht.
Jaluzien aufgerauft, Zuluzien raufgezut.
Luluzien zugemault, Zulustoßen zugemault.

Maulusinen angenehm, Aulusinen zugenehm.
Zufaliden aftamat, Infaliden aftamat. A-
fluminion zugesaut. Aluflorion zugebart.

Marmelodien zusalat. Marmeloiden busalat.
Aufgemalt o aufgemalt, zugedaut o zuge-
duzt. Duzentrum o Lepenslau. Hufenbruzen

Openbrekt. Primolimes Heiferzocht, Bene-
lalia Zuverzum. Ma mu, Amarilles off off.
Bulamanium Absalom, Albumenium Zusalon.

Nostradamul Hanomag, Lanatolior Gartem-
slauch. Futusilior Abfallgeist, Mutuna-
lia Pirrenholst. Zephaluden Enziaul, Ze-

phaleden Ychtiol. Nebelnieren Löwentran,
V-Scharnieren Besenraum. Ebeltüren C-Streu-
salz, Aventiuren Abstrahldom. Stalagmisda

Oberom, Virostrato Luftballon. Jalopeten
angemacht, Sulalaika Kukumatz. Mulu aufu,
mulu zuzu, zuzu muz. Monte Ma o Monte Zu.

Aus den drei Wörtern des Kindergedichts, die vielleicht das
Öffnen und Schließen des Raums nachahmen, entsteht ein Ge-
dicht aus lauter Sprachen, jede Kombination wird wieder
geöffnet zu einer Kombination, die wieder geöffnet wird. Zu-
letzt steht alles auf einer Art Kuppe, die ähnlich heißt wie
Montezuma, doch auch hier ist der Name durchlässig gemacht,
Monte Ma o Monte Zu. Aus dem Herrscher der Azteken wer-
den hier zwei Berge, aber die Berge sind keine Berge, keine
Dinge, Sachen, sondern ... Aber was sind Jalusien? Primolimes
Heiferzocht, ist darin nur die Eifersucht zu hören? Sind Jalou-

sien Eifersüchte? Ist Absalom eine Geschichte von Adalbert
Stifter, die den gleichen Buchstaben ausgetauscht hat wie
Oberom? Sind Nebelnieren Nebennieren, ist Löwentran
Löwenzahn, ist ein Lepenslau ein Lebenslauf und Ebeltüren
vergleichbar Aventiuren, ist Nostradamul Nostradamus mit
einer rumänischeren Wortendung? Wird hier die Fremdsprache gesprochen? Fremdsprache, weil Dinge, Sachen, nicht sind,
sondern ... die Nichtverläßlichkeit, nämlich »die Nichtverläß-
lichkeit von geschlossenen Räumen«? Dann wären also weite
Landschaften verläßlich und Kuppen und Spaziergänge in
Böhmen und das Hinausgerissenwerden?
»Doch jetzt scheint die Untersuchung zu dem Versuche uns zu
nötigen, eine schwierige und dunkle Gattung durch Reden zu
erhellen«, so setzt Timaios auf der 49. Seite des gleichnamigen
Gesprächs von Platon an, in jenem Teil, der der Gesang vom
Entstehen der Welt ist:

> eine schwierige und dunkle Gattung durch Reden zu erhellen. Als
> welche Natur und Kraft besitzend müssen wir sie also annehmen?
> Vor allem die: daß sie allen Werdens Aufnahme sei wie eine Amme.
> Was wir eben sagten, ist nun zwar richtig, nur müssen wir uns noch
> deutlicher darüber erklären. Das ist aber schon in anderer Hinsicht
> schwer und auch besonders, weil es deshalb nötig wird, vorher über
> das Feuer und die anderen damit verbundenen Grundstoffe Zweifel
> zu erheben; denn von jedem derselben zu sagen, als wiebeschaffen
> es in Wahrheit eher Wasser als Feuer zu nennen ist und als wiebe-
> schaffen eher irgend etwas als alles insgesamt und jedes einzeln, und
> zwar so, daß man sich eines bestimmten und zuverlässigen Aus-
> drucks bedient, ist schwierig. Wie sollen wir uns nun eben darüber
> äußern und in welcher Weise und indem wir was an ihnen ange-
> messen in Zweifel ziehen? Zuerst sehen wir das, was wir eben Was-
> ser nannten, verdichtet zu Steinen, wie wir glauben, und Erde wer-
> den, ebendasselbe aber dann wieder, verdünnt und aufgelöst, zu
> Wind und Luft, die entzündete Luft zu Feuer, dieses zusammenge-
> sunken und verlöscht wieder in Luftgestalt übergehend, die Luft
> aber durch Vereinigung und Verdichtung in Wolken und Nebel,
> welchen bei noch stärkerem Zusammendrängen Wasser entströmt,
> das sich wieder zu Steinen und Erde gestaltet; und wir bemerken
> so, daß sie als Kreis an einander, wie es scheint, das Entstehen über-
> geben. Da nun so jegliches von diesen nimmer als dasselbe er-

scheint, von welchem von ihnen möchte dann wohl jemand, ohne vor sich zu erröten, mit Zuversicht behaupten, daß es als irgend etwas seiend dieses und nichts anderes sei?

Der Verlaß also ist das verbindende Wort, die Frage nach der Verläßlichkeit bei Platon, das Nichtverläßliche in dem ganz kleinen Kommentar von Oskar Pastior. Der Verlaß und das Verläßliche und das Verlassen. Das Wasser verläßt sich und wird Wind und Luft, die Luft entzündet sich und verläßt sich und wird Feuer, das Feuer, zusammengesunken und erloschen, verläßt sich und wird Luft, die Luft durch Verdichtung wird Wolke, und Wasser verläßt die Wolke und regnet auf die Erde, die Regenwolke verläßt sich auf die fremde Erde, wo sie heimatlos bleibt im unverläßlichen Medium. Aber es gibt kein unverläßliches Medium, kein Dieses, kein Ist. Alles ist verläßlich, durchlässig, nachlässig.

Die Verläßlichkeit und das Verlassen wollte ich eine Landschaft nennen. Wenn du deinen Blick nur wendest, Geher, von der Reihe Häuser hinüber zum Kanalwasser und dem Uferschilf, das ist wie über eine weite Salbe hinweg, über den Balsam der Gärten jener Häuser und dann der Zäune und dann des Wegs und dann einer Wiese und dann des Sonnenlichts und dann des Kräuterdufts und dann deiner Nähe und dann deines Schattenbilds und dann der dort auf Farbtüchern lagernden abendlichen Gemeinschaften und dann zweier Spaziergänger und dann des Lindenbaums, der Hagebuttensträucher, der leuchtenden Tankstelle und der leichten Reflexionen und der Form der Kuppe und der Drehungen kleiner Wege und Fahrzeuge und der Schildchen bis hinab zum Kanal, wenn du deinen Blick nur langsam wendest, ist alles weich; und wenn wir behaupten, es seien unsichtbare, gestaltlose, allempfängliche Wiesen, auf irgendeine höchst unzugängliche Weise am Denkbaren teilnehmend und äußerst schwierig zu erfassen, so werden wir keine irrige Behauptung aussprechen. Geher, du gehst über den balsamischen Leib, und rechts leuchtet der See, und rechts erhebt sich die Kuppe des Philippgeorgsbergs und rechts von diesem, eingesunken, die weißen, die blau werdenden, die schwarz werdenden Häuser der Ortschaft Oberplan, fast die erste absolute Provinz. Der Fuß stößt gegen die Wegkiesel, welche rollen rollen und schon wieder liegen, zwei drei vier fünf, und der Weg führt geradeaus. Du gehst über den geheimnislosen Leib. Timaios' Gesang über das Entstehen der Welt ist einer über das ganz und gar Mischen und Ineinanderübergehen, über das Verlassen des einen und zum anderen Werden und über die so gebildete substantielle Zuverlässigkeit –

> Die Knochen fügte er aber in folgender Weise zusammen. Er siebte reine und feine Erde aus, feuchtete mit dem Marke sie an und vermengte sie mit demselben; dann legte er dieses Gemengsel in das Feuer, tauchte es hierauf in das Wasser, dann wieder in Feuer und noch einmal in Wasser und machte es, durch ein solches oft wiederholtes Versetzen aus dem einen in das andere, unauflösbar für beides.

Wie von einem Traum sprach Stifters Erzählung »Kalkstein« von den weißen Tüchern und der weißen Wäsche, aufgehängt zum Trocknen, diese weißen Gründe waren unbeständig, wie wenn ein stetiger Wind sie anregte. Ihre Unbeständigkeit scheint ihre Wirklichkeit zu sein, sie erzeugen ein Bewegungsbild, sind nicht als individuelle Photos wirklich, sondern erst als Film zuverlässig oder als Melodie.

> Ich sah in jenem Garten immer sehr schöne weiße Tücher und andere Wäsche auf langen Schnüren aufgehängt. Ich blickte oft teils aus meinen Fenstern teils durch das Eisengitter, wenn ich eben in dem Garten war, darauf hin. Wenn sie trocken waren, wurden sie in einen Korb gesammelt, während eine Frau dabei stand, und es anordnete. Dann wurden wieder nasse aufgehängt, nachdem die Frau die zwischen Pflöcken gespannten Schnüre mit einem Tuche abgewischt hatte
> …
> in dem Häuschen Kessel einmauern, und andere Vorrichtungen machen, um die Wäsche zu sieden, und die Laugen zu bereiten. Sie ließ Waschstuben herrichten, sie bereitete Orte, wo geglättet und gefaltet wurde, und für Zeiten des schlechten Wetters und des Winters ließ sie einen Trockenboden aufführen. In dem Garten ließ sie Pflöcke in gleichen Entfernungen von einander einschlagen, an den Pflöcken Ringe befestigen, und durch die Ringe Schnüre

ziehen, welche oft gewechselt wurden. Hinter dem Häuschen ging
ein Bach vorüber, welcher

...

und da sie die Wäsche nicht mit Bürsten und groben Dingen be-
handeln ließ, und darauf sah, daß sie sehr weiß sei

...

Manchmal stand ich an dem Fenster, und sah auf den Garten hin-
über, in welchem immer ohne Unterbrechung, außer wenn es
Nacht wurde, oder schlechtes Wetter kam, Wäsche an den
Schnüren hing, und ich hatte die weißen Dinge sehr lieb.

Da ist gegeben eine Gebundenheit zwischen der Bewegung des
Bilds – den fortwährend neu gehängten und abgenommenen,
aufleuchtenden und verlöschenden Tüchern – und der Weiße
des Bildes oder der Süße des Bildes. Die Bewegung, stetig neue
Stoffflächen, die wieder abgelöst werden, fast ein Sturm von
Flächen oder Leinwänden, fast von Kinoleinwänden, fast ein
Lichtspielhaus, eröffnet als ob ferne Blicke; nein nicht als ob
ferne Blicke, sondern eine Kraft; Film vor der Geschichte des
Films, der Leinen- oder Leinwände-Garten ist in seiner Bewe-
gungs-Energie erfaßt, in seiner Kinetik, in seinem Gehen. Das
Gewahrwerden dieser Kraft ist ein Gewahrwerden klarer Bilder, nämlich weißer Tücher. Die Bewegung des Tücherwech-
sels setzt die Kraft des klaren, weißen, geheimnislosen Bildes
frei; über Kinesis oder Kino entsteht ein Zugang zum »klar«,
zum »Nicht-Ist«.
Erzählung auf der Hochebene des Dachstein-Massivs. Das ist
eine karge Steinfläche, eine Steinwirrnis, von der der Erzähler
in Adalbert Stifters Erzählung »Kalkstein«, ein Landvermesser,
sagt, sie sei eine abscheuliche Gegend. Sein Gesprächsfreund,
der Pfarrer der Gegend, sieht etwas anderes; von der Hochebene sagt er: »Sie ist, wie sie Gott erschaffen hat, es wachsen
hier nicht so viele Bäume wie in Schauendorf, aber manches
Mal ist sie auch schön, und zuweilen ist sie schöner als alle andern in der Welt.« Ja, Schauendorf, doch hier ist es offenbar
ein geheimnisloses, unsichtbares Bild, ein veränderliches, das
nur »manches Mal« und »zuweilen« schön ist. Zum Beispiel
nach dem Gewittersturm: »Der Pfarrer zeigte mir mehrere
Stellen sehr entfernter Gegenden, die man sonst nicht sehen

konnte, die aber heute deutlich in der gereinigten Luft wie klare Bilder zu erblicken waren.« Oder des Pfarrers Blick, da er noch jung war und studierte, durch die Fenster des Hinterhauses hinaus in den Wiener Vorstadt-Garten und durch das Eisengitter:

An unsern hinteren Gartenteil stieß ein zweiter Garten, der aber eigentlich kein Garten war, sondern mehr ein Anger, auf dem hie und da ein Baum stand, den niemand pflegte. Hart an einem Eisengitter unseres Gartens ging der Weg vorüber, der in dem fremden Garten war. Ich sah in jenem Garten immer sehr schöne weiße Tücher und andere Wäsche auf langen Schnüren aufgehängt (...) Wenn sie trocken waren, wurden sie in einen Korb gesammelt, während eine Frau dabei stand, und es anordnete. Dann wurden wieder nasse aufgehängt, nachdem die Frau die zwischen Pflöcken gespannten Schnüre mit einem Tuche abgewischt hatte.

Welche sind die nicht-klaren Bilder? Das Überschwemmungswasser des Bachs ist ein solches Bild. Das Hochwasser ist trüb, man sieht nicht auf den Grund, welcher geheimnisvoll bleibt. Kinder, die durch solches Wasser waten, könnten in tiefere Stellen fallen. »Sie nahmen auf ihre Höschen keine Rücksicht, sondern gingen damit tief in das Wasser, und die Röckchen der Mädchen schwammen um ihre Füße in dem Wasser herum. Zu meinem Erstaunen erblickte ich jetzt auch mitten im Wasser eine größere schwarze Gestalt, die niemand anderer als der arme Pfarrer im Kar war. Er stand fast bis auf die Hüften im Wasser. Ich hatte ihn früher nicht gesehen, und auch nicht wahrgenommen, wie er hinein gekommen war, weil ich mit meinen Augen immer weiterhin gegen den Steg geblickt hatte, und sie erst jetzt mehr nach vorn richtete.« Da steht also der Pfarrer, damit die Kinder auf dem morgendlichen Schulweg nicht in eine tiefere Stelle im Wasser rutschen, sondern gefahrlos gehen können.

Das klare Bild? Die zuweilen schönste Landschaft der Welt, die immer gewechselten weißen Tücher und Wäschestücke, sie sind in Bewegung, sie haben kein Geheimnis, kein Bleiben, keine Heimat. So sind sie ganz. Erreichbar ist ihre Klarheit in der Bewegung: Monte Ma o Monte Zu.

Cine Zu o Cine Ma.

Atem-Kino.

Ich hörte die Gegensprechanlage am nahen Wohnhaus, den ganz natürlichen Pfeifton und dann die Stimme einer Frau: »Wer ist da?« Und da stand ein Postbote, und der sagte: »Post«, und die Frau verstand vielleicht nicht und sprach: »Was wollen Sie«, und der Postbote wiederholte: »Post«, und jene Frau sagte: »Welche Post?« der Postbote antwortete schon strenger: »Der Postbote, Telegramm«, und dann summte das freigegebene Türschlößchen. Trübes Wasser vielleicht befürchtete die Frau, welche mit dem Postboten telephonierte, aber ich sah, in der Morgendämmerung blinzelnd, sah, daß dort ein wasserblau gekleideter Postbote stand mit dem weißen Kuvert in der Hand, vor den zwei Reihen Klingelknöpfen, die von der tiefstehenden Sonne kleine blaue Schattenkappen aufgesetzt bekamen. Und er trat ein, so daß ich von ihm nichts mehr wußte. Die Wagengeräusche der fernen Autobahn echoten von dieser hohen Hauswand, von den Balkonen, den Fenstern, den Mauern und von dem Eingang. Dann waren da auf einmal Spalte in dem Haus, welche ich zuvor nicht bemerkt hatte, von der fliegenden Sonne, die um das Haus in solcher Kurve zu drehen begann, daß ihm eine Art Links entstand, man hätte fast sagen können, eine Linkshändigkeit. Jetzt sah ich, wie die Tür nach links öffnete, und links der offenen Tür irgendwelche sehr weichen Erscheinungen waren, heraus trat eine Frau, ihr ganz kurzer Rock, den ich zunächst als grün ansah, wurde im Sonnenlicht gelb und das weiße Hündchen, das mit ihr ging, mondweiß.

Hic tamen hanc mecum poteras requiescere noctem; Kastanien essen; Milch trinken.

Ich entschloß mich jetzt, hinunterzugehen ins Dorf, darin noch viel Halblicht war und Schlaf. Vor dem Gemüse- und Obststand nahe dem Bahnhof blieb ich stehen. Der Verkäufer hatte eine Reihe Glühbirnen eingeschaltet. Aber dort erinnerte ich mich der Regel der Verschwiegenheit und steckte das Notizbuch zurück in die Tasche meiner Hose, und meinen Bleistift legte ich nieder auf einem Zaunpfosten.

Gedicht für einen Großvater

Habe dich nicht gekannt
und du nicht mich
Zwei Fremde

Deine Hände
und deiner Kinder
Weiß

Weißer Schnee
Mein Augusttag
blendet mich

In meinem Namen
ist dein Name
wiederholt

Ohne Gespräch
Ohne Trost
Ich schaue mich um

Aber links von mir
aber rechts von mir
wechselt

Diese Brombeeren
diese Nesseln
diese Häuser

Meine linke Hand
meine rechte Hand
sind leer

Das ist eine
große Form
Felder

Wo ist Schnee
Wo bist du
Photographie

Felder
wie deine Weste
und Kornblumauge

Der Bach lebt
fließt
träumt

An der Tankstelle
frage ich
nach der Stadt

Zwanzig Kilometer
das Dorf
und dann Wien

Juli, August 1992

Wien. Wald

I. Tag

20. Mai [1866]. Pfingstsonntag. [...] Nach dem Saalessen Spaziergang mit Nettleship nach Bablock Hythe, über einen unversuchten Weg in die Straße nach Appleton hinauf nach Cumnor und heim bei Mondlicht. Die prachtvolle Schwärze und Bestimmtheit der Ulmen Äste im Abendlicht (dahinter). Kuckucke einander zurufend und antwortend, und die Rufe weil unabgestimmt überlappten, das dreifache *Kuckuck* bildend, und kreuzten.

Whitsunday. After Hall walk with Nettleship to Bablock Hythe, round by an untried way into the Appleton road up to Cumnor, and home by moonlight. Beautiful blackness and definition of elm tree branches in evening light (from behind). Cuckoos calling and answering to each other, and the calls being not equally timed they overlapped, making the triple *cuckoo,* and crossed.

Spaziergang, Lichtwechsel und eine Tonfolge; das genügte. Aber ich wollte drei Wörter herausnehmen, denn sie rührten mich und uns alle, wie wir da saßen. Und ich sagte noch einmal: »not equally timed«. Und der 20. Mai, Pfingstsonntag, war einer ganz vieler Zeiten und Himmelslichter und Wege, und es gab kein Suchen (– suchet und ihr werdet finden: falschester Satz). (Such, und es ist nicht mehr da.)
Und wir sagten: »ebenso die Wörter home by moonlight – ebenso branches in evening light (from behind)«.
»Das dreifache Kuckuck« oder der dreifache Kuckuck, das ist eine seltsame Gemeinschaft. Aber können nicht auch ein Bach und der Kastanienbaum und da die Wellblechhütte ein dreifaches Superland sein oder der unabgestimmte fünfzigste Tag? Mesopotamien, Judäa, Capadocia, Phrygia und Pamphylia und die Landschaft um Cyrene und Galiläa? – Aber »walk to Bablock Hythe, round by an untried way into the Appleton road up to Cumnor, and home by moonlight«. »Spaziergang nach Bablock Hythe, über einen unversuchten Weg in die Straße nach Appleton hinauf nach Cumnor und heim bei Mondlicht.«
An welcher Stelle in den Räumen stehen wir, ex vetustate memoriam? Der Student der Altphilologie und unbekannte Dich-

ter Gerard Manley Hopkins in Oxford ging in jenem Frühjahr
1866 wie Tag um Tag spazieren –

> Ging dann mit Addis, über Bablock Hythe, vorüber an Skinner's
> Weir durch viele Felder auf die Straße nach Witney. Der Him-
> mel schläfriges Blau ohne Liquidität. Bei Skinner's Weir gestern
> schälten sie Korbweiden die einen süßen Duft verströmten. Spa-
> ziergang mit Urquhart nach Wood Eaton. Sah eine Möwe fliegen.
> Erdrauch anmutige Pflanze. Wicke wächst üppig. Einige Buchen
> im vollen Laub blasser seidiger Blätter mit silbernem Pelz am Rand
> wenn sie ins Gegenlicht gehalten werden. Würdevolle Ulmen des
> Herrensitzes oder anderen großen Hauses da. An solch einem Tag
> auch vergangenen Freitag vor einer Woche fuhr ich mit
> H. Dugmore zu Wasser nach Godstow, aber die warme Grauheit
> des Tags, der Fluß, das Frühlingsgrün und der Kuckuck verlangten
> nach einer Regel sie zu harmonisieren und darin abzurunden.
> Letzten Freitag vor zwei Wochen waren wir draußen über den
> Hinkseys an einem zauberischen Tag, der Himmel elsterbunt von
> Wolken, nahe der Erdlinie ei-blau, die längsten anmutigen ge-
> schwungenen Bänder, auch zwei Säulen gesonderter gestapelter
> Wolken hintereinander weit weg.

Ich nehme wieder zwei Augenblicke heraus: »wenn sie ins
Gegenlicht gehalten werden«; und: »hintereinander weit weg«.
Hopkins, der Student der Altphilologie, in seinen Tagebüchern
berichtet die Spaziergänge, die er aus Oxford unternommen
hat, aus dem Speisesaal, aus dem Studierzimmer und aus der
Bibliothek hinaus auf die Straßen, Fuhrwege und Wiesen und
zu den Flüssen, Bächen. Und da in der Landschaft sieht er
dann die Buchen, und daß entlang der Ränder der seidenen
Buchenblätter Pelz steht und sichtbar ist, sofern diese Äste vor
einem Gegenlicht kreuzen und ihr junges Laub ins Helle halten. Der Geher, das Geäst und hinter dem Geäst das Licht.
Oder er sieht zwei Wolkenstapel weit ab, hintereinander. Der
Geher, die nähere hohe Wolke, die fernere hohe Wolke.

> May 18. Charming to see in the Garden Quadrangle the strong re-
> lief of the dark green and the balls of light in the close grass and
> the mixture of sunlit leaf and dey-looking shadow in the chestnuts
> high up and moving in the wind. Squares of green out-of-doors, as

a window or garden-door, are delightful and the green then suggests rose in an unusually recondite way, as if it were a translation of rose or rose in another key.

Zauberisch im Garten Quadrat das starke Relief zu sehen des dunklen Grün und der Bälle aus Licht im nahen Gras und die Mischung aus sonnhellem Laub und taugleichem Schatten in den Kastanien hoch oben und im Wind bewegt. Grüne Vierecke außer-Haus, wie ein Fenster oder eine Gartentür, sind herrlich und das Grün deutet dann ein Rosa an in einer ungewöhnlich rekonditen Weise, als wäre es eine Übersetzung des Rosa oder Rosa in einer anderen Tonart.

Wie soll ich behaupten, wie innig dieses Bild ist oder diese Wahrnehmung ist? Rilevare, das Gras ist Relief, es steht hervor, es ragt, es quillt, und dann wendet der Blick hinauf, von dem Gras in die Kastanienbäume, der Blick, nein das Schauen übersetzt sich hinauf, abgelöst vom Gras, hinauf in die Bäume; der Garten sprudelt hervor, mehr noch, er kommt sprudelnd zum Vorschein, und dieses Sprudelnd-zum-Vorschein-Kommen ist im Grimm-Wörterbuch die Quelle, und sie träufelt und trieft, und in einer der alten Sprachen ist mit dem Triefen verwandt oder fast schon eins das Wort *drucht,* der Tautropfen. Jener Wahrnehmungsbogen vom dunklen Grün und den Lichtbällen des nahen Grases hinauf in die Bäume schließt dann bei lichtem Laub und taugleichem Schatten. Da im Schatten quillt es, ist die Atmosphäre frisch und feucht, tauig. Schon das Gras ist reliefiert, ganz oben in den Bäumen ist fast das Quellwasser.
Es ist etwas dahinter. Es ist etwas hinter dem Wachtelkönig. Es ist etwas hinter der Dotterblume und dem kalten Wind. Es ist etwas hinter dem Freitag – »an solch einem Tag auch vergangenen Freitag fuhr ich mit H. Dugmore zu Wasser nach Godstow« – »letzten Freitag vor zwei Wochen waren wir draußen über den Hinkseys an einem zauberischen Tag«.
»Nach dem Saalessen Spaziergang mit Nettleship nach Bablock Hythe, über einen unversuchten Weg in die Straße nach Appleton hinauf nach Cumnor und heim bei Mondlicht« – hinter dem Heimweg, welcher mondbeschienen ist, liegt der Weg

hinaus auf die Heide und die Kuppe hinauf. »Die prachtvolle Schwärze und Bestimmtheit der Ulmen Äste im Abendlicht (dahinter).« Das Abendlicht ist nicht irgendwo westlich oder droben oder verbreitet, sondern es leuchtet im Hintergrund der Ulmenäste. Die Schwärze an der Vorderseite der Äste und die Pracht, ja fast das Leuchten, das andere Leuchten dieser Schwärze ist Resultat des dahinter stehenden Abendlichts. Sultare, saltare, springen, das Schwarze springt aus dem Licht. »Kuckucke einander zurufend und antwortend, und die Rufe weil unabgestimmt überlappten, das dreifache *Kuckuck* bildend, und kreuzten.« Das dreifache Kuckuck enthält Hintergründe, oder besser Seitengründe, das dreifache Kuckuck ist eine Gleichzeitigkeit dreier Gegenden, aus denen Kuckucke rufen, da, da und da. Die Kuckucke rufen, in jeweils bestimmten Wiederholungen, dann aber der Dreiklang hat eine Hintergründigkeit, Seitengründigkeit, eine Tiefe, ein Volumen, welche die Einzelrufe nicht haben. Was ist dieses Volumen?

Am 22. März befragte ich die jungen Brentforder über eine Geistergeschichte die sie mir vor dem erzählt hatten. Bei den Norris Marktgärten an der Sion Lane ist eine Stelle wo der Sage nach zwei Männer (und einige Buben, glaube ich) mit vier Pferden pflügten: als sie den Pflug an der Landspitze wendeten fielen sie in einen verdeckten Brunnen den sie nicht sahen und wurden getötet. Und wenn man sein Ohr jetzt an eine Wand an der Stelle lehnt kann man die Pferde gehen hören und die Männer bei der Arbeit singen.

Dreimal bildet sich hier, glaube ich, das Volumen. Zunächst: Hopkins befragt die Brentforder Studenten über eine Geistergeschichte, die sie ihm zuvor schon erzählt haben. Dieselbe Geschichte, ein zweites Mal. Und in dieser Geschichte pflügen zwei Männer und mit ihnen ein paar Buben; im Augenblick der Wendung fallen sie in die Tiefe, fast wie in einen Hintergrund oder anderen Grund oder in eine andere Zeit, jedenfalls in einen Brunnen. Aber schließlich dann hört man diese Tiefe heute wieder, hinter der Gegenwart und der an jener Stelle in der Gasse gebauten Wand hört man die Pferde gehen und den Gesang der Arbeitenden. Vielleicht erscheint manchem diese Geschichte unglaubwürdig (englisch); ich meine, die Geschichte ist glaubwürdig, da sie geheimnislos ist. Sie vermag einen Seiten- oder Hintergrund mit dem Vordergrund zusammenzuschließen. Nein, nicht nur der hinaus zwischen die Felder gebaute Weg und die gefestigten Wegkreuzungen, die da vorn leuchten, und das Hagebutten-Geglüh im Bereitschaftsland, die Jetzt-Böschung und die Faktum-Gräser und die automobilartigen duftlosen Steine oben hergerichtet auf der Brücke und der Hochstand und der Meister und der Feldstecher vor seinen Augen, alles unschwarz, unaschig, so klar, daß du es glaubst, so neonig wie das Stadtgeschäft, das seine Waren dir hinlegt, daß du stolpern und kaufen mußt und deine Diskretion und deine Nacktheit und deine Vergangenheit und deine Kindlichkeit und deine Unwissenheit und deine Spiele ankleiden mußt – und das da ist ein Preisschild, und das da ist die Klarheit, und das da ist mistelbeerfarben –, nein, sondern in dieser großen Landschaft sind die Stellen, daran du dein Ohr halten mußt. Hineinhorchen in die Hagebutten. Ich möchte meinen großen Irrtum beginnen zwischen Kieseln. Inmitten des weidenbaum-gesäumten Feldes eine rote Halle, und der Bach klingt und reflektiert von der Halle und das Gefieder des Vogels rauscht und reflektiert sehr zart von der Halle. Schau in diese Blüte wie in einen geöffneten Radioapparat, den Fehler suchend. Felder suchend.

> *Gedicht für einen Sterbenden*
>
> Wo sind heute meine Arme?
> Auf welchen Feldwegen liege
> und auf welchen Feldbetten ich?
> Und du, Besucher,
> wieviel Zeit hast du gebracht?
> Wieder nur die   ?

Aber bei Hopkins ist es keine Frage der Zeit. Eines der merkwürdigsten Raumbilder aus jenen zwischen 1862 und 1875 geschriebenen Tagebüchern hat Hopkins für den 19. Juni 1871 festgehalten. Die Eintragung lautet: »Two beautiful anvil clouds low on the earthline in opposite quarters, so that I stood between them« – »Zwei schöne Amboßwolken tief auf der Erdlinie in gegenüberliegenden Quartieren, so daß ich zwischen ihnen stand« Ich dachte daran, wie ich diesen Satz zum ersten Mal und viele Male wieder las, daß es so bedeutend ist, daß die Wolken in Gegenüberstellung sind; daß sie, aus anderer Position gesehen, keinen Rhythmus ergeben hätten; und darum im Tagebuch nicht verzeichnet worden wären. Hopkins hätte nicht schreiben können: vor mir zwei große Wolken oder zwei Wolken am westlichen Himmel. Solche Objekte und solche neutralen Dinge sind diese zwei Amboßwolken vielleicht nicht. Nicht: Da, ein Baum! Da, eine Straßenlaterne! Da, ein sechsmonatealtes Haus und neuweiß und da drinnen ein Fenster Licht!, sondern sie sind fast in Balance. Und vielleicht ist es diese Balance, die den Betrachter trägt, hält, festigt, andeutet, sichert, zeitigt. Vielleicht steht er vor Oxford auf einer Kuppe; in der Stadt wäre da nichts, die Wolken, welche über dem Horizont schweben, wären von Häusern und Gartenmauern überwachsen, von Gegenwart, Ziegeln und Moos. Und der Betrachter vielleicht zerfahren, weil in der Stadt links und rechts in keiner festen Ordnung sind; darum mußt du dich nach der Uhr richten und sind Kreisuhren in die Höhe gehoben, auf Kirchtürmen. Die Straße verändert sich, und du schaust hinauf zur analogen Anzeige, die kaum verändert wird.

Hopkins, der Studierende, geht hinaus auf die Felder und Fuhrwege spazieren, balancieren. Was ist das? Das ist zum Beispiel der Hinweg und der Rückweg. Hopkins auf dem Hinweg, drüben der Noch-nicht-Rückweg, und Hopkins auf dem Rückweg, während drüben der Nicht-mehr-Weg sich schlängelt. Aus dem Progress-Studenten in die Statur, studieren und spazieren gehen, unbestrebt. Ich stelle es mir immer noch vor als die Übersetzung des Wissens und der Gelehrtheit in eine Unwillkürlichkeit. Und solch ein unwillkürlicher Ort, den ich ja selbst auch haben muß, ist dann am 19. Juni, ungesucht, ja unsuchbar, die wunderbare Stellung oder Gelegenheit zwischen den zwei horizont-fernen Wolken. Was heißt jetzt aber unwillkürlich? Auf Onishi Chinnens Holzschnitt Buschsänger und Persimmon, da fliegt das Vögelchen, und zentimeternah runden sich die Pflaumen. Zu sagen, der Vogel fliegt vorbei an den Persimmon-Pflaumen, das wäre schon Willkür. Die Pflaume ist gerundet, der Vogel dunkelendig gefiedert.

Die Wildente ruft
die Bewegung des Windes
kräuselt das Wasser

Der wahre Spaziergänger sagt nicht: Ich ging am tönenden Bach entlang und dann im Kleefeld, welches duftete, sondern er sagt: Ich war; der Bach war; das Tönen war; der Ton war; das Kleefeld war; der Duft war. Kein »und« gesprochen, wie auch die Beine des Gehers nicht sprechen links und rechts und links und rechts. Balancieren kann man überhaupt nur, wenn das Wort »und« nicht gesprochen ist. Dort drüben ist die Tankstelle; das Licht ist; der rote Wagen ist; der Fahrer ist; sein Frühjahrsmantel ist; seine Hände sind; mein Weg ist geschwungen. Nichts folgt aus der Tankstelle, dem Licht, dem Wagen und Chauffeur, um die mein Weg geschwungen ist, aber legte man sein Ohr an diese an dieser Stelle gebaute Anlage oder Analogie, so hörte man ein allgemeines *Ist*. Spazierengehen = das Ohr anlegen.

41

Begonienblüten
Die großen Blätter, was nur
was denken sie nur

Einen Augenblick
bricht die Pfirsichblüte auf
über den Feldern

Die Schwertlilie
so ähnlich sich selbst, so ähnlich –
dem Wasser sei Dank

Die Sorge der Welt
um die waagrechte Fläche
Schwalben ist sie fremd

Pfingstsonntag. Nach dem Saalessen Spaziergang mit Nettleship nach Bablock Hythe, über einen unversuchten Weg in die Straße nach Appleton hinauf nach Cumnor und heim bei Mondlicht. Die prachtvolle Schwärze und Bestimmtheit der Ulmen Äste im Abendlicht (dahinter). Kuckucke einander zurufend und antwortend, und die Rufe weil unabgestimmt überlappten, das dreifache *Kuckuck* bildend, und kreuzten.

Die Zeit gehen sehen. Und als Hopkins dann, nach Spaziergängen und Wanderungen, Böschungen hinab, Flüsse entlang, über Kuppen, oben auf Bergen und auf das Meer hinausblickend, als er sie gesehen hatte, veränderte er eine Winzigkeit in seinen Tagebüchern, damit aus ihnen fortan ein Gleichzeitigkeitsbuch werde. Im Spätwinter oder Frühling des Jahres 1870 beginnt Hopkins damit, am Ende von Absätzen keinen Schlußpunkt mehr zu setzen. Das geschieht in jenen Tagen, aus denen die Geistergeschichte von den Norris Marktgärten an der Sion Lane kommt und die Stelle, wo der Lauschende hinter der Mauer die Pflüger hören kann, wenn er dort das Ohr anlegt. In diesen Tagen schreibt Hopkins – fast ein Sonderabschnitt in den Tagebüchern – mehrere mysteriöse Geschichten auf. In den folgenden Eintragungen setzt er den Schlußpunkt zum letzten Mal ans Ende eines Absatzes:

›Forten‹ (alte Lager u.s.f.) gehören Hexen und Feen und es ist sehr gefährlich etwas daraus abzuschneiden oder wegzunehmen: Bruder Fitzgerald hat einen Mann gesehen der einen Stock darin zu schneiden gegangen und zurückgekehrt war mit einem durchtrennten Finger. Ein Mann war eines Tages dabei in einem Feld an einem dieser Forten zu pflügen und als er die Furche entlang kam hörte er ein Geklapper von Tellern und Messern und Gabeln woraus er erriet daß die Feen Mahlzeit hielten. Dieses genügte um ihn hungrig zu machen und er wünschte sich etwas von der Mahlzeit die sie aßen. Sie hörten ihn und wie der Pflug wieder vorüberkam sah er einen Teller mit Messer und Gabel und einer guten Mahlzeit bereitgestellt auf der Landspitze an genau dem Punkt wo er den Wunsch geäußert hatte. Doch als er sie sah bereute er, denn er hatte gehört daß wenn man ißt was die Feen einem geben man ihnen auf immer gehören wird und er wollte das Essen nicht anrühren. Doch in einem Augenblick bevor er sich fortwandte wurde eines seiner Augen hinausgeschleudert und lag auf dem Teller vor ihm und er war ein einäugiger Mann zeit seines Lebens weil er laviert hatte im Umgang mit den Feen.

Das ist, in seinen Tagebüchern, Hopkins' vorletzte Notiz, die mit einem Punkt endet. Der nächste Absatz, vielleicht am selben Tag geschrieben, auf diesen Seiten fehlen die genauen Datierungen, der nächste Absatz leitet über zur Neuerung:

Bruder Slattery wußte von einer Frau die drei Kinder begraben hatte, eines ungetauft, bei deren Totenwache drei Lichter oder »Kerzen« im Hof (dem Friedhof?) gesehen wurden, eine schwächer als die zwei anderen: diese waren die Seelen ihrer Kinder die gekommen waren ihrer Gesellschaft zu leisten. Diese »Kerzen« sind offenbar die anerkannte Form der Erscheinung der Seelen der Verstorbenen.

Seelen der Verstorbenen – augenscheinlich ist bei dieser Wortfolge eine Situation entstanden, die den Charakter der Unabschließbarkeit ankündigt. Vielleicht kann man sogar an dieser Stelle sagen: die Seele ist der Sinn der Gleichzeitigkeit. Ab jetzt keine Absätze, die mit einem Punkt enden. Der folgende Absatz (Unabschließbarkeit, Gleichzeitigkeit?) betrifft irische Redewendungen.
Oder sagen wir: Hopkins, wer immer, der vergleichbar wäre, geht da draußen, balanciert da draußen, in der Erinnerung an

etwas, und diese Erinnerung wird beantwortet, wenn auf dem Ästchen des Pflaumenbaums der Sperling sich niederläßt, wenn die eine weiße rotkragige Apfelblüte aufbricht, wenn aus dem Gewässer der Schilfhalm dasteht, wenn im Fenster eines Hauses Licht aufscheint und dann auch wieder verlöscht. Eine Taube wird von einer Windbö gehoben, fast geschleudert, und die eine Flügelspitze zeigt senkrecht zu Boden. Minimale Institution, die an die Balance erinnert. Aber was ist jetzt Balance?

Ging nach Finchley und bog einen Fuhrweg hinab zu einem Feld wo ich einen Apfelbaum skizzierte. Ihre Sprühen gegen den Himmel sind anmutig gekurvt und die darumschlingenden Blätter rändern sie, wie es scheint, mit Reihen von Schuppen. In etwa ähnlicher Weise sah ich ein paar großwüchsige junge schlanke Bergulmen von dünner Statur deren Blätter das Licht in Folgen von Augenbrauen umschlossen. Vom Punkt wo ich zeichnete – unter einer Eiche, jenseits eines Bachs und auf dem erwähnten grünen Fuhrweg zwischen einem Parkgrund und einem erfreuenden Feld erreicht – gab es einen zauberischen Blick, das Feld, dann rechts des Fuhrwegs liegend, ein kurzrasierter weichgerundeter Schirm aus leuchtendem Grün endete nah der Landstraße an einer Reihe von violenköpfigen oder flaschenförmigen Ulmen – nicht bloß gerundet sondern eckig – von großer Pracht – dichte Blätterung, reiche tiefe Farbe, die Rippen und Pendentife aus Holz mit Laub gekränzt zwischen Baum und Baum. Aber was mich am stärksten beeindruckte war ein Eschenpaar als ich den Fuhrweg wieder hinaufstieg. Die fernere war die feinere – ein globaler gleichseitiger Kopf mit einem startenden Glied rechts; die nähere war nackter und hörniger. Mit einigen Schritten konnte man die fernere hinter der näheren vorbeischicken oder die Stämme vereinen, entweder deckungsgleich, so weit uneinige Umrisse zur Deckung kommen, oder mit einem Spalt zu jedweder Seite, oder wieder zu jedweder Seite mit breiterem Stamm als jedwede allein hätte. Dies war es das so prächtig war – einen erhabenen Schaft und Fuß dem doppelten Baum zu geben, der den Hörnerkamm der näheren Esche trug und zur rechten Seite von der Brust der hinteren Esche mit ihrem springenden Ast geformt wurde. Der Umriß des Doppelstamms war prachtvoll zu welcher der beiden Seiten auch man den hinteren Baum verschob

Wahrscheinlich war das für den sitzenden Studenten im Haus so schwierig – daß er nicht vom Weg hinab zu dem Feld abbiegen konnte, welches in der Annäherung rechts lag und die Pracht des Apfelbaums trug, dann aber wieder hinansteigend den Weg das Eschenpaar nicht finden und bewegen und die eine hinter der anderen leicht hindurchgleiten lassen konnte und in dieser Passage die erweiterte Gestalt auffassen. Das heißt, im Studieren verlor er die Zeit, auf den Wegen in der Landschaft gewann er sie wieder, glich er sie wieder aus. Auf den Wegen sammelte er die ausgleichende Gerechtigkeit. Wie findet man die?

> 30. Aug. Hell; am Nachmittag schön; die Wolken hatten einen gehörigen Anteil Gekräusel und Granulierung. – Eine Runde über Plumley. – Eschen Bestände in einem Dickicht: sie setzten sich zusammen aus zwei oder drei Stäben höchst anmutig belaubt, denn jeder Flügel oder Kamm rollte sich schließlich einwärts, das heißt aufwärts. – Meine Hand gegen den Himmel aufstellend während wir auf dem Gras lagen sah ich mehr Tiefe und Pracht im Blau als mir zuvor bekannt gewesen war, nicht Lichtstärke sondern Geglüh und Farbe. Es war nicht durchsichtig und saphirgleich sondern türkisgleich, es schwärmte und blühte um den Rand der Hand und in den Scherenschnitten zwischen den Fingern, das Fleisch zuweilen sonnenerleuchtet, zuweilen gläsern vom reflektierten Licht, zuweilen leicht geschattet in jenem Violett das man mit Kobalt und indischem Rot herstellt.

In der Verschmelzung von Vordergrund, in kreatürlicher Nähe, und Hintergrund, in universaler Ferne, ist es wieder da, das Schwärmen und Blühen. Auf einmal blüht und glüht der Himmel um den Rand der Hand und zwischen den gespreizten Fingern. Diese hinaufgestreckte Hand ist wie das Zurückholen eines sehr großen physischen Verlusts. Oder, drei Jahrzehnte vor Hopkins' Hand, Hiroshiges Holzschnitt »Meise auf einem Kirschzweig« – ein diagonal durch das Bild gerichteter Zweig, im linken oberen Bildwinkel Kirschblüten, im rechten unteren Bildwinkel Kirschblüten, in der Bildmitte, in der Freyung oder im Asyl, die Meise, die Bringerin aller Dinge, könnte man sagen. Der Bach in den Feldern vor der Stadt, nicht anders da als das Vögelchen auf dem Kirschzweig;

die Tankstelle da, wie ein Vögelchen auf einem Kirschzweig; und dort ist ein blauer Wagen abgestellt, daß er ist wie ein Vögelchen auf einem Kirschzweig usw. Oder der weiße Wagen ist auf den Platz gestellt, wie wenn er …, wie ein Zurückbringer eines großen Verlusts und wie eine wirkliche Gerechtigkeit, ein auf den Asphaltplatz einer Firma gestellter Wagen. Aussteigen und Gehen. Der ungerechte Himmel. Die davor gestreckte Hand. Aber nicht nur der Himmel wird in dieser Haltung verwirklicht, die Hand selbst bekommt Bestimmungen: »…das Fleisch zuweilen sonnenerleuchtet, zuweilen gläsern vom reflektierten Licht, zuweilen leicht geschattet in jenem Violett das man mit Kobalt und indischem Rot herstellt.« Das Wort, welches mir hier auffällt, ist das Wort *zuweilen*. Das Fleisch der Hand ist nicht stellenweise sonnenerleuchtet, gläsern oder leicht violett, sondern zuweilen so anders. Die drei visuellen Eindrücke werden, so möchte ich es vorsichtig sagen, zeitlich übersetzt. Also wird die Hand bewegt, daß sie einmal vor der Sonne ist, einmal vor dem Himmelblau. Hopkins liegt da im Gras wie eine Uhr, welche die Farbzeit angibt. Die große Himmelwölbung wird von der Hand zeitlich angezeigt, indem sie ihre Farben wechselt. »Nach dem Saalessen Spaziergang mit Nettleship nach Bablock Hythe« – die Heideflächen sind die Uhrzeit nach dem Essen – »über einen unversuchten Weg in die Straße nach Appleton hinauf nach Cumnor und heim bei Mondlicht.« Nicht heim um neun Uhr abends, sondern bei Mondlicht. In der Eintragung des 1. September 1867 schreibt Hopkins unter anderem: »Als ich die Mitte des Angers erreichte den sie Knighton Heathfields nennen (denn Heiden nennen sie hier Heidefelder) sah ich die Ganzheit des Himmels und die Sonne wie eine Würfeleins.« Welche Raumempfindung ist es, die eine solche wuchtig angeschriebene Zahl lesen kann?

Ich möchte auf ein anderes Beispiel der Hintergründigkeit aufmerksam machen, auf unmittelbar aufeinander folgende Eintragungen zweier Julitage. In der ersten Eintragung beobachtet der Tagebuchschreiber Bäume, in der zweiten Eintragung einen Wasserfall. Aber in der Beschreibung der Bäume ist eine zweite Welt, die dem Wasser angehört, in der Beschreibung des Wasserfalls ist eine zweite Welt, die den Sträuchern angehört und den Geweben:

18. Juli – Leuchtend, und ein Hochwind die Kämme der Bäume vor der Sonne wehend und das Feuer hereinholend und wieder zurücktauchend. Insbesondere war da ein leichtes Floß aus Buche darauf der Wind fußte und lastete, die Blätter raufend die in ihren Tripeln herauskamen umfädelt von einer leuchtenden Bräme wie ein Rand weißen Eises, die Sonne an einem Ende des Asts befestigt in einem Kasko aus seifensudfarbenen elastischen Lichtbäumen die über die Blätter propellierten aber zuweilen ausscherten eine blaue Kruste oder Platte mitten aus der Linse des Gestirns in das Auge segeln zu lassen

Bäume vor dem Sonnenlicht, der Wind treibt sie zu Bewegung. Doch in der Beschreibung gibt es »zurücktauchen«, »ein Floß«, »propellieren« und das ins Auge »segelnde« Blau. Dann beginnt die Beschreibung des Wasserfalls:

20. Juli – Das Wasser hoch in Hodder Roughs; wo es von innen erleuchtet war sah es wie blasses Gold aus, anderswo samten braun wie Ingwer Syrup; schwere Locken oder Bürsten wie zottige Seilenden rollend von einer Ecke der Fälle und übereinander geduckt; unter dem Fels der blasengeisternde Rock aus Schaum zurückspringend in den Fall, der sich scharf eine Bahn schneidet und ihn nicht einläßt, und dort aufspritzend in langen weißen ausgefransten Trieben und Sträuchern wie ein Gewucher von Dornriemen, und ich sah indem ich näher hinschaute daß jene umschlingenden Wasserästchen die in der Luft klöppeln und tanzen und tricksen aus Einzeltropfen geknüpft sind, der abschließende, wie eine Agraffe oder schwerere Perle, der größte;

Einmal das Floß aus Buche, vor dem hellen Himmel, einmal die Wasserästchen, im Sturzbach. Hinter den wehenden Bäumen steht die Sonne; aber auch hinter der Wahrnehmung, daß da Buchenäste wehen, ist ein Zweites, und in diesem Zweiten formen die Buchenäste ein Floß, welches auf dem Himmelwasser fährt, daß jemand darauf fußen kann, zum Beispiel der Wind. Oder wenn die Blendstrahlen der Sonne im Geäst sich verfangen, dann sieht der Beobachter wieder den blauen Himmel dahinter; aber hinter dieser Sicht ist ein zweites Sehen, in diesem zweiten Raum segelt der blaue Himmel in das Auge des Betrachters.

Noch ein Bild:

> Zwei mächtige Planeten, der eine ein Abendstern, der andere heute fern von ihm wie in dem Diagramm, beide nahezu von einer Höhe und gleicher Größe – Kontrapunkte so daß jeder die Reflexion des anderen in gegenüberliegenden Buchten des Himmels zu sein scheint und nicht zwei unterscheidbare Dinge.

Der zweifache Planet; und der dreifache Kuckuck.

Jetzt der Übergang zu Adalbert Stifter. Aber wie soll ich beginnen bei Stifter, so zweifach dreifach Gleichzeitiges muß man sagen, Stifter hat das verwickelt Gleichzeitige, daß nämlich lauter Zeiten da sind, wie in einer großen Landschaft lauter Wiesen sind, aber der einzeln individualisierte Gegenstand und Ort ist nicht erreichbar, und die Gegenwart ist nicht erreichbar, wie wenn Stifter seine Menschen sagen ließe: Ich kann erst da sein, wenn alles da ist, wie der balancierende Vogel auf dem Kirschzweig anzeigt, daß alles da ist oder daß die Weltkugel oder die Wirklichkeitskugel kein Gespinst ist sondern ein Sperling. – Da ich über Raum spreche und über die Zeit, beginne ich damit, von dem Wort *gehen* zu sprechen und von der Konjugation der Zeitwörter, in Stifters Studie »Der beschriebene Tännling«, von dem Studierenden Gerard Manley Hopkins wechselnd hinüber zum Studienschreiber Stifter. Offensichtlich immer mehr mein Anhaltspunkt: Die Studie vom Tännling beginnt mit der Schilderung einer Landschaft in Böhmen, einer um das Dorf Oberplan ausgebreiteten Landschaft, im damaligen Herzogtum Krumau. Und wenn ich mich, Leser, fragte, wie ich irgendwohin gekommen sei, wäre die Antwort immer: durch Landschaften; an die Städte schon wenig Erinnerung, aber an den Duft der Brennesselsäure des Feldwegs, den Geruch des braunen Flusses, die Gestalt der Blesse auf dem Pferdekopf. Wenn ich den Plan dieser Reise ansehe, so finde ich in den dunklen Stellen allerlei seltsame und wunderliche Namen geschrieben: »zur Brennessel«, »zum grauen Wespennest«, »zum süßen Flußgeruch«, »zum Pferdekopf« und dergleichen. Diese Namen bezeichnen aber nicht Ortschaften oder gar Herbergen, die solche Schilder führen, sondern ganz einfache Stellen, die hervorgehoben sind, um gewisse Linien und Richtungen anzugeben, nach denen man in den Weiten ohne Weg oder anderes Merkmal gehen könnte. Fast so beginnt Adalbert Stifters Studie, so daß ich bei dem vierten Wort wußte, daß hier wieder die Landschaft aller Namen und Zeiten entgegenkommt. »Der beschriebene Tännling« beginnt:

Wenn man die Karte des Herzogtumes Krumau ansieht, welches im südlichen Böhmen liegt, so findet man in den dunkeln Stellen, welche die großen Wälder zwischen Böhmen und Baiern bedeuten, allerlei seltsame und wunderliche Namen eingeschrieben; zum Beispiele: »zum Hochficht«, »zum schwarzen Stocke«, »zur tiefen Lake«, »zur kalten Moldau« und dergleichen. Diese Namen bezeichnen aber nicht Ortschaften, oder gar Herbergen, die solche Schilder führen, sondern ganz einfache Waldesstellen, die hervorgehoben sind, um gewisse Linien und Richtungen anzugeben, nach denen man in den weiten Forsten ohne Weg, oder anderes Merkmal gehen könnte. Die Namen sind von denjenigen Leuten erfunden worden, welche am meisten ohne Weg und Bezeichnung im Walde zu gehen pflegen, nämlich von Jägern und Schleichhändlern. (...)
So heißt es auch in einem großen Flecke, der auf der Seite des böhmischen Landes liegt, »zum beschriebenen Tännling«.

Ich möchte hier aufmerksam machen auf eine Wiederholung gegen Ende der zitierten Stelle: »... nach denen man in den weiten Forsten ohne Weg, oder anderes Merkmal gehen könnte« – und sofort im folgenden Satz: »... welche am meisten ohne Weg und Bezeichnung im Walde zu gehen pflegen.« Das hat folgenden Rhythmus: im Wald ohne Weg oder Merkmal; ohne Weg und Bezeichnung im Wald. Von Wegen und Wald und der Landschaft ist die Rede, aber der Stillstand hier ist gar nicht topographisch, sondern hier scheint die Zeit, zumindest der zeitliche Verlauf der Studie stillzustehen, nur kurz oder diskret. Landschaft und Zeit, die kleine Wiederholung ernennt sie zum Thema. Der beschriebene Tännling dann, der Baum, in welchen die unzähligen Vorbeikommenden ein

Zeichen geritzt haben, dieser Baum ist gar kein Tännling mehr, eine junge Tanne, sondern riesenhaft groß und sehr alt und erwachsen. Aber dieser Baum mit seinen gewaltigen Ästen, der rauhen aufgeworfenen unkindlichen Rinde und den mächtigen in die Erde eingreifenden Wurzeln, heißt immer noch Bäumchen, Tännling, sprachlich, im Volksmund der Geschichte, ist er jung, klein, naiv, unwillkürlich. Er ist vielleicht alt und jung zugleich, seine Beschaffenheit bedeutet Alter, aber da ist noch etwas Zweites, das nicht alt ist oder beinahe außerhalb oder hinter der Zeit der Verläufe und Bezüge, und da die Jäger und Schleichhändler, die Weglosen, die am Unbezüglichen sich Orientierenden, davon etwas wissen oder etwas wissen könnten, von diesem Zweiten, so sagen sie weiter zu dem großen und alten Merkmal »Tännling«, denn sie haben sich ihn gemerkt, etwas an ihm, das in seiner Gestalt fast nicht mehr zu erkennen bleibt, aber in ihrer Erinnerung vielleicht. Erinnerung: der Ort für das Unbezügliche, das Verlauflose, Weglose, Struppige, das Ohne-Bezeichnung, das Waldige. Die Erinnerung ist der Ort der Wälder.

Gehen. In jenen dunkelnden großen und starken Waldungen, die über den ganzen emporgehobenen Landstrich gebreitet sind, ist vor allem das Gehen die gerechte Form der Begegnung. An gewissen Stellen der Studie herrscht schon fast ein allgemeines Gehen, das Wichtigste dieser Welt plötzlich. Drei aufeinander folgende Absätze des »Tännlings«:

Die Oberplaner gehen sehr gerne auf den Berg, besonders an Sonntagnachmittagen, wenn es Sommer und schön ist. Sie gehen in das Kirchlein, gehen unter den Wacholderstauden herum, gehen zu dem roten Kreuze und zu den zwei Brunnenhäuschen. Da kosten sie von dem Wasser und waschen sich ein wenig die Stirne und die Augenlider. Die Kinder gehen wohl auch an andern Tagen hinauf, um unter den Wacholdersträuchen gestreifte Schneckenhäuser zu suchen.

Nachdem wir nun den Schauplatz beschrieben haben, gehen wir zu dem über, was sich dort zugetragen hat.

Wenn man von dem roten Kreuze über den Berg nach Westen hinabgeht, so daß die Häuser von Oberplan vor den Augen versinken, so geht man anfangs zwischen den dichten Wacholderstauden, dann beginnt feiner Rasen, und dann stehen zuerst dünne und dann dichter einzelne Föhrenstämme, welche die Pichlerner Weide heißen, weil einstens das Vieh zwischen ihnen herumging und weidete. Wenn man aber aus den Föhrenstämmen hinausgetreten ist, so steht ein weißes Häuschen.

Die Erwachsenen gehen, die Kinder gehen, der Erzähler geht vom einen zum anderen über, man kann den Berg hinabgehen, und das Vieh ging einstens herum. Der Erzähler sagt nicht: das bestimmte Wäldchen hieß Pichlerner Weide, weil das Vieh dort weidete, sondern er präzisiert, er entwickelt den Unterplan von Oberplan: das Wäldchen hieß Pichlerner Weide, weil das Vieh dort herumging und weidete.
Andere Bewegungen in dieser Landschaft, der Heimweg des Holzarbeiters mittags am Samstag:

Der größere Teil der Arbeiter ging gegen Pernek und Pichlern hinaus. Sie mußten anfangs durch den Thußwald, dann über die Thußecke, dann über einen Berg, die rauhe Hochstraß geheißen, dann durch Auen, und dann führte der Weg in das Tal, durch das man gegen Pernek kommen konnte. Man plauderte gerne auf diesem Gange, man klapperte mit den eisernen Keilen, man jauchzte, oder sang, man schlug sich Feuer und rauchte. Vom Holzschlage weg gingen alle miteinander, die diese Richtung hatten, aber je weiter der Weg führte, desto wenigere wurden sie immer; denn bald nahm der eine Abschied und ging seitwärts, bald der andere, so wie ihr Weg in ihre Heimat von dem allgemein eingeschlagenen Wege abführte, und nicht selten geschah es, daß, wenn die untergehende Sonne glutig am Rande der Seewand lag, und jeder emporragende Zaunpfahl, ja eine herausstehende Ähre einen langen Schattenstreifen über das Getreide warf, Hanns allein durch die Perneker Felder ging und den Weg hinab gegen Pichlern einschlug. Er ging auf dem Fahrwege hinab, er bog um die große Linde des Schwarzmüllers, zielte gegen die ferneren, dünnen Föhrenstämme und schritt auf das weiße Häuschen zu.

Ist es denn so wichtig und anschaulich und erkenntnisfördernd, daß dieser Holzfäller Hanns den Weg hinab gegen Pichlern einschlug, den Fahrweg hinabging, um die große Linde des Schwarzmüllers bog? Gibt diese Beschreibung eine visuelle Sicherheit? Aber sie erzeugt oder ermöglicht eine energetische Sicherheit – er ging durch Felder, er nahm einen Weg talwärts, er ging auf einem Fahrweg talwärts, er bog um einen Baum, er richtete sich nach der Ansicht von Baumstämmen, er schritt auf ein Haus zu. Das ist einer in einer Zeitlandschaft, nicht in einer visuellen Landschaft. »Und nicht selten geschah es, daß, wenn die untergehende Sonne glutig am Rande der Seewand lag, und jeder emporragende Zaunpfahl, ja eine herausstehende Ähre einen langen Schattenstreifen über das Getreide warf, Hanns allein durch die Perneker Felder ging.« Der Holzfäller, nach der Wochenarbeit, geht, und die Zaunstangen und die Ähren der Felder werfen Schatten. Oder: Die Sonne geht unter, Hanns geht Wege. Oder: Der Planet dreht, die Schatten wandern, Hanns geht.

Auch der Text geht und dreht. Anfangs: in den Forsten ohne Weg oder anderes Merkmal gehen; ohne Weg und Bezeichnung im Wald gehen – war eine Wiederholung auf engem Raum. Oder später: gehen auf den Berg, gehen in das Kirchlein, gehen unter den Wacholderstauden, gehen zu dem roten Kreuz, gehen an anderen Tagen, gehen über, hinabgehen, gehen zwischen; auf, in, unter, zu, an, zu über, hinab, zwischen. Das scheint alles landkartengenau und visuell, aber die Visualität und Landkarte entwickelt sich in einer Serie von Wiederholungen, das bewegte, flüssige, moldauige Auf, In, Unter, Zu, An, Zu über, Hinab, Zwischen ist an das wiederholte Wort *gehen* gebunden, also an den Stillstand des Wortes *gehen*. Was da wie Visualität ist, ist doch eine Zeitform, Moldaustruktur; auf, in, unter, zu, an sind Darstellungen von Zeit, genauer noch: Darstellungen von Erinnerung. Man kann an den betreffenden Stellen im »Tännling« das Zeitwort *gehen* durch *erinnern* ersetzen: Die Oberplaner erinnern sich gerne an den Berg, besonders an Sonntagnachmittagen, wenn es Sommer und schön ist. Sie erinnern sich an das Kirchlein, erinnern sich an die Wacholderstauden, erinnern sich an das rote Kreuz und an die zwei Brunnenhäuschen. Oder: Wenn man sich von dem roten Kreuz über den Berg nach Westen hinaberinnert, so daß die Häuser von Oberplan vor den Augen versinken, so erinnert man sich anfangs der dichten Wacholderstauden, dann erinnert man feinen Rasen, dann dünne und dann dichter einzelne Föhrenstämme, zuletzt, im Innersten, das weiße Haus. Stifters Wörter sind beinahe alle Zeit-Wörter. Aber er schreibt gehen, gehen, doch nicht erinnern, erinnern, da die wirkliche Erinnerung kein damals kennt, sondern nur ein Jetzt-Gehen. Die Erinnerung ist Wahrnehmung. Daher lauten Stifters Sätze landschaftlich.

In dieser drehenden Landschaft, in welcher der Holzarbeiter Hanns und Hanna als Liebende leben, soll ein großes Jagen veranstaltet werden, ein Jagdfest, wie es in der Vergangenheit dieser Landschaft üblich war und gepflogen wurde, in der Gegenwart nicht mehr. Nur der achtzigjährige Schmied des Ortes Vorderstift erinnert sich an eine solche Jagd in seiner frühen Kindheit. Zuerst wird darüber nur gemunkelt, als aber Abgeordnete des Fürsten und Grundherrn erscheinen, um mit den Vorbereitungen zu beginnen, hat das Gerücht freien Lauf. Genauer gesagt, in Stifters gehender Sprache: »Von nun an hatte das Gerücht freien Spielraum, und es ging durch die ganze Gegend.« Im darauf folgenden Absatz versucht der Erzähler in indirekter Rede wiederzugeben, was die Menschen in den Dörfern gerüchtweise über das bevorstehende Fest, also über die Zukunft des Festes, welches allerdings eine Wiederholung der Vergangenheit sein wird – ein Fest aus anderen Zeiten –, was also die Menschen über die Zukunft der Vergangenheit sagen. Das ist eine indirekte Rede, die nicht lauten kann: es wird gewesen sein, sondern: es war werden – die unbeholfene Rede von der Unwirklichkeit des Gegenwärtigen, die Rede vom Erinnern als Wahrnehmen, eine grammatikalisch schrille, bunte, zottelige Rede von Wald und Wild:

Im Stegwalde, hieß es, werde ein Netzjagen sein, in welchem man Gespinste aus Seilen aufspannen und das Wild darinnen einfangen werde. Im oberen Walde, im Langwalde und an der Flaniz sollen Treibjagden sein, wie man seit Menschengedenken nicht gehört hätte, und sie sollten sich über tagelange Wälder ausbreiten. Außer dem Jagen sollen auch andere Feste angeordnet sein. Auf den Oberplaner Wiesen, den nämlichen, von denen wir am Eingange unserer Geschichte gesagt haben, daß die Moldau in großen Schlangenwindungen durch sie geht, soll ein Essen sein, an dem mehrere hundert Personen würden teilnehmen können. Wer nur wolle, dürfe zuschauen, und auf Schrägen würden Weinfässer aufgestellt sein, von denen jedem, der mit einem Geschirr hinzuginge, herabgelassen würde. Die Diener würden bei der Tafel aufwarten, und die angesehensten Männer der Gegend würden eingeladen sein. Außer dem Essen aber soll noch ein Tanzboden errichtet sein, auf welchem man durch unzählige Blumengewinde Tänze aufführen würde. Dieses und noch viel anderes, das man noch gar nicht wisse, solle geschehen. In der Gegend sollen schon tausend Taglöhner zu Handlangern, Arbeitern und Treibern gedungen worden sein. Alles werde durch eine feierliche Messe in dem Gnadenkirchlein zum guten Wasser eingeleitet werden.

Eine denkwürdig durchdrungene Passage der Sprache. Da ist wieder das Gehen, nämlich der sogenannte Eingang der Geschichte, die durch die Wiesen in großen Schlangenwindungen gehende Moldau, dann die mit ihrem Geschirr hinzugehenden Gäste. Und die Wälder heißen tagelange Wälder, also Zeitwälder. Und die Zeiten lauten: es sollen Treibjagden sein; seit Menschengedenken nicht gehört hätte: sie sollten sich ausbreiten; sollen angeordnet sein: soll ein Essen sein; würden teilnehmen können; dürfen zuschauen, würden Weinfässer aufgestellt sein; hinzuginge usf.; man noch gar nicht wisse; werde durch eine Messe eingeleitet werden. In welcher Zeit befindet man sich hier? Und jetzt die Wendung: Man befindet sich in einer landschaftlichen, das heißt zumindest dreidimensionalen Zeit. Die Zeit ist nicht eine Dimension, sondern sie hat Dimensionen. Die Fähigkeit und Bereitschaft zu der Wahrnehmung, daß die Zeit Dimensionen hat und nicht Teil eines anderen Dimensionssystems ist, sie ist aufbewahrt in Stifters Sprache.
»Auf den Oberplaner Wiesen, den nämlichen, von denen wir am Eingange unserer Geschichte gesagt haben, daß die Moldau in großen Schlangenwindungen durch sie geht, soll ein Essen sein, an dem mehrere hundert Personen würden teilnehmen können.« Der Erzähler übersetzt aus dem Konjunktiv in den Indikativ – soll ein Essen sein – und gerät fast, nicht ganz, in die direkte Rede, im Nebensatz aber wieder in einen anderen Modus der Zeit: an dem mehrere hundert Personen würden

teilnehmen können. Oder: »Außer dem Essen soll noch ein Tanzboden errichtet sein« – das ist eine Vereinigung zweier Zeiten; der Tanzboden ist da schon errichtet und zukünftig noch zu errichten – soll errichtet worden sein, soll errichtet werden. Diener würden bei der Tafel aufwarten, ein Tanzboden soll errichtet sein: Ist hier tatsächlich von ein und demselben Fest die Rede? Vielleicht ein Echofest, ein Fest verschiedener Zeiten oder gleicher Zeiten. So muß es: in einer Landschaft sich ereignen, wo sonst? In einem Echoraum (und gibt es einen solchen nicht auch in Wien?). Bei Stifter zwischen Wiesen, Wäldern, Dörfern, in Wiesen, Wäldern, Dörfern, über Wiesen, Wälder, Dörfer, unter Bäumen, auf Wegen, über die Hügel hinab, durch Felder und Lichtungen. Unter Sperlingen, bei Erdbeer, Himbeer und Kirsche und ihren Düften, unter Blau, auf Scharlachrot.

Oder wenn ich diesen Satz lese – die Vorbereitungen des Festes werden darin aufgezählt: »Die Axt der Zimmerer erklang im Walde, Verzeichnisse von Treibern und andern wurden angefertigt, Abmessungen wurden vorgenommen, die Forste, welche durchstrichen werden sollten, wurden begangen, und Versammlungen und Rate sind gehalten worden.« Die Versammlungen, in der Perfekt-Zeit, sind hörbar in einer anderen Zeit; vielleicht unvereinbar oder zeitlich unabgestimmt.

Immer müßte ich zitieren, denn ich weiß ja nicht, was das ist, Stifters Zeit und Raum, oder Böhmen, Bayern, Oberplan, der Wald, der Himmel, der Weg, Wien und die Kirchtürme, die immer wieder entlang der Straße stehen. Das Fest ist vorbereitet, die Festgesellschaft reist an, es ist ein Herbstmorgen, der Himmel funkelt. Jetzt gibt der Erzähler die Uhrzeit an und die Raumperspektive: »Um zehn Uhr, als auf dem Turme das Zeichen gegeben wurde, daß sie kommen, sah man es auf der Straße von Honetschlag her durch den Staub von Pferden und Wagen blitzen, und als eine Viertelstunde vergangen war, fuhren sie bei der oberen Gasse herein.« Um zehn Uhr blitzt draußen in der Landschaft in einem Staubnebel: Es; kein Ding, keine Identität, nichts namentlich Umgrenzbares. Dieses Blitzen ist das ganz Besondere in dieser Stifter-Studie. Was ist dieses Blitzen? Fast könnte man sagen: die Zeit; die Übersetzung des Zehnuhr-Turmzeichens; das andere Zehnergeläut; Staub. (»Aus Staub bist du gemacht.«)

Stifters Sätze sind voll von Zeit: »Als der Herr allen gedankt hatte, als er mit dem Förster von Vorderstift, in dessen Reviere der erste Jagdplatz lag, gesprochen hatte, als er sich besonders freundlich gegen den Schulmeister und die weißen Mädchen verneigt hatte, und der gelüftete Hut wieder auf seinem Haupte saß: fuhren sie weiter. Man fuhr zu dem Rathause, in welchem dem Grundherrn für die Dauer der Feste seine Wohnung war zubereitet worden.« War zubereitet worden – so klingt im Nebensatz die Zeitordnung des Hauptsatzes durch. Was ist das alles? Welche Verzerrungen geschehen hier, Verzerrungen, Verschiebungen, Bewegungen, Betonung, zugunsten welcher Gestalt?

Auch die Jagdgesellschaft verzerrt die Landschaft, zieht neue Linien, erzeugt Formen und Räume und Grenzen und Perspektiven und Durchlässe. Man kann sich das so vorstellen: Stricknetze und Tücher sind aufgespannt, sie sind in so großen Bahnen durch die Landschaft gezogen, daß es unabsehlich ist, woher sie kommen, aber dieses wunderliche System läuft auf ein Ziel hin, wo es enger wird, man erkennt, es ist eine große Landschaftsreuse, die in einen schmalen Raum mündet, der zuletzt mittels eines Vorhangs zu schließen ist. Da drinnen wird das Wild erschossen. Etwa so berichtet das der achtzigjährige Schmied, der sich erinnern kann: wie es sein wird. Und dann findet die Jagd statt, merkwürdig und unheimlich, konjunktivisch und unentschieden zwischen *sei* und *wäre* und fast eine wörtliche Wiederholung der Erinnerung des Alten. »Am Tage, der nun folgte, sollte das große Netzjagen sein«; doch der eigentliche und angekündigte Beginn der Jagd ist dann wieder indirekt, übersetzt:

Das Wild, hieß es, sei schon alles in dem Netzraume eingeschlossen. Es sollen Hirsche dabei sein, Hasen, Rehe, auch Dachse, Füchse, Marder und vieles dergleichen, ein Luchs soll zugegen sein, und manches seltene Tier. Ob ein Bär eingegangen sei, wisse man nicht genau, aber gewiß sei auch einer darunter. Die ganze Sache sei sehr künstlich. Der Jagdraum, in welchem sich Gesträuche, hohe Bäume, Steine und selbst Klüfte befinden, sei in einem großen Kreise von den stärksten Stricknetzen umfangen, die in eisernen Ringen an gehauenen Bäumen befestigt wären. Innerhalb der Netze seien Tücher gespannt, daß alles hübscher aussähe. Außerhalb derselben befänden sich die Schießstände der Herren, und gleich hinter denen seien die Bühnen für die Zuschauer; denn die Herren hätten es selber gerne, wenn viele Zuschauer kämen und ihre Kunst bewunderten. Um die Tiere in den Raum zu bringen, seien Wege angelegt worden, nämlich Räume, an welchen zu beiden Seiten Netze emporgespannt wären; diese Räume wären zuerst sehr weit, würden immer enger und mündeten endlich mit einer Öffnung in den Jagdraum. Da, wo diese Öffnung sei, befinde sich eine Netztür, die man sehr schnell von dem Boden emporziehen und befestigen könne, damit das Wild, wenn es einmal in den Kreis eingegangen sei, nicht mehr hinauszukommen vermöge.

Man kann der Erinnerung nicht zuschauen, nur gehen, mimetisch sein, nachahmen, gehen, nicht anblicken, das Wild fliehen lassen, das Gespinst aufbauen, das Zucken, Blitzen, Zur-Seite-Rucken, im zotteligen Wald, im Dunkel gehen. Im Dunkel nicht sehen, aber im Dunkel gehen können. Der vierte Teil des »beschriebenen Tännlings« trägt den Zwischentitel: »Der dunkle Baum«. Wie die Geschichte bis zu diesem Tannenbaum verläuft, kann ich nicht erzählen. Unter dem Baum sitzt dann der Holzarbeiter Hanns, und er sieht in das Dunkel und die Dämmerung, zunächst glitzert noch dieses und das, zuletzt ist Finsternis und Stille. Darin, in dieser Finsternis und Stille, findet der Sitzende ein Resultat, mitten im Wald. Er löscht dort seine Absicht, einen bestimmten mörderischen Plan, ein Ziel, er zersetzt dieses Ziel. Wie? Es geschieht im Schlaf.
Tags darauf findet im Wald eine andere Form der Jagd statt, keine Netzjagd dieses Mal, sondern eine Treibjagd. Und die Erzählung berichtet:

Die meisten Schützen zogen diese Art Jagd bei weitem einer Netzjagd vor, weil dem Wilde der Raum zur Flucht gegeben ist, und eine Geschicklichkeit erfordert wird, den Augenblick zu benützen, um das flüchtende Gewild niederzustrecken. Nur das Volk hatte von dieser Jagd weniger Vergnügen, weil es nicht zuschauen und sich nur an dem heimgebrachten Wilde, an den Sträußen auf den Hüten und an den fröhlichen Mienen der Schützen ergötzen konnte.

Der Raum zur Flucht; *Raum* ist, neben dem Verbum *gehen*, das zweite große oder häufige Wort dieser Studie. In der heillosen zielgeraden Enge der Netzjagd endet der Weg, und rundum stehen auf Podesten die Jäger und schauen und erkennen und definieren und haben die Positionen und Staublosigkeit des Wilds gefunden, und sie führen Gewehre mit sich. Diesem Blick in den dem Wild bereiteten Todesraum setzt die Erzählung eine Art gehendes, weiches, träumendes, festliches Schauen entgegen, das Schauen im Gehen, also Vorbereitungen zur Unwillkürlichkeit. Sehen, Gegenteil der Identifikation und Fest der Unfestigkeit, Flüssigkeit, Kinder-Einheit, Moldau.

> Das Fest aber dauerte bis in die Nacht. Da es dunkel wurde, ließ man gläserne Ballen kommen, in denen Lichter brannten, die auf die Tische gestellt wurden und eine überraschende Wirkung hervorbrachten. Draußen war die dunkle Nacht auf der Heide, an deren Saume die schwarzen Wälder warteten, dunkle Menschen, von einzelnen getragenen Lichtern unterbrochen, bewegten sich auf der Heide, dichte Menschen, hell in den Angesichtern beleuchtet, standen um das glänzende Bauwerk, und feine Strahlen spannen sich aus dem Gewebe in die Räume hinaus.

(Einschub: »spannen« – Imperfekt des Verbums *spinnen* und zugleich Präsens des im Verlauf der Erzählung schon eingeführten und zur Beschreibung der Netze verwendeten Verbums *spannen;* Vergangenheit und Gegenwart zugleich, aber im unscheinbarsten Splitter, in einer lautlichen Beiläufigkeit, Mini-Übersetzung.)

Für das Wort *gehen* und für das Wort *Raum* habe ich so lange von Stifter gesprochen. Menschen stehen in einem Zelt, und Stifter schreibt es so: »Das Volk stand in großer Menge und dicht um das linnene Gebäude.« Anderswo sind Tische und Speisen auf der Wiese aufgestellt, Stifter schreibt es so: »Auch war auf mehreren Tischen auf dem Raume der Weide Braten und anderes Speisengemische zur Bewirtung aufgestellt.« Eine Gesellschaft sitzt zu einem Festessen, Stifter schreibt: »Über ihren Häuptern war ein rot und weiß gestreiftes Tuch gespannt. Zwischen den Pfeilern, welche das Tuch trugen, waren die Räume hie und da frei, hie und da aber mit feinem, fast durchsichtigem Gewebe bespannt.«

Warum? Warum wird in dieser Studie in dieser Landschaft in dieser Sprache immer gegangen – gehen Menschen und Flüsse und Sonnen –, und warum sind da Räume um Räume? Ich habe keine einfache Antwort darauf. Vielleicht sind diese Menschen blicklos, richten ihre Blicke nicht auf etwas und können darum schauen? Wenn der Waldarbeiter Hanns schon gegen Ende der Studie geht, durch dichten Wald geht, an starken Stämmen vorüber geht, an großen Steinen vorüber geht, auf modrigem Boden geht, auf keinem Wege geht, so hüpft diese Aufzählung so dahin, von Gehen zu Gehen, weil der Geher seinen Blick nicht richten kann und nicht richten soll. Der Erzähler dient einem kontinuierlichen Schauen, er begründet eine Landschaft der Einheit. Der Geher geht, um ins Schauen zu kommen und dann seine Absicht zu verlieren, die Verworrenheit seiner Absicht und des Blicks. Gehen und drehen und abbiegen und bergangehen und bergab und durch Schatten und über die Wiese, auf, in, unter, zu, an und den Körper wenden und ducken und klimmen und laufen; nirgendwohin; in dieser Landschaft; auf den Kuppen; in Oberplan. Die Einheit ist weglos.

Und dann: Ein Mensch, welcher schaut, ist in allen Zeiten, mit dem Schauen hat er nicht bloß seinen Augensinn entgrenzt, so, indem er schaut, erinnert er. Auf dem Raum der Weide sind Speisen aufgestellt; das ist, wie wenn er im Wald geht, auf Waldboden, im Waldraum, im Waldgebäude, das, dem Erzähler zufolge, den tausendjährigen Moderraum des Laubs enthält. Das Zelt, darin zwischen den Pfeilern hier und da freie Räume sind, hier und da aber andere Räume, die mit feinstem Gewebe bespannt sind, ist Schau und Erinnerung und Landschaft und Tausendjährigkeit und Zartheit. Es ist ein Zelt aus Zeit. Man wird das Zeit-Zelt nicht erreichen, in diesen teils freien, teils verwebten Raum nicht eintreten, oder bloß unter Verlust der Empfindung des teils Freien, teils durchsichtig Gewebten, diese versiegelte Heimat nicht erreichen, aber schauen und erinnern. Das Kontinuum haben anstatt Heimat haben.

(20. Mai. Wie gestern, heiß doch frisch mit Wind. Dr. Pusey predigte. Nach dem Saalessen Spaziergang mit Nettleship nach Bablock Hythe, über einen unversuchten Weg in die Straße nach
Appleton hinauf nach Cumnor und heim bei Mondlicht. Die
prachtvolle Schwärze und Bestimmtheit der Ulmen Äste im
Abendlicht [dahinter]. Kuckucke einander zurufend und antwortend, und die Rufe weil unabgestimmt überlappten, das dreifache
Kuckuck bildend, und kreuzten.)

P.S. Um 1840 hat Adalbert Stifter versucht, die Stadt Wien zu
beschreiben. Vom Turm des Stephansdoms, in der Frühe, um-
herblickend, sieht er, daß die Stadt eine sehr flache Scheibe
ist.
Weit draußen das Marchfeld, die Donau, der Prater, der Wie-
nerberg, der Schneeberg. Ein Name, der zur Stadt Wien gehört, ist ausgelassen worden, der Wienerwald. Eine Stadt der
Blicke, kein Gehen, kein Raum, kein Erinnern. Die Stadt Wien
ist für den da oben auf sie Hinabblickenden zeitlos, erinne-
rungslos, raumlos, traumlos. Häuser und Dinge, anstelle von
Zeit und Erinnerung.
Dunkler, verdunkelnder, geschwungener, naher, zudeckender,
links-seitiger, harztropfender Wienerwald.

P.P.S. Der Satz von der Scheibe lautet: »Wenn man Wien von
einer Anhöhe aus betrachtet, deren mehrere in ganz geeigneter
Entfernung liegen, so zeigt sich die Stephanskirche gewissermaßen als Schwerpunkt, um welchen sich die Scheibe der Stadt
lagert.« In einer anderen Fassung des Versuchs über die Stadt
Wien lautet der Satz: »Wenn man Süd und Südwest ausnimmt, so
mag der Wanderer kommen von welcher Weltgegend immer,
und er wird, bevor er noch ein Atom von der großen Stadt erblicken kann, schon jene schlanke, zarte, luftige Pappel erblicken,
die still und ruhig in einem leichten blauen Dufte steht.« – Der
Holzfäller im »beschriebenen Tännling« unter dem hohen Baum
seine Absicht zersetzend, versinkend, der Besichtiger Stifter, der
dann hinaufsteigt auf eine Art Pappel, Waldzeichen in der wald-
losen Stadt, über den Pfeilern, Säulen und dem Geäst steht.
Unten; oben. Keine Absicht; Rundum-Sicht.

II. Tag

Übersetzen: nicht »aus dem Italienischen« ins »Deutsche«
übersetzen, sondern eine italienische Sprache oder eine fremde
Sprache in der deutschen finden, das ungesprochene Deutsch
vielleicht, das unbekannte, das vergessene. Das Deutsche wieder unbekannter machen. Ich möchte sagen: Ich kann nicht
Deutsch sprechen; ich verstehe nicht; ich kann nicht eintreten
in diese Sprache, weil ich eine tiefe Erinnerung habe; und ich
kann nicht eintreten, weil ich eine tiefe Erinnerung bin; und
ich kann nicht eintreten, weil die Sprache eine tiefe, dauerhafte
Erinnerung ist; die Wald- und südböhmische Natur der Sprache. So mag einer versuchen, eine Sprache, welche er nicht
spricht und welche ihm zumeist unbekannt ist, zu übersetzen,
damit er seine eigene stört. »Ich habe übersetzt, um zu verlernen.« Den ersten klaren Hinweis auf die Übersetzbarkeit als
die Verlernbarkeit habe ich 1984 in der Wiener Alten Schmiede
gehört, an einem langen Abend des Vorlesens von Gedichten
von Andrea Zanzotto, auf italienisch und deutsch.
Als das vorüber war und später, ist mein Satz gewesen: es ist
nicht Deutsch; es klingt wie … es klingt wie Adalbert Stifters
Zeitendurcheinander im »beschriebenen Tännling«, ich bin
nicht da, nicht in dieser Stadt, ich bin in der vergessenen Sprache oder in der Sprache hinter der Sprache oder in der Landschaft hinter der Landschaft.
In Hopkins' Tagebüchern leuchtet oder klingt oder duftet
fortwährend etwas heran, das ich-förmig ist, aber …, eine
Wolke, aber …, ein Grasfleck, aber …, im Wind flackernde
Blätter der Ulme, aber …, der Fuhrweg hinauf auf die Kuppe,
aber … Die Landschaft dieses Gehers ist voller Ertappungen,
Ertastungen, begrenzter Verstehbarkeiten – diese Blumen, dieser Bach, dieser Ast, diese Art und das Blattwerk, dieser Schat-
ten, dieses Blaugrün, und bei jeder so wahrgenommenen
Blume und bei jedem Blatt ist ein zarter Bewußtseinsmangel
oder ein kleines Erinnerungswetter oder Vorwelt und Sprach-
Ich. Alles in jener Landschaft, die doch nur eine der Wege und
Wiesen und Kuppen und Gehölze und Bäche ist, alles ist ein

wenig ungreifbar, schwierig, schwierig darstellbar, nicht recht zu erzählen, kleine, aber komplizierte Verhältnisse, wie jener Baum in Relation zu jenem Baum da drüben steht und wo der Weg abzweigt und wie er unter der Böschung hinabführt und wie die Farbe des Grases dann und dann schwankt. Nicht stabilisiertes Bewußtsein ist diese Landschaft, sondern eine der Unsprachbarkeit, aber so ich-gemischt, ich-blitzend, ich-rund, fast eine »anders entstandene Sprache«. Die Landschaft ist beinahe eine Kunst, denn sie ist schwierig, und das heißt, in ihr ist die Erinnerung lebendig oder erregt. Jede kleine Besonderheit, Beschreibbarkeit scheint eine kleine Ich-Information zu sein, aber nicht für ein Präsenz- und Bewußtseins-Ich. Jeder schwierige Platz um Oxford ist eine kleine Konstitutions- oder Kontinent-Schwierigkeit des Ich.

> Die Hecken sprießen reichlich. Ulmen voller kleiner Blätter, mit mehr oder weniger Undurchlässigkeit. Weißpappeln in der ganzen Pracht ihrer kleinen grauen gekräuselten sprühenden Blätter. Schlüsselblumen impulsiv färben die Wiesen in sahnigen Passagen. Hyazinthen, purpurnes Knabenkraut. Über dem grünen Wasser des Flusses der vorüberfließt an den Armenvierteln der Stadt und unter seinen Brücken blitzten die Schwalben, blau und purpurn zuoberst und der Bernstein-Anflug auf den Brüsten zeigte sich gespiegelt im Wasser, ihr Fliegen unstet mit oszillierenden Flügeln und sie lehnten zuerst zur einen Seite dann zur anderen. Kiebitze im Flug. Gegen Sonnenuntergang der Himmel teilweise aufgerissen, wie oftmals, mit feuchter weißer Bewölkung, vorüberströhnend an eigentlich Fragmenten grau-schwarzer wolliger Wolken. Die Sonne schien darin ein helles flüssiges Loch zu machen, dessen Textur hatte eine steile nördliche Geste oder Passage aus West, weich grau gezeichnet.

Konstitutionsschwierigkeit des Ich: oder besser: Erinnerungsplätzchen, Erinnerungsstellung, Erinnerungstheaterchen, Raum anstatt Identität, Gedächtnispunkt einer heftigen Nichtsprache. Eine Du-kannst-den-Kopf-nicht-wenden-Sprache, eine Du-mußt-gehen-Sprache. Hopkins hat in seiner Landschaft Positionen gefunden, in welchen er sagen konnte: Am Himmel stehen zwei Planeten so zueinander, daß der eine die Reflexion des anderen zu sein scheint, was auch heißt, daß der eine an den anderen zu erinnern scheint. Es gibt die Positionen, in denen ein etwas an ein anderes erinnert, aber solche Positionen sind ein Nicht-sprechen-Können, ein räumliches Gedicht vom Nicht-sprechen-Können. Hopkins geht in einer Schwierigkeit. Hopkins geht in einem Gedicht.

When the baby cries, the mother must pick it up. Wenn der Baby weinen, der Mama muß aufpicken.

Große Übersetzungen dienen der Kreolisierung (Echoisierung) der Sprachen. Creolare, creare.

»Der beschriebene Tännling«, das ist eine kreolische Wendung. Es ist eine von vielen Bezeichnungen, die, wie Stifter erzählt, von denjenigen »erfunden worden (sind), welche am meisten ohne Weg und Bezeichnung im Walde zu gehen pflegen, nämlich von Jägern und Schleichhändlern«.

Mondaufgang

Ich erwachte in Mittsommers anders-genannter Nacht, Weiß und
          Weite der Frühe:
Der Mond, geschwunden bis zur Fingernagelrundung vor dem
          Kerzlicht,
Oder Part der Paradiesfrucht, Pracht-Prozeß des Zartwerdens,
Stieg vom Steig, zog vom Gupf, des dunkeln Maenefa des Bergs;
Eine Koppe klammerte, Zacke zahnte ihn, fing ihn, den nicht
          ledigen.
Das war die werte, begehrte Ansicht, ungesucht, so leicht gezeigt,
Entzweite mich Blatt um Blatt, teilte mich, Auglid um Auglid des
          Schlummers.

I awoke in the Midsummer not-to-call night, in the white and the
          walk of the morning:
The moon, dwindled and thinned to the fringe of a fingernail held
          to the candle,
Or paring of paradisaical fruit, lovely in waning but lustreless,
Stepped from the stool, drew back from the barrow, of dark
          Maenefa the mountain;
A cusp still clasped him, a fluke yet fanged him, entangled him,
          not quit utterly.
This was the prized, the desirable sight, unsought, presented so
          easily,
Parted me leaf and leaf, divided me, eyelid and eyelid of slumber.

Ich glaube, das Fundament von Sprechen Schreiben Übersetzen ist das Nicht-sprechen-und-schreiben-Können, das dunkelblaue Volksschülerheftchen mit den Linien und der Duft von Jausenbrot, Obst, Kreide und das Parfüm oder die Seife der Frau Lehrerin. Das Übersetzen ist für mich so sehr Mimesis wie die ersten Buchstaben auf den ersten Linien, unroutiniert, ohne Weg und Bezeichnung. Nicht-Können und Erinnerung, das ist Eines.

Warum sind da die Wort-Gleichungen in dem Mondgedicht von Hopkins? Dwindled, thinned, fringe, finger, das ist phasenweise anagrammatisch, das heißt ein Gleiches erinnernd. Paring, paradise. Night, white. Im Nicht-sprechen-Können ist eine Sprache enthalten, und diese ist besonders erinnerungsstabil. Sie kann nicht, aber erinnert. »Finger« ist eine – falsche, a-etymologische – Erinnerung an »fringe«. »Thinn« ist eine Erinnerung an »dwindle«. »Clasp« ist eine Erinnerung an »cusp«, also das »l« in »clasp« eine Erinnerung an das »ohne-l« in »cusp«, das »l« eine Erinnerung an »nicht-l«. Diese beinahe gleichlautenden Wörter werden am Ende des Gedichts ergänzt von zwei vollkommen gleichlautenden Entsprechern – »leaf and leaf« – »eyelid and eyelid«. Die Zeile, in welcher diese geschrieben stehen, sagt: Der Anblick des vom dunklen Maenefa Berg wegziehenden Monds beendete den Zustand der Einheit, Blatt wurde getrennt von Blatt, Augenlid und Augenlid wurden getrennt. Die Kontamination und Versponnenheit und Sprache des Schlummers wird Blatt für Blatt geschieden. In der versponnenen primordialen Sprache des Schlummers klingt alles wie Blatt, Blatt, Mond, Rund, Schwund, Rand, Part, Paradies, Pracht, Prozeß, Zart. Zu Pfingsten verstanden einander dann alle, obgleich sie weiter die verschiedenen Sprachen gesprochen haben. Verlernen für Pfingsten. »Finger« ist die pfingstliche Form von »fringe«, die Fünferform, die Fünffingerform. Man soll einen Pfingstpreis für die Übersetzung stiften.

Mögliche Begründung der Jury des zu vergebenden Pfingstpreises: Die Übersetzerin Helene Semio-Gutholz hat der Gesellschaft eine allerstärkste und haltbarste Erinnerung gesichert, eine ins Bewußtsein nicht zu übersetzende. Eine Erinnerung woran?

Oder: Harrison Bleistift hat sich während der schwierigen Arbeit so sehr erinnert, daß die Aufsicht der Finanzprokuratur »beträchtliche Überschuldung« bei ihm festgestellt hat. Im Gutachten ist die Rede von »einer voreiligen, unverantwortlichen Aktion« und »der dritten Pleite eines Übersetzers der Zweiten Republik«. Wir freuen uns, an diesem herrlichen warmen Pfingstwochenende den Pfingstpreis für Übersetzung an Herrn Bleistift zu überreichen.

Oder: Arianne Schlummer-Zirkus hat den bedeutenden Gedichtband »Kassel« des in Kassel lebenden Dichters im Englischen unter dem Titel »Carrousel« herausgegeben und übersetzt undsoweiter. Der Brand in der Zentralbank war noch nicht gelöscht und das Ausmaß der Zerstörung noch nicht bekannt, da war sich die Jury einig: die ausgebrannte Übersetzerin undsoweiter undsofort.

Streitschrift einer Autorenplattform gegen den Pfingstpreis, veröffentlicht in der Wiener Tageszeitung »Die Exzellenz« unter der Überschrift: »Gebt uns das Vergessen wieder.«

Oder: Der Preis geht nachträglich an Adalbert Stifter. Wir zitieren als Begründung eine repräsentative Passage aus seinem Werk:

> ... »zum Hochficht«, »zum schwarzen Stocke«, »zur tiefen Lake«, »zur kalten Moldau« und dergleichen. Diese Namen bezeichnen aber nicht Ortschaften, oder gar Herbergen, die solche Schilder führen, sondern ganz einfache Waldesstellen, die hervorgehoben sind, um gewisse Linien und Richtungen anzugeben, nach denen man in den weiten Forsten ohne Weg, oder anderes Merkmal gehen könnte. Die Namen sind von denjenigen Leuten erfunden worden, welche am meisten ohne Weg und Bezeichnung im Walde zu gehen pflegen, nämlich von Jägern und Schleichhändlern.

Der kalte Tännling oder der beschriebene Tännling von Stifter schreibt nicht etwas von der Welt oder über sie, sondern stellt eine Schließung eines Subjekt-und-Objekt-Kreises dar. Es gibt da gar keinen Betrachter der Welt, der irgendwelche Dinge sieht oder aus seiner Perspektive irgendwelche Dinge nicht sieht, es gibt da keinen Seher und Betrachter gegenüber irgend etwas Gesehenem oder Betrachtetem, sondern das Auge ist

Waldauge, Erdbeerauge, Augenerdbeerdrehung, Erdbeeraugenwiederholung und im Tempel. Die Nässe an der Unterseite der Erdbeerblätter ist in der Phase, da sich der Geher bückt und die Pflanzen mit der Hand teilt, Handnässe und dann Augenflüssigkeit. Die Himbeere ist immer Himbeer-Ich, Himbeer-Er, Himbeer-Arbeiter. Die Felsen, wo sich etwas zutrug mit einer Milchbäuerin, heißen seither »die Milchbäuerin« und sind damit ein Echo. »In der sonnigen Tiefe unter der Milchbäuerin sind die Pflanzbeete der Oberplaner, das ist, aufgelockerte Erdstellen, in denen sie im ersten Frühlinge die Pflänzchen des Weißkohls ziehen, um sie später auf die gehörigen Äcker zu verpflanzen.« Es gibt kein Blicken hinüber zu etwas, denn das Schauen und …, nein, das Schauen ist ein Ganzes. Das weiße Haus ist ein Augenaufmachen. Der Fußweg ist eine Körperbewegung. Der Duft ist nicht etwas, das der Wald berichtet, sondern ein Jetzteinatmender, und im Ausatmen weht der Wald davon. Wald, Nicht-Wald, Wald, Nicht-Wald. Man könnte sagen, daß es in besonders glücklichen Momenten in Stifters Literatur die Erinnerung der Gegenwart gibt.

Dieser auch bei Hopkins nachzuspüren habe ich versucht, einer Vereinigung.

> Aber was mich am stärksten beeindruckte war ein Eschenpaar als ich den Fuhrweg wieder hinaufstieg. Die fernere war die feinere – ein globaler gleichseitiger Kopf mit einem startenden Glied rechts; die nähere war nackter und hörniger. Mit einigen Schritten konnte man die fernere hinter der näheren vorbeischicken oder die Stämme vereinen, entweder deckungsgleich, so weit uneinige Umrisse zur Deckung kommen, oder mit einem Spalt zu jedweder Seite, oder wieder zu jedweder Seite mit breiterem Stamm als jedwede allein hätte. Dies war es das so prächtig war – einen erhabenen Schaft und Fuß dem doppelten Baum zu geben, der den Hörnerkamm der näheren Esche trug und zur rechten Seite von der Brust der hinteren Esche mit ihrem springenden Ast geformt wurde. Der Umriß des Doppelstamms war prachtvoll zu welcher der beiden Seiten auch man den hinteren Baum verschob

Die Schritte des Gehers einigen den Gegenstand; besser: die Schritte sind die Einigung des Gegenstands; besser: dort drüben einigen sich die Schritte hier; die Einigung der zwei Bäume ist die Einigung der Schritte hier; Pfingsten. Pfingsten, das heißt: fünfzig. Wulfila hat den griechischen Fünfzigsten oder fünfzigsten Tag lautgerecht ins Englische übersetzt und geschrieben: paintekuste. Das wurde dann in ein althochdeutsches oder halbdeutsches und halb-nichtdeutsches fimfchusti übersetzt und später verwandelt und erleichtert zu phingeste und pfingst, worin die Fünf (die fünf Finger) wieder unsichtbar war. Pfingsten-und-Pidgin. (Und Souriquoien, Mobilian, Gullah, Nahuatl-Spanisch, Papiamentu, Chinook Jargon, Taki Taki, Ava'-nee, Cocoliche, Shelta, Sabir, aka Aku, Patois, Krio, Kru, Ewondo Populaire, Tekrur, Town Bemba, Sango, Hobson-Jobson, Butler-English, aka Papia Kristang, Bazaar Malay, Police Motu, Beach la Mar, Sandalwood English, Kangbe, Commercial Dyula, Ful, Fernando Po Kreol, Galgaliya, Ci-Miini, Vedda [das von nur vierhundert gesprochen wird], Lanzichenecchi – dieser letzter Name ist eine italienische Nachahmung des deutschen Worts Landsknechte, ds wird zu z, Knechte wird chenecchi, und das war eine Sprache, die Deutsch und Italienisch vereinte.) Es soll jetzt nicht gesagt sein, daß Pidgin und Kreol Korruptionen der Supersprachen sind, sondern daß im Übersetzen die Kreolizität und Pfingstlichkeit der eigenen Sprachen erdichtet und erhört werden muß oder daß Korruption Sprache ist. Auf der Suche nach der korrupten Sprache; auf der Suche nach der Erinnerung; continua-glossia. Zum Beispiel: Das Wort *Orchester,* von dem griechischen *orkheomai,* tanzen, der halbkreisförmige Raum vor der griechischen Bühne, wo der Chor tanzte und sang: In Japan ist daraus, wahrscheinlich aus dem Englischen genommen, unter Musikstudenten die Abkürzung Oke gebildet worden. Dann kam aus Oke Karaoke, das Leere-Orchester, Orchestermusik ohne vocal part, so daß aus dem Publikum einzelne hinauf oder nach vorne gehen können und singen. Findige haben dann, weil ein derartiger Andrang in den Karaoke-Lokalen herrschte und die, die singen wollten, immer länger warten mußten, Findige haben vor wenigen Jahren die Karaoke-boxes gebaut, Häuser mit kleinen, individualisierten Karaoke-Zimmern; dort sind ein paar Sitzplätze, vorzüglich ein

Sofa, ein oder zwei Mikrophone und ein Fernsehbildschirm; man wählt auf einer Tastatur sein Lied, aus den Lautsprechern ertönt das Leere-Orchester, auf dem Bildschirm ist ein Film zu sehen, der das Thema des Lieds ergänzt, unter dem Bild fließen die Textbalken des Lieds, und die Sänger brüllen in die Mikrophone oder singen. Dann gibt es schon für Europa die Karaoke Trademark der Firma V-Tech, mit deutschen Stimmungsliedern, Balladen, Rock'n'Roll und Evergreens; das Gerät wird in Spielzeuggeschäften verkauft. In China und Taiwan wird Karaoke angeboten unter dem Namen KaraO.K., das ist das englische Okay!, gut!, in Ordnung!, ja!, richtig!

My eight years in the House of Assembly in Papua New Guinea convinced me that Pidgin as it is now is an inadequate medium for conducting the business of a modern nation. It could only be made so by a massive infusion of concise neologisms to express the often sophisticated and difficult concepts involved. I offer no opinion as to the possibility of this happening. I can only say that in the twelve years since the establishment of the House of Assembly in 1964, it has not happened, either in Pidgin or Hiri Motu. The tendency has been just to stick to an English word, and in the case of Pidgin prefaced by the disarming phrase ›ol i kolim‹.
(Aus einem englischen Beitrag voller ›disarming phrases‹ in der Nachrichtensendung von NBC am 23. Juni 1976)

grass	(Tok Pisin)	gras
moustache		mausgras
beard		gras bilong fes
hair		gras bilong hed
feather		gras bilong pisin
eyebrow		gras antap long ai
weed		gras nogut

Wie groß müssen die Fehler sein, daß sie keine Fehler mehr sind und wieder ein Ganzes bilden? Und wie lange soll man verlernen, bis aus dem Nicht-mehr-Können ein Können-wieder wird; als ob auf der anderen Seite der Trauer; von der linken Hand-Hemisphäre hinübergereicht in die rechte Hand, in der zurückgewendeten Liebe; »die reine achsendrehende Bewegung«? Das Vexierbild schütteln. Wie soll ich zurückholen die Sprache der Laute, aller, die ich passim gehört habe, daß ich

rekonstruiere den ganzen Raum? »Stell dich dort drüben auf
die Terrasse, dort kommt ein Echo hin.« Eine Echo-Land-
karte. Eine Materialmutter-Sprache. Zum Beispiel:

Wantaim Anansi di wie im did so liezi im neva waan fi guo fi im
puos leta. So Sniek waz paasim bai an im se Mista Sniek yu kyan
du mi a fieva?
Mista Sniek se wot is it?
Yu kyan gib mi a fieva laik am now laik ow yu is a man that laik
blod.
Yes.
Now man yu kyan go fi mi puos fi mi?
Wot are yuu peying me enithing?
Yessa mi a guo pie yu som blod.
Blud ah ha wen wil ai get this blud?
Wel wen yu gib mi mi puos in di diez wen mi sliipin in di nait yu
kyan kom mi wi liiv di dour open Yu kyan kom bait mi an mi hed
okie?
Arait so the tuu frenz agriid.
Lieta dat nait Anansi left di dour open.
Sniek keim in an bit im an im hed

Once upon a time Anansi was so lazy that he didn't want to go to
collect his mail. So, Snake was passing by and Anansi said, »Mr
Snake, can you do me a favour?« Mr Snake said, »What is it?«
»You can do me a favour, like you are a man who likes blood.«
»Yes.« »Now, man you can go for my mail for me.« »What, are
you going to pay me anything?« »Yes, sir, I'm going to
pay you some blood.« »Blood. Ah ha! When will I get this
blood?« »Well, days when you give me my mail, when I'm
sleeping at night you can come. I'll leave the door open. You can
come and bite me on the head, o.k.?« Alright, so the two friends
agreed. Later that night Anansi left the door open. Snake came in
and bit him on his head

Eines Tages war Anansi so faul, daß er nicht seine Post abholen
wollte. Wie einmal Schlange vorbeikam, sagte Anansi: »Herr
Schlange, können Sie mir einen Gefallen tun?« Herr Schlange
sagte: »Was ist es?« »Sie können mir einen Gefallen tun, wie Sie ein
Mann sind, der Blut mag.« »Ja.« »Also Mann, Sie können um
meine Post gehen für mich.« »Was, werden Sie mir etwas zahlen?«
»Ja, Herr, ich werde Ihnen mit etwas Blut zahlen.« »Blut. Ah ha!

Wann werde ich dieses Blut bekommen?« »Naja, Tage wo Sie mir
meine Post bringen, wenn ich nachts schlafe können Sie kommen.
Ich werde die Tür offen lassen. Sie können kommen und mich in
den Kopf beißen, o.k.?« Gut, so einigten sich die zwei Freunde.
Später in dieser Nacht ließ Anansi die Tür offen. Schlange kam
herein und biß ihn in seinen Kopf

Tatsächlich unübersetzbar ist diese Sprache; also wie ist sie
dann pfingstlich übersetzbar, jenseits der Trennung und der
Gewaltszene und des Schocks? Das Beispiel, ein Märchen, das
ein jamaikanisches Mädchen in Kingston erzählt hat, erinnert
daran, wie die Sprache beginnt und daß der Beginn nicht
natürlich ist, sondern aus Interferenz, um dich Häuser und
Hütten und die dichten Bambus-Gehölze und Reiskörbe und
Geruch aus Reis und die Uniformen der britischen Sachwalter
und das Blau der Schwimmbäder für die Sachwalter-Familien
und das ferne Idiom der Mutter mit Lautungen aus Wien und
die schnelle Rede im Duft-Geschäft und nach der Rede die
Aushändigung einzelner Dinge, wieder Rede und wieder
Dinge, und die Gerüche von Haut und Haut und Haut und
die dunklere Haut in den Falten und die hellere in der Hand-
fläche und das Gemurmel des Nachts auf der Wiese nahe dem
Haus und auf der Straße und das Gemurmel der neben dir am
Bettrand Sitzenden, wie könntest du denn von diesem Zika-
den-Straßen-Blätter-Gemurmel-Märchen eine einzelne sau-
bere Sprache erlernen?

mounds and tells

in the valley of words
we touched a's b's
spoke v's t's
oh, under so silent skies

How far I can see
hear
hear the Schauspiel Haus Bochum.

Houses. Words.

We walked over mounds
under mountains
listening
to large sounds.

Mountain house Bochum.

Here, so deep
in the valley of words
in ballrooms:
All rooms; of all houses.

Thin walls
hold this strange house,
I walked
walked under mountains.

Mountains of sounds
mounds, tells
temples and palaces
valleys and shores.

And corresponded
corresponded
with those in houses and countries
elsewhere.

Bochum.
Strange word, valley.
Tell Bochum.
Tell Hassuna.

Build
spread seeds.
On my mountain bike
I came into this valley.

Die Stabilität, glaube ich, wird immer aus Lauten sein, nicht
aus Grammatik, nicht aus Schrift. Die Erinnerung ist aus Lauten, Satzteilen, Fragmenten, Fehlern, Echos, Tauben, aber
nicht aus der Grammatik, aus der sichselbstgewissen Richtig-

keit, denn die Erinnerung rekonstruiert eine größere Grammatik und Richtigkeit und Lauterkeit, die Lauterkeit der Laute, nämlich ein Übereinstimmen, Baum hinter Baum, Hinterstimme, Oberstimme, Obertöne; Sammlung der Obertöne. Vielleicht ist auch Pidgin English, nein Tok Pisin eine Sammlung von Obertönen, Nebentönen, Partialtönen, Hörvarianten, dritte Sprache. (Ich verweise auf das sehr lesenswerte Buch »Pidgin & Creole Languages« von Suzanne Romaine.)

Die Mündlichkeit. Die erste freie Wiederbegegnung mit der Mündlichkeit bedeutete für mich das Gedicht »Stimmen« von Paul Celan, ein Einschnitt in seinem Werk vielleicht, erstes Gedicht des Buches »Sprachgitter«. In diesem Gedicht kommen die zwei großen Stabilisierungsbewegungen zusammen, die ich bis jetzt in diesen Studien anzusprechen versucht habe, Erinnerung und Lautlichkeit – Lauterkeit. »Sprachgitter« heißt das Buch, aber die erste Spur oder Verläßlichkeit ist dann in der Stimme gegeben, die im ersten Gedicht zum Titel wird. Das Gedicht hört Stimmen oder erinnert Stimmen. Aber was sagen die Stimmen? Das ist nicht ganz zu bestätigen im Gedicht. Und gerade weil, was die Stimmen sagen, was sie zu verstehen gaben oder geben, nicht ganz verstehbar ist, darum ist das Gedicht ein Erinnergedicht. Zuweilen glaubt man da zu hören oder syntaktisch grammatisch zu erkennen, was die Stimmen sagen, aber immer mit einem Zweifel: Ist das jetzt Stimme oder der Bericht über die Stimme? Oder: Ist das jetzt Sprache oder der Bericht über die Sprache. Und Bericht von welcher Sprache, wann gesprochen, wo gesprochen, wer gesprochen? Eine Sprache über die Sprache, aber nicht sprachkritisch, sondern spracherinnernd. Oder nicht spracherinnernd, sondern sprecherinnernd, anwesende-Stimme-erinnernd, da wie die kleinen Vögel auf den Bildern der japanischen Holzschnittmeister, die herübergekommenen kleinen Grenzüberflieger, die vielleicht aus einer größeren Sprache herausgekommen sind.

> *Stimmen*, ins Grün
> der Wasserfläche geritzt.
> Wenn der Eisvogel taucht,
> sirrt die Sekunde:

Was zu dir stand
an jedem der Ufer,
es tritt
gemäht in ein anderes Bild.

*

Stimmen vom Nesselweg her:

Komm auf den Händen zu uns.
Wer mit der Lampe allein ist,
hat nur die Hand, draus zu lesen.

*

Stimmen, nachtdurchwachsen, Stränge,
an die du die Glocke hängst.

Wölbe dich, Welt:
Wenn die Totenmuschel heranschwimmt,
will es hier läuten.

*

Stimmen, vor denen dein Herz
ins Herz deiner Mutter zurückweicht.
Stimmen vom Galgenbaum her,
wo Spätholz und Frühholz die Ringe
tauschen und tauschen.

*

Stimmen, kehlig, im Grus,
darin auch Unendliches schaufelt,
(herz-)
schleimiges Rinnsal.

Setz hier die Boote aus, Kind,
die ich bemannte:

Wenn mittschiffs die Bö sich ins Recht setzt,
treten die Klammern zusammen.

*

Jakobstimme:

Die Tränen.
Die Tränen im Bruderaug.

Eine blieb hängen, wuchs.
Wir wohnen darin.
Atme, daß
sie sich löse.

*

Stimmen im Innern der Arche:

Es sind
nur die Münder
geborgen. Ihr
Sinkenden, hört
auch uns.

*

Keine
Stimme – ein
Spätgeräusch, stundenfremd, deinen
Gedanken geschenkt, hier, endlich
herbeigewacht: ein
Fruchtblatt, augengroß, tief
geritzt; es
harzt, will nicht
vernarben.

Das Gedicht ist hörbar und wirksam und sprechend vor der
Kommunikation oder besser: hinter der Kommunikation. Es
zerrt, nein es zärtlich eine Gestalt, ruft die Laute zur Lauterkeit zurück – Wölbe dich, Welt – Wenn die Bö –, nur die
Mündlichkeit spricht da, nicht die Sprache; bloß die Mündlichkeit ist geborgen und trotz ihrer Flüchtigkeit fix; die Mündlichkeit ist eine Erinnerungsgröße. Nicht die Schrift ritzt, sondern der Laut und die Stimme und die Mündlichkeit ritzen.
»Stimmen, ins Grün/der Wasserfläche geritzt.« Celan denkt
hier vielleicht an eine Atemschrift mit Atemwörtern. Die
Landschaft, die dieses Gedicht umgibt, ist eine Wasserland-
schaft, teilweise Unterwasserlandschaft, ein Löschwasser, Aus-
löschwasser. Wie lange habe ich dieses Gedicht angeschaut und
gelesen, bis ich im beinahe ganz unintegrierbaren Wort »mittschiffs« auch seine Mündlichkeit gehört habe oder den Ober-

ton und Atemton, nämlich mittschiffs – mitschrift. Stimmen,
Stimmen, Stimmen, schwimmen. Will es hier läuten, lauten.
Trotz aller Ungewißheit, welche Identitäten durch die Doppel-
punkte gefügt werden – konsekutive Verhältnisse oder Anwe-
senheitsformen –, man könnte aus den Wörtern und Klängen
»Stimmen«, »darin«, »Rinnsal«, »Kind«, »Innern«, »Sinkende«
das ober- oder untertönende Erinnerungsgedicht hören, Erinnerung nicht als Thema, sondern klanglich da, im Rinnen, im
Innern, im Sinken, im Kind, in der Stimme. Man könnte die
Sprache verlernen, um das Gedicht zu hören. – So kann ich
zurückkehren zu Übersetzung und Verlernen –

*

Dolcezza. Carezza. Piccoli schiaffi in quiete.
                    Diteggiata fredda sul vetro.
Bandiere piccoli intensi venti/vetri.
                    Bandiere, interessi giusti e palesi.
Esse accarezzano libere inquiete. Legate leggiere.
Esse bandiere, come-mai? Come-qui?
Battaglie lontane. Battaglie in album, nel medagliere.
Paesi. Antichissimi. Giovani scavi, scavare nel cielo, bandiere.
Cupole circo. Bandiere che saltano, saltano su.
Frusta alzata per me, frustano il celeste ed il blu.
Tensioattive canzoni/schiuma gonfiano impauriscono il vento.
                    Bandiere.
Botteghino paradisiaco. Vendita biglietti. Ingresso vero.
Chiavistelli, chiavistelle a grande offerta.
Chiave di circo-colori-cocchio circo. Bandiere.
Nel giocattolato fresco paese, giocattolo circo.
Piccolissimo circo. Linguine che lambono. Inguini. Bifide
trifide bandiere, battaglie. Biglie. Bottiglie.
Oh che come un fiotto di fiotti bandiere balza tutto il circo-cocò.
Biglie bowling slot-machines trin trin stanno prese
nella lucente (   ) folla tagliola del marzo –
come sempre mortale
come sempre in tortura-ridente
come sempre in arsura-ridente ridente

75

E lui va in motoretta sulla corda tesa su verso la vetta
del campanile, dell'anilinato mancamento azzurro.
E butta all'aria. Bandiere. Ma anche fa bare, o fa il baro.
Bara nell'umido nel secco. Carillon di bandiere e bandi.
S'innamora, fa circhi delle sere.
Sforbicia, marzo. Tagliole. Bandi taglienti. Befehle come raggi e
                                                        squarti.
Partiva il circo la mattina presto –
furtivo, con un trepestio di pecorelle.
Io perché (fatti miei), stavo già desto.
Io sapevo dell'alba in partenza, delle
            pecorelle del circo sotto le stelle.
            Partenza il 19, S. Giuseppe,
            a raso a raso il bosco, la brinata, le crepe.

Zärtlichkeit. Sanftmut. Leichte Windberührung.
                    Fingersatz kalt auf dem Glas.
Fahnen plötzliche Stürme/spüren.
                    Fahnen, wahre, offenbare Interessen.
Zärtlich, frei und ruhelos. Locker befestigt.
Die Fahnen, wie-daß? Daß-hier?
Ferne Schlachten. Bilder von Schlachten, Trophäen.
Dörfer. Älteste. Junge Grabungen, im Himmel wird gegraben,
                                                        Fahnen.
Kuppeln, ein Zirkus. Fahnen wehen in die Höhe, wehen.
Peitsche erhoben gegen mich, sie peitschen den Himmel, das Blau.
Kapillarreiche Lieder/Schaum blasen den Wind auf, erschrecken
                                                        ihn. Fahnen.
Paradiesische Kartenbude. Kartenverkauf. Hier ist der Eingang.
Sterngitter, Gitterschlösser, in reicher Auswahl.
Schlüssel des Zirkus-Lichtgewitter-Kutschen Zirkus. Und Fahnen.
Lebhaftes Spielzeugdorf, darin der Spielzeugzirkus.
Winziger Zirkus. Zungen, ganz nahe. Flügel der Lunge, zwei-
dreigespaltene Fahnen, Schlachten. Kugeln. Kegel.
Oh, wie ein Strahlenbündel Fahnen steige der Zirkus-Kuß auf.
Kugeln Kegeln slot-machines klirr klirr Gefangene
der schimmernden ( ) Menge der Fallen im März –
der tödliche wie immer
wie immer während lachender Folter
der lachende wie immer in lachender Dürre
Mit dem Motorrad fährt er steil über das gespannte Seil

zur Spitze des Turms hinauf, ins schwindende Blau, ins Hellrot.
Und stellt alles auf den Kopf. Fahnen. Er sägt Särge, ein
                        herrlicher Schwindler im Spiel
Er schwindelt bei Nässe und Sonne. Glockenspiel aus Fahnen.
                              und Ermahnen.
Er verliebt sich und führt in den Nächten einen Zirkus auf.
März, der zerschneidet. Fallen. Hall, schneidend. Kommandi wie
                          Strahlen, Zerspalten.
Früh morgens brach der Zirkus auf –
mit Schafgetrappel, heimlich, sacht.
Ich war schon wach (warum, sag ich nicht gerne)
und wußte, die Frühe nimmt ihren Lauf
        die Schafe des Zirkus unter den Sternen.
        Aufbruch den 19., Tag des Hl. Joseph,
        fließend fließend der Wald, der Reif, die Risse.

Dieses Gedicht des italienischen Lyrikers Andrea Zanzotto ist
in der Lage, ein sehr weites, anscheinend inhomogenes, sogar
mehrsprachiges Feld als Einheit aufzufassen und anzusprechen. Es spricht an: den Zirkus, den Frühjahrsmonat März, die
Nacht und den Tagesanbruch, den Traum, die Kindlichkeit,
die Sprache und das Sprechenversuchen, die ferne Vergangenheit und dort Krieg, den Wald, den Wind. Das ist eine prisma-
tische Einheit geworden. Die pfingstliche Wirklichkeit des Zu-
einandersprechens alles Zueinandernichtsprechenkönnens ereignet sich hier, ein Waldpfingsten, ein Fest der Erinnerung
und Synapsen. Was wird in diesem Prozeß oder Augenblick
erinnert? Das weiß ich nicht; aber ich erinnere mich, daß ...,
nein, nicht mich – I remember – ich erinnere – wiederglie-
dere – Arme – Beine – Duft – Luft – das Blau – damals – die
Augen – die Erdbeere – den Flußglitzer – Atem – Rufe –
Gras – Reif – Frost – Schnee – Bambus – den Teergeruch –
Sturm – und daß das alles zueinander ist, eine komplexe Fee,
Sprecherin, deren Hinterland Sprache ich nicht spreche, vielleicht im Echo oder im Nachstottern. – Der erste Abschnitt
des »beschriebenen Tännlings« trägt den Titel: »Der graue
Strauch«. Aber der bestimmte graue Strauch steht nicht da in
dem Text und der Landschaft, er steht an verschiedenen Stellen
zu verschiedenen Zeiten, da und da, einmal und ein anderes

Mal und dann wieder. Es ist nicht nur ein Strauch, der eine Strauch, aber der Titel dieses Abschnitts spricht ihn als solchen, als eine andere, vielstellige Identität an. Der eine ist nicht zu finden, aber genau angegeben ist die Lage von Sträuchern und Stauden; diese Genauigkeit und Bestimmtheit als Linie zum einen grauen Strauch oder als Linie im grauen Strauch: »Von dem Kirchlein bis zu dem Gipfel und von da nach Ost, Nord und West hinunter stehen dichte, rauhe, knorrige, aber einzelne Wacholderstauden.« Das ist im »beschriebenen Tännling« die erste Erwähnung von etwas Strauchartigem. Was für eine Pointierung der Lage und Anlage von Sträuchern mittels der Kategorien Ost, Nord und West. Ist das schon ein Anzeichen des im Titel versprochenen »grauen Strauchs«? Im nächsten Absatz wird eine Geschichte erzählt von der Entstehung der soeben genannten Kirche:

> In dem Hause zu Oberplan, auf welchem es zum Sommer heißt, und welches schon zu denjenigen gehört, die sehr nahe an dem Berge sind, so daß Schoppen und Scheune schon manchmal in denselben hineingehen, träumte einem Blinden drei Nächte hintereinander, daß er auf den Berg gehen und dort graben solle. Es träumte ihm, daß er dreieckige Steine finden würde, dort solle er graben, es würde Wasser kommen, mit dem solle er sich die Augen waschen, und er würde sehen. Am Morgen nach der dritten Nacht nahm er eine Haue, ohne daß er jemanden etwas sagte, und ging auf den Berg. Er fand die dreieckigen Steine und grub. Als er eine Weile gegraben hatte, hörte er es rauschen, wie wenn Wasser käme, und da er genauer hinhorchte« – Pfingsten! – »vernahm er das feine Geriesel. Er legte also die Haue weg, tauchte die Hand in das Wasser und fuhr sich damit über die Stirne und über die Augen. Als er die Hand weggetan hatte, sah er. Er sah nicht nur seinen Arm und die daliegende Haue, sondern er sah auch die ganze Gegend, auf welche die Sonne recht schön herniederschien, den grünen Rasen, die grauen Steine und die Wacholderbüsche.

»Der graue Strauch«, hier ist das Adjektiv verschoben, verzerrt, verlagert, die Steine sind grau, aber schon neben ihnen die Sträucher, der Funke könnte überspringen. Oben hießen sie noch Wacholderstauden, hier jetzt heißen sie Wacholderbüsche. Wacholder. Wachen. Und der Sehende dieser Geschichte sieht »die ganze Gegend«, und er regliedert sich auch selbst, er gliedert seinen Arm an sich; und dann springen die Funken auf Haue auf Gegend auf Sonne auf Rasen auf Steine und Büsche. »Er sah auch die ganze Gegend«, das Gehen und Wandern und Hinaufsteigen und hinunter und Durchqueren und Umrunden erklingt da kurz, die Logistik hinter dem Bewußtsein. Dann weiter: »Die Oberplaner gehen sehr gerne auf den Berg, besonders an Sonntagnachmittagen, wenn es Sommer und schön ist. Sie gehen in das Kirchlein, gehen unter den Wacholderstauden herum, gehen zu dem roten Kreuze und zu den zwei Brunnenhäuschen.« Und weiter: »Die Kinder gehen wohl auch an andern Tagen hinauf, um unter den Wacholdersträuchen gestreifte Schneckenhäuser zu suchen.« In diesem Satz sind also die Wacholderstauden wieder Wacholdersträucher geworden. Und gleich darauf: »Wenn man von dem roten Kreuze über den Berg nach Westen hinabgeht, so daß die Häuser von Oberplan vor den Augen versinken, so geht man anfangs zwischen den dichten Wacholderstauden.« Ist jetzt darin der versprochene graue Strauch gewesen? »Wenn sehr schönes Wetter herrschte, ging sie gerne mit ihrer Ziege an den Zäunen gegen den Kramwiesbach hinaus und ließ sie die verschiedenen Blätter von den Gesträuchen des Zaunes fressen, oder sie war häufig auf dem Kreuzberge, wo sie zwischen den Steinen und den Wacholdergesträuchen die schlechten Blätter ausraufte, oder die blauen Beeren in ihre Schürze sammelte.« – »Denn der Berg war bekannt, daß auf ihm die ersten dieser Blümchen wachsen, weil sie in dem kurzen Grase unter dem schützenden Geflechte des Wacholders einen sichern Stand haben.« – »Sie ging an den grauen, kaum mehr recht sichtbaren Steinen vorbei, an den schwarzen Wacholderstauden.« – »So meinten die Söhne, daß sie eine sehr gute Schwiegertochter wäre, und hielten es für ein Glück, wenn sie nur einmal mit ihr an dem Holzstoße vor dem Häuschen, oder unter den grauen Wacholderstauden des Berges reden und von ihr zärtliche Worte und freundliche Blicke erhalten könnten.« – »Die Leute behaupteten, sie sei auch dankbar, indem sie sagten, daß sie gesehen hätten, wie sie neben den grauen Steinen und grauen Sträuchen ihre Arme um ihn geschlungen und mit ihren Lippen ihn geküßt hätte.« Nein, den grauen Strauch kann man nicht sicher sehen, denn er ist eine Berührung von Schichten oder Gegenden oder Zeiten oder Liebenden, er wuchert in die Landschaft und die Zeit, er geht der Evidenz voraus oder folgt ihr nach. Er ist ein Rhythmus-Wacholder. Er pulst. Er läutet. Wacholder-Glocke.

Ich glaube, daß auch das Gedicht von der Zärtlichkeit, Sanftmut eine Wacholderbildung ist, keine Wachbildung. Weiche Grenzen unter dem Wacholder. »Also saß er unter einem Wacholder und bat Gott, daß er in Leisigkeit sterbe. Also entschlief er unter dem Wacholderschatten.« Blicklos im Wacholderschatten. Zwischen den Wacholderhäusern der Stadt schlafend. Unterm Wechselholunder nachgebend. Nicht Sprache, sondern Nachgebigkeit. »Vor Hollunder soll man den Hut ziehen und vor Wacholder die Knie beugen, der Ungewitter vertreibt und schädliche Tiere und vor Verhexung schützt und die Luft süßt.«

Dolcezza. Carezza. Zärtlichkeit. Sanftmut. Im Verlauf des Gedichts gibt es einen Täter, den eigentlichen ersten Monat des Jahres, März, Mars, den Kriegsgott, den »tödlichen wie immer«. Das Gedicht beginnt aber mit der Vor-Stellung reiner Nachgebigkeit, ich-als-nachgebend, stoffleicht gerührt, Schwingung. Wind in der ersten Zeile, Glas in der zweiten Zeile, kein strukturierendes Zeitwort. Dritte Zeile: Stürme/spüren. Die Assonanz und der schräge Strich verbinden beide, den Sturm und das Gespür. So schwingt das von den Fingern erspürte Glas zusammen mit dem Wind. Ein Glas aus Wind. Innen, Außen, Ding und Luft sind da nur auseinander oder miteinander erklärbar. Die ganze Untrennbarkeit der Welt ist kurz erzeugt. Nicht ich, sondern von Luft zart berührt. Nicht Glas, sondern Windbewegung. Und wieder nicht Wind, sondern eine Berührung. Eine umfassende, unfaßliche Gestalt ist ausgesprochen, fast genau jene, die so landschaftlich da ist bei Stifter, zwischen Wacholder-Stationen, nicht eine, über die man spricht, sondern in der man geht und ist. Dichteste Vermittlung von Subjekt und Objekt habe ich gesucht, bei Zanzotto dies dichteste gefunden, dicht genug für das Anzeichen des Beginns einer neuen Sprache.

Weiter im Gedicht: »Zärtlich, frei und ruhelos. Locker befestigt./Die Fahnen, wie-daß? Daß-hier?« In diesem lockeren Gewebe findet das Wehen statt, fast ein: »Da erhob sich ein Brausen.« Wieder, ungesucht, bin ich bei der Pfingstlichkeit angekommen, bei dem Pfingststurm, bei der Luft zum Sprechen. Die nächste Zeile: »Ferne Schlachten.« Die nächste Zeile: »Dörfer. Älteste.« Die nächste Zeile: »Kuppeln, ein Zirkus.« Wie sind diese Ereignisse jetzt da, die Schlachten, die Dörfer, der Zirkus? Sie sind offenbar zusammengeweht und können in Kommunikation und Erinnerung treten. Nächste Zeile: »Fahnen wehen in die Höhe.« Da ist er, der Zusammenweher, der Verdichter, der Vermittler und Erinnerer. In der nächsten Zeile: »Kapillarreiche Lieder«, in den Hohlräumchen fast singend kommt dieser Gründungswind, und im nächsten Wort wird er bezeichnet als Schaum, also als Verdichter, Vergitterer, Vernetzer, Verweber, Stoffstricker. Und in der nächsten Zeile ist schon der Eingang in diese Gestalt beschildert. Und darin dann: Sterngitter, Gitterschlösser, Kurzschlußphänomene, Glückspiele, Zufallsgenerationen. Und jetzt: »Zungen«, »zweidreigespaltene Fahnen.« Diese Landschaft ist durchweht von Fahnen und Zungen, und diese alle sind gespaltene, wie jene, die ihnen erschienen, als sie alle beieinander saßen an einem Ort und es geschah, daß plötzlich ein Brausen vom Himmel kam wie eines gewaltigen Sturms und das ganze Haus erfüllte. »Und es erschienen ihnen Zungen, zerteilt... und sie fingen an zu predigen in andern Zungen, wie der Geist ihnen gab auszusprechen... Da nun diese Stimme geschah, kam die Menge zusammen und wurde bestürzt; denn ein jeder hörte sie in seiner eigenen Sprache reden.« Und es zeigt sich, wie tief Verdichtung und Vereinigung sind, die schon zu Beginn des Gedichts spürbar waren: Fahnen, Wind, Zungen, Sprache, Ich, Landschaft sind Anteile voneinander. Und die Sprache ist nicht der Bezeichner, sondern Anteil eines Strahlenbündels. In Galiläa, was ja nur heißt Kreis, Bezirk, in Galiläa Zungen wie aus Feuer, im Gedicht hier: »die schimmernde (   ) Menge« – das Zentrum dieses Satzteils ist umklammert, umfaßt, geeinigt, aber wortlos. (Jerusalem namenlos.)
Sprache als Pfingsten; auch Identität und Ich geschehen als

Pfingsten – Atem-Pfingsten im Gedicht von Paul Celan, Wind-Pfingsten im Gedicht von Andrea Zanzotto, Landschafts-Pfingsten bei Adalbert Stifter, Hintergrund-Pfingsten im Journal von Gerard Manley Hopkins. Also habe ich gesucht nach einer Literatur der Stimme.

Am Beginn der Sammlung »Lichtbrechung« von Andrea Zanzotto das Windbrausen und die Zünglein der Landschaft im Monat März; am Ende des Buchs dann, im September, dem siebenten Monat, wieder der Sturm, so heftig wie über dem Märzgebirge, nein dem Marsgebirge, welches Nix Olympica genannt wird, ein enormer Vulkan auf dem unter den Planeten der Erde ähnlichsten, dem Mars, dem Planeten mit den großen Staubstürmen, Stürmen, in welchen Sprache und Stimme wieder anfangen könnten:

Nix Olympica

Ich kam zurück aus der Stadt, aus der Tiefe
zu der ich die Fäden abschnitt –
in der dunklen Kugel des Idioms
beladen mit Dummheit aller Art
von traurig erfolglosen Tagesgeschäften
    Der Abend, ein sanftes Benzin, zog mich hinauf rief mich zu
    einem Anfang, unermeßlich und unmöglich,
    dem September, aufgeflammt in
    Jetzt-Zyklonen, Überläuferhimmel in die Himmel
    und endlich in jedem Benennen, Erkennen
    oh »Wolken Jetzt-Seligkeit jetzt-bist-du-gewesen Jetzt-Heimat«
    aufgebäumte Wolken wie über dem Marsgebirge
               Nix Olympica
    das 24 000 Meter hohe Gebirge
    Mir stand eine Seligkeit bevor, erschreckt
      in den Buchten, heimatliche Orte,
      überwältigende nives olympicae
      ihre Bewegung jenseits lebensjenseits ineinandergeschoben
    Ich hier in der irdischen Heimat
    bewegte mich abends mit sanften Benzin-Essenzen
      und aufwandlos, je roulais,
die Ebene ohne Dörfer und ohne Idiome
wurde je mehr sie sich leerte düster
aber ihre Härte brach auf von Getreideernten blau violett und grün
und sie erweichte von Häfen die es vordem nicht gab

und alles stand endlich weit offen zu einem
                    rastlos rastlosen Norden
        ihm wurde ich gleich ich erschien plötzlich bei mir
        gehend nicht zu den nie-mehr gewordenen, nie mehr
                                zerklüfteten Alpen
           aber dorthin wo eine Hudson Bay ausufert ohne Begrenzung
        Auf einzigartige Fragen stieß ich   ˙
        befreite mich im
        ruhlosen Tun und Werden der Welt
ihrem Reichtum an
Bergstürzen, Anzeichen, nives olympicae, 24 000
        alle blau und alle grau
        bis in die dort oben zerrissenen Himmel
        »jetzt Seligkeit jetzt bist du gewesen jetzt hast du gehört«
Und die wahre Sprache weicht an den Rand, einen anderen
letzten, Sprache
schon außerhalb des Idioms, Liquor un   unverankerter
Singularitäten in Stauungszonen
jeder Bucht, als
Selbstablaut Selbstablauf, dort
        zwischen Zyklonen und Antizyklonen, hier, im Dickicht, wo
Gräser-Rohre Flüchtige Glückliche
mich trieben zu Glaube Und Aufruhr,
Ich sollte vom Wasser-Getreide zu Fall gebracht werden
und kopfüber gestürzt hinaufschauen
zu den hohen und bitteren Gebärden,
        24 000 und 24 000   bis zum Zenit und zu den konkaven
Paroxysmen der Reinheit
        Freude und Schmerz im Einhauchen, flüssiges Jetzt-
                        Rauschen, Erschöpfung zuletzt
Wirres und doch traurig
leichtes Hudsonfließen
verkannte – erste – Fläche jeder Fläche
Ja-Wolken, Nein-Wolken, von Weißwerten Rotwerten zu
                                Schmerzen und Freude
        zu Verlust und wirbelndem Gewinn
ZΩNNYMI XΩNNYMI
        Damals wußte ich wie nie sonst zuvor und sah
daß dort meine Heimat zwischen den vielen, als Überschneidung,
                                        geschah
und nahm es nicht hin, daß diese Heimat, dieses Idion

mich vergessen und vergessen hatte
und daß ich in Frage gestellt und abgelehnt wurde,
zu essen bekam und hungrig war
....
So lang wie jener Abend-jetzt-Sturm
solus ad solam

Man kann Gedichte von Andrea Zanzotto nicht zitieren; man
kann sie nur ganz lesen. Will man die Seligkeit, die Vergessenheit durchschritten zu haben, ermessen, so muß man wieder
das ganze Gedicht lesen. Schnee-Eruption: und der Lava-Hud-
son fließt wieder wie Erweichung und Nachgebigkeit, zurück
zu Zärtlichkeit. Sanftmut. Das wiedergefundene Ich: Dolcezza.
Carezza. Und das ist ein wirbelnder Gewinn. – Als Menschen
solcher Zartheit habe ich mir auch den spazierengehenden
Gerard Hopkins vorgestellt. 20. Mai 1866. Pfingstsonntag.
Zartheit aus Sturm.

III. Tag

Hagebuttensträucher oder Habutzelbäume, Weißdornsträucher, Tamarisken, Holunder, Brombeeren und vereinzelt Obstbäume. Oben auf der Kuppe sollen schon die Fahnen und Wimpel entgegenflattern dem, der da auf der Holz- und Eisenbrücke steht, welche führt über die Schienenpaare der Schnellbahn. Die Brennesselmulden, die menschlichen Kies-, Staub- und Steinsäume der kleinen Straße. Und vielleicht klingen die allgemeinen Geräusche, das frische Hupen, die Arbeitsschläge und das Irgendwelche zuweilen wie das Holzgefälle mit Sägen, Motorsägen und wie Baumkrach, also wie die dröhnende Abschaffung des Großen Waldes. Auf der Rückseite der Hütte dort steht geschrieben: »Von Judäa bis Tunis, zu Marokko und andererseits von Athen bis Genua haben alle diese kahlen Gipfel und Kuppen, die von ihrer Höhe auf Land oder Meer herabblicken, ihre Krone der Kultur, der Wälder verloren. Wird sie wohl wiederkommen? Wie? Wenn die alten Götter, die tätigen und kräftigen Rassen, unter denen diese Gestade blühten, heute aus dem Grabe stiegen, so würden sie sagen: Traurige Völker der Schrift, der Gegenwart und der Worte der ersten Spitzfindigkeiten, was habt ihr aus der Natur gemacht?« Aber die Traurigkeit und die Warnung der kleinen Inschrift erweisen sich als unbegründet. Und über die Brücke weiter.

Unter den Ostbahn-Obstbäumchen, auch unter Akazie und kleiner Eiche, saßen kreisrunde Familien an den Samstagsommernachmittagen und Sonntagsommernachmittagen. Und die Kopftücher waren kleine Fahnen und taten eine überraschende Wirkung. Draußen waren die dunklen Dickichte auf der Heide, an deren Saume die schwarzen Straßen warteten. Menschen mit einzelnen Kopftüchern bewegten sich auf der Heide, dichte Menschen hell in den Angesichtern standen um sehr leicht glänzende Feuer und feine Strahlen spannen sich aus dem Gewebe in die Umwelt hinaus. Und hinaufgefleckt war die ansonsten einsame Wiese. Duft von geröstetem Fleisch.

Und in großen Flaschen ein künstlicher Fruchtsaft. Flaschen mit dunklem Rotwein. Oder abseits der Hockenden stand eine Gesellschaft Kinder und redete ernst, oder zwei trennten sich von dieser Gesellschaft und redeten noch ernster und lachten dann. Eine so allgemeine leise Freude auf einer Wiese habe ich zuletzt gesehen: wo, wann? Nie bei den Einheimischen, die auf ihrem Besitzgras stehen. Der Besitzer jault laut, wie wenn sein Gras ihm seit Jahrhunderten gehörte. Die großen Körbe waren schön, und es standen keine Automobile, aus deren Gepäckräumen sie herausgehoben worden waren. Kein Zeichen des Wohergekommen. Sondern die vielen klaren schwarzen Anzüge der Männer, manche über den Korb gefalteten Anzugjacken, das Hemdweiß. Es war so einfach, daß man sagen konnte: kein instrumentaler Wagen, sondern das Hemdweiß. Und alle sprachen leise; man muß sagen: leise, wie die Bäume sprachen. Nur die Kinder in ihrem Ernst waren manchmal lärmend wie die Vögel. Usw.

Im Sommer 1992 verbot der Bezirksvorsteher von favourite Vienna Favoriten dieses träumende billige Bild. Die Leute, die Kuppe und die Strauchschatten haben jetzt ihre Freiheit verloren, und die vornehmen runden Familien wird man nicht mehr dort antreffen. Die Ordnung der menschlichen Dinge schritt so vorwärts: Zunächst gab es die Wälder, dann die Hütten, darauf die Dörfer, später die Städte und Akademien, zuletzt aber die Menschenleere, von einem in die Hände klatschenden Bezirksvorsteher und, hinter diesem, einer Initiativ-Schar von Hausbesitzern und Gartenscherenbesitzern gezaubert oder saubergemacht.

Wenn du jetzt an dieses schöne Bild erinnert sein willst, mußt du in den Süden der Stadt fahren. Die dort in die Wiesen gewürfelten Hallen sind so farbenfroh wie die Simmeringer und Favoritener Kopftücher. Aber die Hallen haben kein Gesicht, und sie reden nicht ernst, und die Körbe sind nicht geflochten aus Weidenästchen, sondern sie sind aus Draht gebogen, und sie fahren auf Rädern; ein komplexes Fest.

Gut so. Es wird ein Theater des Wortes sein, keines der Kopftücher. Auf der Dachspitze kann eine große Tafel kreisen, auf der der Name des Theaters zu lesen ist: *Dolcezza. Carezza Theater.*

Warten. Bis die Dämmerung kommt. Im Abend dann kreist beleuchtet der Theatername. Das »Einverständnisnetz« ist gerissen. Doch auf dem Dach könnte auch, als Theatername, kreisen das Wort *Cliché*. Warum wird ein solcher Name, *Cliché*, nicht über den städtischen Theatern geschrieben stehen können, auch nicht über den experimentellen? Unwandelbarkeit der Schauspieler, Halsstarrigkeit deren Regisseure.
In den städtischen Theatern: Blicke. Der kenntliche Tourist geht vorüber am kenntlichen Hausbesitzer, und dies und das prallt aufeinander. Und das ist oft so gut gemacht, daß nichts dagegen einzuwenden ist.
Man schaue sich einmal Übersetzungen der Theaterstücke von Carlo Goldoni an. Das ist so übersetzt, daß du spielen mußt und spielen mußt, Teufel komm raus. Fast glaubt man, ein Bezirksvorsteher habe Goldoni sauber gemacht und übersetzt, und daß ein Schauspieler diese Sauberkeit noch einmal zu Kunst machen kann, muß er so fest wie möglich spielen. Dieser Goldoni ist nur mittels Überwindung des Texts auf die Bühne zu bringen, mit der schauspielerischen Glanzleistung, die dann am übernächsten Tag in der Zeitung aufgeschrieben ist, womöglich als theaterdeutsche Qualität, ja oder nein. Goldoni ist im Grunde gar nicht mehr Sprache, sondern Kulisse.

Über das Material bin ich mit mir noch nicht eins. Gottfried Semper hat in seinem großen Werk »Der Stil« darauf hingewiesen, daß die gesamte Baukunst, alle Kunst ursprünglich textile Kunst gewesen ist, wörtlich »daß die Anfänge des Bauens mit den Anfängen der Textrin zusammenfallen«. Man wird nachdenken müssen über den Stoff und die Durchlässigkeit und die Bewegtheit im Wind und jenes Einverständnisnetz. Wenn schon nicht die Kopftücher sein werden, dann soll sein Stoff des Theaters. »Das leicht glänzende Theater auf der Heide.« – »Ich habe keine Worte gehabt für das da auf der Kuppe.« – »Ende einer Jagdpartie.« – »Brennpunkt, darum die vielen Glühbirnen eingeschaltet.« – »Gewebte Luft.« – »Nebel.«

In einem Interview erzählte Paul Grosz, der Präsident der jüdischen Kultusgemeinde in Wien, daß er, außer den vielen anderen Berufen, die er in seinem Leben ausgeübt hat, einmal Kellner in einem Ressort-Hotel in Amerika gewesen sei. Ressort-Hotel; das sind die zu suchenden Wörter für das *Dolcezza. Carezza Theater.* Vielleicht ist das Theater ein Holiday-Ressort. Ruhe-Ort, Erholungsort – unmögliche Wörter im Deutschen. Unübersetzbar, das sind die richtigen Wörter. Und kurz darauf in jenem Gespräch sagte er, daß er nach seinem dreizehnmonatigen Aufenthalt in Amerika nach Wien zurückgekommen sei und da nicht gewußt habe, ob in Wien bleiben oder zurückkehren ins andere Land. Nicht mehr vereinen können. Im Wort Ressort-Hotel war diese Vereins-Schwierigkeit schon dargestellt, diskret. Vielleicht können dem Theater die wichtigen Impulse wieder von der unspektakulären Kunst der Dichtung gegeben werden. So muß also *Dolcezza. Carezza* ein Theater der Gedichte und Nicht-Eloquenz sein. Konzerttheater; Ausstellungstheater; Filmtheater; Literaturtheater; Übersetzungstheater; Tanztheater; Marionettentheater.

Oder: Neben dem Einlaß steht geschrieben:

Als ich ging
in einem Wäldchen
standen Blumen
gelbe Blumen
gelbes Licht

Aber dunkel
dunkel dunkel
voll von Duft
als ich ging
auf Sand und Moos

Mich berührte
eine Hand
viele Finger
Münder Münder
voller Duft

Kleider
schnelle Beine
weiße Füße
weiße Haut
als ich ging

Du
wer bist du
dunkel dunkel
Licht und Licht
auf süßem Moos

Harz
Harz ist gelb
Harz ist klebrig
rinnt herab
über meine Augen

Blumen
halb geöffnet
halb versunken
unter Gras
und Harz

Was bist du dort
Ein Apfelbaum
Eine Wolke
Schaum
in einem Wäldchen

Zweige
Schaum
Zwischenraum
in einem Wäldchen
halb geöffnet

Ein Stachel blitzt
Honig blitzt
ein Mond blitzt
Erdbeer
und Klee

Tot
tot und lebendig
Lebendig
lebendig und tot

Weit gekommen
Nein, von nah
Von nah gekommen
Nein, von weit

Sonnestrahl
die Blätter zittern
auf meiner Brust
zittern die Schatten

Gesicht
Gewendet
Gereift
In einem Mäntelchen ich

Als ich ging
in einem Wäldchen
stellte alles
im Geist sich dar

Oder: Vor drei Jahren einmal wurde ich eingeladen, zu schreiben für eine Ausstellung von Möbeln und Möbelentwürfen in Frankfurt. So habe ich damals versucht, ein Gedicht-Haus zu schreiben, das vielleicht auf einer Hügelkuppe stehen könnte –

Kastelle auf den Hügeln

Da gehe ich
Ich habe den Sandweg
Leise
Sternbilderleise

Oder den Wahrspruch
Tankstellenspruch
Blau ist mit Rot
Und der Wagen dreht

Sandweg
Die Nesseln bewegen sprechen
Dann diese Straße
Unter Bogenlampen

Dann liege ich
Gerade habe ich gedacht
Millionen
Drehungen

Sind es Sterne
Und die Worte für die Sterne
Der Ziegelteich schwebt
Und schwimme ich

Die nächste Stadt
Leuchtet
Ich leuchte
Unheimlich

Indigo-Hallen
Quittennah
Ich schwimme
Die Wahrheit ist nah

Ich habe Lust
Ich könnte klären
Unerklärlich
Lust ist bei Lust

Illustration
Das Haus steht gebaut
Bernstein
Leuchten die Fenster

Dann gehe ich
Über Wiesen
Die Ebene
Fährt und spricht

Zirkuszelte
Dorfdiamant
Das Gerüst der Leuchtschrift
Wird schon gebaut

Scheinwerfer
Treffen den Scheinwerfermarkt
Meine Augen
Verstärken sich

Supermarkt
Dahinter großes Licht
Dahinter liegen Abendautobahnen
Ich gehe unter Hügeln

Weizenüberströmt
Ich bin Zitronenfalter
Stadtplan
Endet hier

Auseinandergehaltene
Landschaft
Dieser Baum verwandelt sich
Unerwartet

Unruh
Was wechselt
Über die Straßen
Oder rollt die Hügel

Gesucht ist demnach ein Mäzen, eine Mäzenin, oder mehrere big spenders, die bereit sind, fünfzig Millionen Schilling zu geben für den Entwurf und Bau des *Dolcezza. Carezza Theaters.* Sobald die Hälfte dieser Summe vorliegt, soll ein Kuratorium einberufen werden, das die Frage der Ausschreibung und das Ansuchen um die Pacht des schon gefundenen Baugrunds betreiben wird. Ein Sparbuch ist eingerichtet bei der Bank Austria (die diese Ehre nicht verdient hat).

Es ist der Abend. »Dionysos, der eigentliche Bühnenheld und Mittelpunkt, ist in der allerersten Periode der Tragödie nicht wahrhaft vorhanden, sondern wird nur als vorhanden oder Echo vorgestellt: das heißt, ursprünglich ist die Tragödie nur ›Chor‹ und nicht ›Drama‹.« Vielleicht soll das Haus nicht gebaut werden, sondern ein windbrausender Platz bleiben. Oder so gebaut sein, daß das Windbrausen eingelassen ist.

»Tessuto di comuni allusioni«, »Einverständnisnetz«: so finde
ich mich wieder vor der Gestalt des Zagreus, dem von den
Titanen zerstückelten: »...wobei angedeutet wird, daß diese
Zerstückelung, das eigentliche dionysische Leiden, gleich einer
Umwandlung in Luft, Wasser, Erde und Feuer sei, daß wir
also den Zustand der Individuation als den Quell und Urgrund
alles Leidens, als etwas an sich Verwerfliches zu betrachten
hätten (...) damit die Mysterienlehre der Tragödie zusammen:
die Grunderkenntnis von der Einheit alles Vorhandenen, die
Betrachtung der Individuation als des Urgrundes des Übels,
die Kunst als die freudige Hoffnung, daß der Bann der Individuation zu zerbrechen sei, als die Ahnung einer wiederhergestellten Einheit.«
So habe ich ziellos bei Hopkins begonnen, der zu Pfingsten
1866 etwas hinter etwas sieht und das in sein Tagebuch
schreibt, der hinter Gezweig Sonnenlicht sieht und die Wirkung davon oder der die zufällige Einheit dreier Kuckucksrufe
hört, und gelange hier zu der Einsicht, daß das schon ein Zeichen der wiederhergestellten Einheit war, die drei oder vier
Jahre später in Basel Nietzsche beschäftigt hat bei der Arbeit
an der »Geburt der Tragödie aus dem Geiste der Musik«.
Hopkins also = Zagreus, Zagreus der Spaziergänger. Aber ich
wollte in dieser Studie genauer werden und sagen: nicht
Ahnung von etwas, sondern Erinnerung und Pfingsten. Genauer sein und die Begründung finden für ein Theater der
Durchsichtigkeit. Denn ich meinte, daß die Durchsichtigkeit
wirklicher ist als die Einheit. Einheit ist ein so fertiger Begriff,
ruhiger als ich denken kann, aber die Durchsichtigkeit und die
Übersetzbarkeit, das ist nicht fertig und vollbracht; die Übersetzbarkeit geht weiter, jede neu erblühte Blume, jeder vor-
überfahrende Wagen, jede Wolke am Himmel rütteln, und sta-
bilisieren nicht.

Abend.
Abend und Einlaß.
An der Kassa. Dann über Autoscooter-Treppen, welche leicht
wippen und hart räsonieren, hinauf. Und wenn du sitzt, bereit,
und noch nichts handelt, nur Einlaß ist, für das Publikum, so

sind geöffnet manche der Fenster im Rund (oder wird das Gebäude ein Industriehallenrechteck sein), und durch diesen weiteren oder größeren Einlaß kommen herein: da flugs das Aufbrausen einer Straße, da ein Venuslicht, so heftig im Februar, da das Geflüster von Brennesselstauden, da Amseltöne, da eine Perspektive Stadtlichter und da eine Eisenbahnfahrt. Oder die Eisenbahnfahrt überlappt plötzlich die Amseltöne, oder das Sternlicht blinkt plötzlich wie da in der Stadtperspektive etwas oder einer geblinkt hat. Oder da ist ein Duft, der durch eines der Fenster hereinweht, kurz nachdem an der anderen Öffnung die Brennesseln gezittert haben. Aber zwischen allem die Schritte der Hereinkommenden oder zuweilen Wörter und Sätze, und zwischen allem allem manchmal Stille. Oder ein zwei Scheinwerfer des Autobusses 15A blitzen herein. Und durchleuchten dann woanders einen Baum. In einer der Öffnungen signalisiert der große Name einer Firma und kommt herein wie ein Theaterbesucher, der soeben seine Karte gekauft hat. Gelächter auf einem Hang Hunderte Meter fern. Oder einer kommt und öffnet jetzt eine Fensterreihe und hereinweht leichte Musik, U, von Karussellen. Oder schiebt zu das straßerauschende Fenster. Oder zieht eine Stoffbahn vor jenes Firmenfenster, welches aber offen und ruhelos und unfertig bleibt. Usf.

Stimmen. Stimmen. Stimmen.
Simmering. Simmering. Simmering.
Simmelsammelsurium.
Simmen, ein Zeichen, eine Null, eine Marke, ein Wirtshausschild, oder simmen, zeichnen, bezeichnen, in der Sprache des Gaunertums, ursprünglich aus dem Hebräischen gekommen, bei Avé-Lallement angegeben.
Auch simmen: umherfliegen, schwärmen.
Das Simmer, ein Getreidemaß von regional unterschiedlicher Größe, aber ursprünglich ein Korb oder genauer ein Geflecht, auch ein Bienenkorb oder Tamburin. Biensimmer, Immensimmer. Auch ein Kreisel.
Am Rand der Simmeringer Haide.
Wald. Heide. Offene Gegend. Weite Landstrecke. Und Gras.

94

Schwierige Etymologie des Wortes *Wald;* eine Linie reicht bis zum Wort sinwel – rund, rotund, sphärisch; Wald, eine Rundung, Wölbung, Karussell.

Ein rotundes Theater? Ein rechtwinkeliges Theater? (Wald oder Industrie.)

Im Laaerwald dreht sich Mayers Karussell (Hausnummer 470), eine grüngestrichene Holzrotunde mit großen weißen Holzpferden und bunten Fahrzeugen im Innern. Einige Schritte fern dreht das Kettenkarussell, vor bemalten Tafeln mit Simmeringer Stadtmotiven, den vier Berliner Gasbehältern, der Pfarrkirche, dem Rathaus, dem Wirtshaus.

Ach, Deutsch. Nicht notwendig, alle Literatur für dieses Theater zu übersetzen. Manches übersetzt sich von selbst. Dann übersetzt sich ein Geräusch herein und ein Lichtstrahl. Keine Sprache ist ausgeschlossen. Einlaß für alles und Publikum. Einer spricht mit den Armen. Einer spricht gar nicht. Einer im Publikum flüstert. Das Stück, das gegeben wird, heißt nicht Deutsch für Inländer. Sprachkurse, ja – aber welche Sprache? Man will ins Theater gehen und das Außerordentliche erleben; aber das Außerordentliche oder Außerirdische muß schon deutsch sein; Ekstase ja, aber eine deutsche oder wenigstens österreichische Ekstase! Ach, wer den Satz nicht verstanden hat, der schaue oder horche hinaus aus einer dieser wunderbaren Öffnungen des Theaters, wo die Amsel zwitschert. Neben dem Vogel steht kein Übersetzer. Ein Motorrad startet. Wie soll man Shakespeare übersetzen? Vielleicht teilweise übersetzen. Und dann wieder. Und dann nicht. Undsofort. Pfingsten nicht im übersetzerischen Elan auslöschen. Muß denn jeder lernen? Muß jeder wirklich besser werden? Ein bißchen weniger Regie oder Regierung, ein bißchen mehr privatisierte Aufmerksamkeit. Ach, jetzt tritt der und der auf; ach, jetzt knistert draußen der und der Busch, und die Fahne schlängelt sich. Jetzt schlängelt sich der wie die Fahne.

Große gläserne Bereiche; und davor schwarze Bühnenvorhänge, so daß die eigentliche Bühne ... Und in diesen Gläsern und schwarzen Stoffen lassen sich Spalte öffnen, da, dort, verschieden in Größe, so daß man zum Beispiel den Reif auf der Wiese sieht und eine Woche später den Schnee.

> Ariel singt:

> Der dunkle tote Vater liegt;
> Aus seinen Fäden ist der Grund gemacht;
> Blumen da, die waren Augenlicht;
> Nichts von ihm, das nicht erwacht,
> Aber alles ein Wechsel-Feld
> In der flutenden fremden Welt.

Die Anker Brotfabrik, die sechsspurige, auf den Pfeilern stehende Autobahn A23, die da in eine Gras- und Krautfläche auslaufende, gesperrte Autobahnausfahrt, die den Hang hinauf gebaute Schrebergarten- und Hüttensiedlung, dann die Schranke an der Einfahrt in den böhmischen Prater, wo die Drehorgeln und Attraktionen stehen – ein Eichenwäldchen –, am anderen Ende wieder die Schranke, ein Weg hinaus zur Kuppe, Kinderspielplätze, ein cross-country Übungsgelände für Radfahrer und die dort blau blinkende Ambulanz neben dem am Boden Liegenden, der verletzt ist und den man sogleich aufheben wird und hineinnehmen in den Wagen.
Dreht man sich jetzt noch einmal um und schaut hinunter, dann ist das ein Bild einer großen ebenen Häuserstadt und einer weiten Totenstadt, Zentral-Friedhof. »If you shall chance, Camillo, to visit Bohemia, on the like occasion whereon my services are now on foot, you shall see, as I have said, great difference betwixt our Bohemia and your Sicilia.«

> Sie wurden zusammen erzogen in ihren Kindheiten; und da wurzelte zwischen ihnen damals solch eine Zuneigung die nicht anders tun kann als verzweigen jetzt. Seit ihre reiferen Amtswürden und königlichen Pflichten die Trennung ihrer Freundschaft bereiteten, sind ihre Begegnungen, wohl nicht persönlich, doch königlich stellvertreten worden, mit Austausch von Geschenken, Briefen, liebenden Botschaften; so daß sie zusammen zu sein schienen, obwohl abwesend; Hände schüttelten, wie über Weite hinweg; und einander umarmten, wie von den Seiten gegensätzlicher Winde. Mögen die Himmel ihre Liebe fortsetzen!

Im beständigen Repertoire des *Dolcezza. Carezza Theaters*
möge Shakespeares »Ein Wintermärchen« bleiben.

Oder Hopkins in seinem Übersetzungstheater: »Ein Mondhof:
ich betrachtete ihn vom Bibliotheksfenster im ersten Stock. Es
war ein gedämpfter gekörnter Himmel, die Stränge stiegen
leicht von links nach rechts. Der Hof war nicht ganz rund,
denn an erster Stelle war er unterhalb ein wenig gezogen und
verlängert, von der Lichtbrechung der unteren Luft vielleicht,
aber was noch mehr zählt er fiel auf der linken Niederseite ein
um den Mond selbst zu reimen, der nicht ganz voll stand. Ich
konnte nicht anders als in meiner Vorstellung die eigenartige
Inwucht von diesem stark zu empfinden, der Mond auf seiner
Seite lehnend, wie zurückgefallen, in dem frohen lichten Boden
innerhalb des Rings, danach mit magischer Richtigkeit, magi-
schem Erfolg ihn umspürend der Ring, die beständige Kopie
seines eigenen Umrisses. Aber diese nüchterne graue Dunkelheit und dieses blaue Licht waren glücklich durchbrochen vom
Orange des Schlags der Glockenschalen von Mitton.«
Das akustische Ereignis mit den Kirchglocken verwandelt sich
in eine Farbe. Farbe und Ton sind, über die kategorische impe-
riale Grenze hinweg, miteinander verbunden.
Aber: »Er fiel auf der linken Niederseite ein« – ist das gutes
Deutsch/gute Übersetzung?

Hinabblickend auf eine große Stadt: Waren Sie da noch kein-
mal erinnert, daß der Krieg in Allernähe sei? Und daß von
allem da nur in einer Trauersprache erzählt werden könne?
Hinabblickend auf eine Stadt: da sehen Sie doch die völlige
Verschwundenheit der Kinder.

Iphigenie in Aulis, in der Aufführung des Theâtre du Soleil, erreicht den Bühnenplatz, auf welchen noch der erste des Trau-
erspiels von einer Brüstung herab gesprungen war – mit lautem
Aufprall, fast schon so laut wie das lange Trommel-Vorspiel –,
Iphigenie ist dann da auf einem großen Ruheplatz-Podest oder
einer hohen Bettstatt, die zur linken und zur rechten Seite von
locker aufgespannten und bewegten Tüchern gefaßt ist, dem

hautgleichen Stoff. Die Tücher sind keine Grenze und kein Schutz, sie sind rein nachgebig, sanft, zärtlich. Gab es nicht dieselben in Stifters »Der beschriebene Tännling«.
Heißt dieses Kind nicht ebenso *Dolcezza. Carezza* und schaut es nicht hinab auf den Tanz, den reintegrativen Tanz des Chors, mit Zögern und Neugier?
Der Chor trägt dann vorsichtig das Kind hinunter vom Bett, so daß es geräuschlos seine anders-als-Agamemnon Füße auf den Platz stellt.

Vor den drei roten Hallen, vor der Tankstelle, vor dem Schuttberg aus weißen eiswürfeligen Waschmaschinen und Geschirrspülern, vor dem Tor der Simmeringer Firma Pro Fett, welche nach verbrannter Haut oder nach verbranntem Haar stinkt, nicht zum Himmel stinkt, sondern zur Straße stinkt, auf der kein Fußgänger geht, und aus deren Lüfteröffnungen irgend etwas herausgeweht wird, das die äußeren Wände des Gebäudes verdunkelt, auch angesichts der irgendwo hingestellten, zumindest hemmungslos hingestellten Pfeiler der Autobahn, oder vor der homogen grünen Lärmschutzwand, vor den, in welcher Sprache, geschriebenen Schildern *Haco/Foco/Semperit/Exit,* auch vor den Höfen mit Pfützen, Kies und Neutralität, vor dem Brennesseldickicht, vor dem Gestrüpp, vor dem Schilf, das auf dem Kanalufer wächst, vor dem blühenden Kirschbaum und in seinem Schatten, da könnte ich sein überall in meinem Leben und am Rande der Stadt Dakar und in einem Gelände in Mexiko und auf den Feldern des Flughafens Narita in Tokio, aber vor dem St. Stephansdom stehend, das vielgenannte wetteifernde Hans-Hollein-Haus in meinem Rücken, bin ich nirgendwo. Eine Waschmaschinenruine und ein Ribiselstrauch sind mnemonischer. Johannisbeere, Waschmaschine, Johannisbeere – rot weiß rot.

Das Übersetzungstheater: Gegenteil des auf der Mauthausener Kuppe 1938 gebauten Lagers.

Den zwölften Januar träumte ich einen Winterwetterbericht und in diesem die Ansage von Temperaturen. 7° irgendwo, 6°,

3°, nach dem Wort *drei* schaltete draußen im Nebenzimmer jemand das Radiogerät an, klick, wovon ich zu erwachen schien und dann das Wort *eight* hörte, vielleicht die Ansage *ten minutes past eight* am Schluß der englischen Nachrichten. Sogleich war aber mein Gedanke, daß *eight* zuerst hörbar gewesen sei und dann die Traumansage *drei*.

Drei endet doppelvokalisch mit *ei, eight* beginnt so. *Eight* endet mit dentalem *t, drei* beginnt so. Spricht man *drei* rückwärts, klingt es beinahe wie *eight,* wie Englisch. Kann man das Deutsche rückwärts sprechen ins Englische hinein und zurück?

Und so sollen in diesem Theater alle Sprachen gesprochen werden, manche auch in manche übersetzt, manche fremd zueinander. Wie eine kleine Nationalbibliothek – Galerie – Konzert – Zirkus – Tanz – Lichtspiel – Halle.

Zum Beispiel in Rom gastierte zur Herbstzeit jenes ungarisch-französische, besser zigeunerische *Théâtre Equestre* aus Paris, plakatierte in der ganzen Stadt, jeder sei willkommener Besuch, aber die Reise zum hohen und blauen Zirkuszelt, in welches die Einladung führen werde, sei nicht einfach; auch bei Kälte und Regen werde die Aufführung geboten. Letztlich mußte dann ein jeder zu Fuß um den dunklen Testaccio gehen und ans Ende der langen Hof-Gasse. Das Zelt stand in dem fernen Winkel der Schlachtfabrik, zum Kartenkauf stieg jeder auf den Strohballen, so hoch oben war das Kassafenster. Keiner war ein Riese. In den Stoffbau später eintreten durfte immer bloß eine Gruppe von sieben oder acht Gästen und sie wurde von Platzanweisern und Glockenträgern oder Trainern durch ein, wie sich herausstellte, Vorzelt zum Nachbarzelt geleitet. Alle warteten, zuerst auf Einlaß, dann im Innern auf die noch draußen wartenden Anderen. Warmer roter Wein wurde verschwenderisch ausgeschenkt. Und schnatternde, nacheinander schnappende Gänse und Enten liefen im Zirkusrund und wirbelten auf den Holzspänegeruch. Vor halb zehn an diesem Abend konnte das Programm nicht beginnen; aber hatte nicht schon alles begonnen, bei den Glocken, bei den Strohballen, bei der Anreise und auf dem Bild des einladenden Plakats?

Und hier war also die Feier des Abschlusses? Wo willst du denn hin, Bursche?
Ich fand einmal ein Festspielhaus in der Stadt Salzburg in der klaren Abenddämmerung; auf dem freien Wiesenstück nahe dem Henkerhäuschen standen ein Kind und eine Frau; die wollte schon gehen, nach Hause, und war bereit zur Ungeduld und Müdigkeit. Der Umkreis war blau und blau, und der Schein in einigen Fenstern glich jenem jetzt leichten Licht im Westen. Auch kleine Lichter über den Türen, wie Notlicht. Und das Kind sagte: Warte noch, gleich können wir gehen, die Schauspieler sind schon da, sie müssen sich noch recht aufstellen. Und wirklich waren wir diese Zeit nicht mehr zu dritt, sondern mit anderen Gestalten, dunklen, da, und diese mit purpurnen Verwandten, und diese mit Angestrahlten, und diese mit Geduckten, und diese auf einem Feldstück, und dies geschwungen. Jetzt ist es gut, rief plötzlich das Kind, und die zwei gingen fort.

Und was ich auch vorbringen mochte: das schwarze Spiel; daß nicht wieder die Schauspieler mit Mimik, Gestik, Bewegung und Botho Strauß oder Strauß Vater oder Strauß Sohn alles verscheuchen: das schwarze Spiel. Bewahrung durch Schwärze. Ich glaube, daß mit Ausnahmen die ganze Literatur in der Schwärze spielbar ist. Draußen die vorstädtische Landschaft, durch welche der Verkehr strömt, zu Supermärkten, billigen Tankstellen, Autowaschanlagen, Peep-Shows und Thespis-Shows und Bureaus und Knabenkraut-Flecken, die Gewitterwolken, das abgeblendete Weiß, die klaren Werksgelände; wer will, liest die Schilder, die schwarz-weiße Digitalanzeige für Zeit und Temperatur, die Coca-Cola-Tafel, im Himmel blinkt das landebereite Flugzeug, und auf der Wiese steht eine unbekannte Gemeinschaft, die vor Freude zu weinen scheint, wie wenn die Trauer Abschied nähme von ihnen, denn sie sind überschwemmt von Tränen. Und da ist ein Hinaufrichten der Augen, Hochstrecken der Hände, die Angesichter ganz verwirrt. Aber im dunklen inneren Raum des Theaters wird der Text gesprochen: »There might you have beheld one joy crown another; so, and in such manner, that it seemed sorrow wept to take leave of them; for their joy waded in tears. There was casting up of eyes, holding up of hands; with countenance of such distraction.« Am Ende des »Wintermärchens« wird erzählt, denn darstellbar ist es nicht, wie jene Verzückung war bei der Wiederbegegnung der Auseinandergerissenen. Und die Angesichter der jubelnd einander Findenden waren voll von »distraction«, also von Trennung, Auseinandergerissensein, Weitung, Dispersion, Zerstreuung, Konflikt, Beunruhigung und Störung, also Division anstatt Vision. Die Gesichter so zerrissen, daß man jene Menschen nur mehr an der Kleidung erkennen und auseinanderhalten konnte, nicht an der Miene. Ein so zerstreutes, geweitetes, disperses, beunruhigtes und dividiertes und flüchtiges und schwarzes Theater kann das Übersetzungstheater werden. Undsoweiter.

Stifters altes Wien. Zu jener Zeit wurde der freie Platz um den St.-Stephans-Dom neu gepflastert, aber dabei auch aufgerissen. Dieses Aufreißen erinnert wieder daran, daß um die Kirche früher, bevor die Stadt eine so große Stadt war, der Friedhof lag:

Es ist in neuester Zeit, gegenüber von der Rückseite der Kirche, ein sehr großes Haus aufgeführt worden, und als es bereits prachtvoll und wohnlich mit mehr als hundert Fenstern glänzte, als zu ebner Erde schon die grünen Flügeltüren der Verkaufsgewölbe hoch und elegant eingehängt waren und längs derselben ein breites, flaches Trottoir hinlief, so ging man auch daran, den Platz vor dem Hause bis zur Kirche zu ebnen und das bisherige schlechte Pflaster zu verbessern. Es mußten einst die Grabhügel bedeutend höher gelegen haben, als das heutige Pflaster; denn als man zum Behufe der oben angeführten Planierung und Pflasterung die Erde lockerte, kamen die Knochen und Schädel der Begrabenen zum Vorscheine, und wie ich nebst vielen andern Menschen zufällig dastand und sah, wie man bald die Röhre eines Oberarmes, bald ein Stück eines Schädels, ein Gebiß mit etlichen Zähnen, ein Schulterblatt oder anderes gelassen auf einen bereitstehenden Schubkarren legte und lachend und scherzend und die Pfeife stopfend weiterschaufelte, dachte ich: vor so und so viel Jahren hat man euch eingegraben, und an eurem Grabe wurde gesungen: »Requiem aeternam dona eis, domine!«, dann deckte man es mit Erde zu und setzte ein

Denkmal auf den Hügel, daß man wisse, wer da in Ewigkeit ruhe – und jetzt legt man eure Reste, die niemand kennt, wie das wertloseste Ding auf einen Haufen, um sie an einen andern Ort zu bringen, wo sie wieder nicht bleiben;

Anstatt eines Voyeur-Theaters, ein Volière-Theater; durch die Öffnungen könnten sogar Amseln und Rotkehlchen und Sperlinge und Meisen und entflogene Kanarienvögel herein-kommen und auf den Notlichtern sich niederlassen und mit-zwitschern zum schwarzen Text; Fliegenschnäpper anstatt Schauspieler. Dort drüben spricht einer; wer ist es?

Und jetzt zum Ende noch ein wiedergefundener Laut. Tänn-ling, Tännling, Tännling; an der Südspitze der malaysischen Halbinsel ging meine Familie in einen Schwimmklub mit Re-staurant und Tanz, welcher »The Tanglin Club« genannt wurde. »The Tanglin Club«, Der Tännling; so ist der Buch-stabe *g* um vier Positionen nach rechts verschoben. Undso-weiter, undsofort.

Jahreswechsel 1992/1993

»What he could not forget was that he had come by the road«

Zu Hopkins, Turner, Erinnern, Calais Kirchturm u.s.f.

Manche Wege und Straßenränder sind so einfach und unbedeutend und lange unberührt, daß sie Rückwege sind. Da liegt der Staub unpersönlich den Grassaum entlang. Der Staub ist wie ein tiefer Spiegel. »Schau dich in den Staub.« Eine Zigarettenschachtel liegt, wie in der Kindheit hingeworfen, in ein Spielzimmer geworfen, ausgerollt, ausgekollert, oder wie ein Same oder eine Sonne. Die Wagen fahren vorüber, einmal wirft jemand aus dem offenen Wagenfenster eine rote Zigarettenschachtel in die Staubzone, sie kollert, rutscht und macht eine Wolke steigen. So eine Szene, jetzt ist die Schachtel leer, jetzt soll sie weg auf den Straßenrand. Wie ein Begräbnis geschieht es, Begräbnis einer verbrauchten Sache. Die Schachtel liegt zu Füßen des Gehers, und er weiß: Ich bin auf dem Rückweg. Solchem Ort gleicht eine Sprache, die wenig oder erstens gar nichts bekannt gibt, ein Satz wie: »...that he had come by the road.« So ein einfacher Satz, daß er unvergeßlich ist; zu einfach, daß er vergessen sein könnte; einfach wie damals damals damals gesprochen, auf der Landstraße, zum Kind, und in dem Landstrich waren ein kleines Straßenschild, ein duftendes Brennesseldickicht und ein Schotterparkplatz und ein Pferdeschrei und im Gras ein Stück weißes Papier, violett bedruckt, Kassazettel aus dem Supermarkt Seivu.

In den aufgefundenen Tagebüchern des Engländers Gerard Manley Hopkins werden die Blätter beschrieben, die Zweige und die Äste und die Organisation von Bäumen und Licht in einem Baum und um ihn und die Färbung und Neigung der Wiese und Bäche und Anhöhen und Himmel, ohne Drama und Mittelpunkt und Triumph. So daß diese Orte eine gemeinsame Qualität haben, jede Stelle dieses: Schon einmal! Die Form des Blattes, die Form des Baumumrisses, die Form der Wolke, die konkave-konvexe Form des Pfauenrads, die Form der Küste, so daß die Form der Küste das »Schon einmal!« der Form des Blattes ist, die Küstenlinie ein Rückweg oder eine Rückstelle. Tatsächlich sind in diesen Tagebüchern Rückwege verzeichnet, nebenher erwähnte, semantisch sehr leichte, zu einem gewissen Baum hin und von ihm wieder zurück.

20. Mai. 1866. Pfingstsonntag. Wie gestern, heiß doch frisch mit Wind. Dr. Pusey predigte. Nach dem Saalessen Spaziergang mit Nettleship nach Bablock Hythe, über einen unversuchten Weg in die Straße nach Appleton hinauf nach Cumnor und heim bei Mondlicht. Die prachtvolle Schwärze und Bestimmtheit der Ulmen Äste im Abendlicht (dahinter). Kuckucke einander zurufend und antwortend, und die Rufe weil unabgestimmt überlappten, das dreifache *Kuckuck* bildend, und kreuzten.

27. Mai. Trinitatis. – Warm, grauer aufhellend zu blauem Himmel, aber ein Dunst den ganzen Tag. – Ging mit Urquhart über Shotover nach Cuddesdon. Zauberische Sicht auf Horsepath im dunstigen Licht mit dem aufrechten Wuchs der Ulmen, die Zweige teilten sich regelmäßig und waren unverwittert. Es gab eine Priesterweihe, bei der Awdry zum Diakon geweiht wurde. Wood schloß sich uns an und wir gingen heim über Garsington, ein sehr erfreulicher Weg, und sahen die Kirche.

13. Juli. Schön. Den ganzen Tag transparente lange Schweife, verdichtend mit dem verlaufenden Tag, und zu einer Zeit waren einige wie lange Ringe, nämlich Locken die eine Hohlschraube herausformten. Reihen von Wolken lagen überquer im Himmel zu Sonnenuntergang, ihre erleuchteten Bereiche gelb, darunter das seltsame opake Blau war das man zuweilen zusammen mit jener Farbe sieht. – Nach Midhurst, ging dann nach West Lavington und zurück, sah die Kirche, gebaut vor 15 Jahren. Ich würde sie gerne wieder sehen denn sie sah unreif und merkwürdig aus. Die Laubenwege nach Lavington, Cowdery Park säumend, waren zauberisch und die Trübung im Dickicht des Parks, wo Eiben sich zeigten und Kastanienblätter – seifiges opakes Grün. Ging wieder später auf die Bühle zu, hörte mehr Heidelerchen und fand einen Glühwurm. Kurz nach der Stadt (Midhurst) strömt das Kanalwasser wie ein Fluß aussehend und auf der steiler-steigenden anderen Seite stellen die Parkbäume eine ragende und erhabene Mauer dar die nach links verläuft und schwenkt und ausbuchtet eine Viertelmeile weit, das Ganze hat den laibigen kurzen Kammwuchs den frei gewachsene Parkbäume aufweisen. Da waren Eichen und an-

dere Bäume, eine Buche besonders bemerkte ich nach vorne streu-
end aus exakt braunen Sprüh-Spitzen, aber die große Faktur sind
Edelkastanien, ihre runden Knoten mit Schöpfen weißer Konzen-
trationen von Mehl-und-Honig Blüten: das gibt solchem Wuchs
der Bäume Brillanz und Unterschied. Ich weiß jetzt auch was ein
klingelnder Bach ist.

Die Angaben von Rückwegen sind so unhauptsächlich in den
Tagebüchern von Hopkins. Sie sind selten, sie sind karg formuliert; es sind nicht Bedeutungs-Passagen; doch kehren sie hier
und da wieder und geben den Spaziergängen einen Verlauf, eine
Form, eine Linie, wie ein Baum eine Umrißlinie hat. Hopkins
spricht in den Tagebüchern wenig über sich, aber unauffällig erscheint dann wieder die Beschreibung seines Wegverlaufs, selten, denn er wird nicht über sich schreiben, doch wiederkeh-
rend, denn der Weg hat eine Linie wie drüben und oben die
beschriebenen Linien von Wolken, Blüten und Feldern.

10. Mai. Christi Himmelfahrt. Hell, mit mehr Wolken als Sonne.
Spazierte allein nach Fyfield oder besser zu einer Stufe jenseits der
großen Ulme (vielleicht die größte die ich jemals gesehen habe) und
machte eine Skizze am Wendepunkt. Die Straße führte unter Ulmen
deren lichtes Grün dunkler bedruckt von Schatten, Kastanien, süß-
duftenden Tannen u.s.f. Saatkrähen krächzten. Die Kirche von Beddingfield mit guten und seltsamen Ost- und Westfenstern, aber traurig vernachlässigt. Schöne Ulmen da mit bodentiefen Zweigen. Auf
waldiger Wiese u.s.f. neben der Straße Hyazinthen dicht, und
Schöpfe von Schlüsselblumen, und Lichtnelken, die beiden letzteren
und beiden ersteren stimmten anmutig überein aber nicht so gut alle
drei. Eine Wirkung des Himmels war eine gerade Linie wie vom Lineal die Weiß und weiches Blau trennte, und davon bis zur Erdlinie
herabhängend perlgrau geschattete wallende Reffs.

Da ist nicht allein eine Landschaft und die Präsenz in die
Tagebucheintragung aufgenommen, sondern eine Tiefe, Zeit,
Eidesis, wohl nur diskret erfahrbar, nebenher, im ganz linken
oder ganz rechten Augenwinkel: eine Umkehrungswelt. Man
kann in diesen Tagebüchern nach den schwachwirkenden
Daten schauen, und das schwächstwirkende wird vielleicht zur
fernsten Erinnerung gehören. Man kann also lesen, nicht was

ins Auge springt, das Besondere, sondern das Graue, die Unterschicht. Zunächst wird in der Eintragung die Gehlinie angegeben. »Spazierte allein nach Fyfield«, schon im zweiten Drittel dieses Satzes ist die Erinnerung erreicht: »Ulme (vielleicht die größte die ich jemals gesehen habe).« Die Ulme steht an einer Stelle in der Landschaft, jenseits der es eine Stufe gibt. Die Stufe ist es, bis zu der der Spaziergang in Richtung Fyfield führt. »Spazierte allein nach Fyfield oder besser zu einer Stufe jenseits der großen Ulme (vielleicht die größte die ich jemals gesehen habe).« An der Stufe ist Hopkins stehen geblieben, sie ist der Wendepunkt seines Spaziergangs gewesen, der Auslösepunkt, Erinnerungspunkt, der Ort, von dem aus es zurück gehen wird. An dieser Retour-Stelle, südwestlich von Oxford liegt sie, unweit des Zusammenflusses der Flüsse Thames und Windrush, macht er eine Skizze, er breitet die Stelle graphisch aus, er verlängert und verzeichnet die Dauer seines Aufenthalts, er läßt sich Zeit an dieser Stelle, er beendet Progress und schafft Stillstand. Das ist im Tagebuch geschrieben, als wäre nichts geschehen, es ist sozusagen unsichtbar ins Tagebuch geschrieben: Landschaftsbeschreibung, aber unsichtbar das Unsichtbare beschrieben.

Der dann folgende Satz läßt zunächst offen, in welche Richtung er führt, ob voran nach Fyfield oder zurück nach Oxford. »Spazierte allein nach Fyfield oder besser zu einer Stufe jenseits der großen Ulme (vielleicht die größte die ich jemals gesehen habe) und machte eine Skizze am Wendepunkt. Die Straße führte unter Ulmen deren lichtes Grün dunkler bedruckt von Schatten, Kastanien, süß-duftenden Tannen u.s.f.« Erst im Verlauf des Satzes von der unter Ulmen führenden Straße erweist es sich, daß der Tagebuchschreiber wieder in Bewegung ist, er auf der Straße geht und an manchen Orten den süßen Duft der Tannen atmet. Dieses Atmen des Tannendufts ist der Nachweis dafür, daß es zurück geht. »Die Straße führte unter Ulmen«, das hätte noch Augenbeobachtung sein können des Skizzierenden; aber in den Tannenduft ist die Person eingehüllt und eingewickelt, der Duft läßt sich nicht in der Ferne beobachten – dort drüben oder damals also –, der Geher taucht in ihn ein. Der Rückweg lebt. Und hier auf dem Rückweg nach Oxford geschieht es, daß Hopkins einen prägnanten winzigen Fehler macht, einen lapsus, Fall durch die Zeit oder Ebenen oder Kategorien. Er schreibt ins Tagebuch: »Die Kirche von Beddingfield mit guten und seltsamen Ost- und Westfenstern, aber traurig vernachlässigt.« Beddingfield aber gibt es keines in der Nähe von Oxford, das zeigt ein Blick in die »Oxford & The Cotswolds fully indexed Leisure Map«. Hopkins ist hier kein Fremder, er hat in Oxford mehrere Jahre zugebracht, er ist vertraut mit der Landschaft, er hat sie beobachtet und beschrieben. Die reich kommentierte englische Ausgabe von Hopkins' Tagebüchern vermerkt dazu:

> *Beddingfield church.* Dies scheint auf den ersten Blick eine verblüffende Eintragung: es gibt kein Beddingfield nahe Oxford. Wahrscheinlich ist es eine Verwechslung mit Bessels Leigh, durch das GMH auf seinem Rückweg gegangen wäre. Die kleine, teils normannische Pfarrkirche von St. Lawrence hat identische Ost- und Westfenster, mit Hundezahn-Bögen und seltsamen Traufen. Sie ist umgeben von Ulmen. Das einzige Beddingfield, von dem Hopkins mit Wahrscheinlichkeit hätte hören können, war der Landsitz in Suffolk, der den Beddingfields gehörte, eine bekannte römisch-katholische Familie.

Die Kirche von Bessels Leigh also, nicht von Beddingfield. Sie hat identische Ost- und Westfenster, die Fenster an gegenüberliegenden Seiten gleichen einander, erinnern aneinander. Hopkins ist von der einen Kirchenseite auf die andere Kirchenseite gegangen, um den Bau herumgegangen, und er hat dabei eine Gleichung bemerkt. Und da schon oder vielleicht später erst den Namenfehler gemacht, besser: die Namengleichung aufgestellt. Anstatt zu schreiben *Bessels Leigh,* hat er geschrieben *Beddingfield,* ein Name irgendwo in Hopkins' Leben, vielleicht von jenem Landsitz in Suffolk, vielleicht anderswoher. Auf dem Rückweg des Spaziergangs um den Namen *Bessels Leigh* herumgegangen und auf der Westseite gefunden *Beddingfield.*
Entlang dem Rückweg liegt eine blühende Wiese, in welcher wieder zwei Gleichungen sind. Also: »Die Kirche von Bed-

dingfield mit guten und seltsamen Ost- und Westfenstern, aber traurig vernachlässigt. Schöne Ulmen da mit bodentiefen Zweigen. Auf waldiger Wiese u.s.f. neben der Straße Hyazinthen dicht, und Schöpfe von Schlüsselblumen, und Lichtnelken, die beiden letzteren und beiden ersteren stimmten anmutig überein aber nicht so gut alle drei.«

Zuletzt aber ist die gesamte Landschaft in Bewegung, hat Segel gesetzt, gleitet, geweht, aus ihrer Statik und Präsenz hinaus in ein Zurückmeer. So deute ich und übertreibe ich falsch anstatt abzuschwächen, zum Textnullpunkt hin. Beddingfield, wie Fyfield, ein Feld, ein Feld, welches einen bettet, aufnimmt, schützt, weich ist, kein Ort eigentlich, sondern ein Feld, horizontal, weitgestreckt, Leinen statt Linien, ein Flächenbett. Übersetzung von Beddingfield ins Deutsche: Flächenbett. Zuletzt aber ist die gesamte Landschaft unter Segel in Bewegung gekommen, und es heißt: »Eine Wirkung des Himmels war eine gerade Linie wie vom Lineal die Weiß und weiches Blau trennte, und davon bis zur Erdlinie herabhängend perlgrau geschattete wallende Reffs.« Das heißt, die klar vom blauen Himmel oder »blauen Wasser« abgegrenzten Wolken hängen da herab wie Segel und sind gerefft wie Segel. Alles spiegelt, spiegelt Gleichungen vor, spiegelt Gleichungen hervor. Himmelfahrt heißt dieser Tag, der 10. Mai.

May 10. Ascension Day. Fair, with more clouds than sun. Walked alone to Fyfield or rather to a step beyond the great elm (perhaps the greatest I have ever seen) and made a sketch at the turning point. The road went under elms their light green darker printed by shadows, chestnut, sweet-smelling firs etc. Rooks cawing. Beddingfield church with good and curious E. and W. windows, but sadly neglected. Fine elms there with ground-running boughs. In timbered pasture etc beside road blue bells thick, and tufts of primrose, and campion, the two latter or two former matching gracefully but not so well the three. One effect of sky was a straight line as by a ruler parting white and soft blue, and rolling reefs shaded with pearl grey hanging from this to the earthline.

Christi Himmelfahrt. Hell, mit mehr Wolken als Sonne. Spazierte allein nach Fyfield oder besser zu einer Stufe jenseits der großen Ulme (vielleicht die größte die ich jemals gesehen habe) und machte eine Skizze am Wendepunkt. Die Straße führte unter Ulmen deren lichtes Grün dunkler bedruckt von Schatten, Kastanien, süß-duftenden Tannen u.s.f. Saatkrähen krächzten. Die Kirche von Beddingfield mit guten und seltsamen Ost- und Westfenstern, aber traurig vernachlässigt. Schöne Ulmen da mit bodentiefen Zweigen. Auf waldiger Wiese u.s.f. neben der Straße Hyazinthen dicht, und Schöpfe von Schlüsselblumen, und Lichtnelken, die beiden letzteren oder beiden ersteren stimmten anmutig überein aber nicht so gut alle drei. Eine Wirkung des Himmels war eine gerade Linie wie vom Lineal die Weiß und weiches Blau trennte, und davon bis zur Erdlinie herabhängend perlgrau geschattete wallende Reffs.

Absatz. Diesen 10. Erinnerungsmai beschließt Hopkins dann mit folgender Eintragung: »Children with white rods beating bounds of St. Michael's parish.« Das ist auf Deutsch ungefähr: »Kinder mit weißen Ruten bezeichneten den Pfarrbezirk von St. Michael's.« Was machen die Kinder da? Vermutlich auch heute noch pflegen drei Pfarren in Oxford, nämlich St. Michael's at the North Gate, All Saints und St. Mary the Virgin's, am Himmelfahrtstag den sehr alten Brauch, die Kinder die Grenzen des Pfarrbezirks entlang und abgehen zu lassen, mit Ruten in Händen, und auf diese Weise den Gehenden die Grenzlinie ins Gedächtnis zu prägen, also Erinnerung vorzubereiten oder zu unterstützen. Hopkins notiert dieses kindliche Memorieren der Pfarrlandschaft, nachdem er zurückgekehrt ist aus seiner Erinnerlandschaft, Geher er selbst wie die Kinderschar. Die Kinder sind da plötzlich sein Spiegelbild, sein Westfenster, gleichen dem Erinnerer, Eidetiker, indem sie, gehend, das Erinnern lernen. Zurück aus seiner Spazierlandschaft sieht er seine Gleichen: Kinder, sich selbst, Jetzt + Damals in einer gemeinsamen Landschaft, übereingestimmt die jüngeren und der ältere. Die jungen gehen, memorierend, um den Pfarrbezirk, wie, draußen, der ältere um die, verwechselte, gewechselte, Kirche von Beddingfield / Bessels Leigh gegangen ist, ihre Ostseite und Westseite, die einander gleichenden. U.s.f.

Am 14. September 1871, im Zusammenhang einer komplexen Erzählung und Eintragung über eine Wegkreuzung nahe der englischen Südküste – Hin- und Rückweg sind dabei auch wieder im Spiel – zitiert Hopkins einen Halbsatz oder ein Fragment von John Ruskin, aus Ruskins »Modern Painters«, einen Satz von schöner Unbedeutsamkeit oder Schwäche oder zäher Zierlichkeit – daß »er auf der Straße gekommen war« oder besser, schon mit Hopkins' Mitformulierung: »…was er nicht vergessen konnte war daß ›er auf der Straße gekommen war‹.« Der Satz schlägt, glaube ich, eine Verbindung vor von »etwas nicht vergessen können« und einem unbedeutenden Ereignis. Das Kommen auf der Straße, vielleicht weil es so geheimnislos, sachlich, klein, alltäglich, undramatisch ist, ist unvergeßlich. Oder anders: Die großen Bedeutungen sind vergeßbar. Das kleine Bild – Idylle – ist empfindlich genug für memoria (Idylle – Eidesis). Klein und groß im Wettstreit.

Der vollständige Satz über John Ruskin lautet bei Hopkins aber so: »Es ist so wahr was Ruskin sagt als er über die Kutsche in Turners Pass of Faido spricht, daß was er nicht vergessen konnte war daß ›er auf der Straße gekommen war‹.« Der Satz, den Hopkins gefunden hatte, stand da, steht da wie der Kirchturm von Calais.

DER TURM DER KIRCHE VON CALAIS. Zum Beispiel finde ich keine Worte, um die Freude auszudrücken, die ich jedesmal empfinde, wenn ich mich zum ersten Mal, nach einem ausgedehnten Aufenthalt in England, am Fuß des alten Turms der Kirche von Calais wiederfinde. Seine große Vernachlässigung, edle Unansehnlichkeit; das Zeugnis seiner Jahre so sichtbar geschrieben, doch ohne Anzeichen von Schwäche oder Verfall; seine strenge Öde oder Trübheit, angenagt von den Kanalstürmen und überwachsen vom bitteren Seegras; seine Schieferplatten und Dachziegel alle verrutscht und gespalten, und doch nicht herabfallend; seine Ziegelwerkwüste voller Bolzen und Löcher und häßlicher Risse, und doch fest, wie ein nackter brauner Fels; seine Unbekümmertheit um das, was jemand bei seinem Anblick sich denkt oder fühlt, ist er ohne Anspruch und ohne Schönheit und Anziehung, ohne Stolz und Anmut; doch bittet nicht um Mitleid; ist nicht, wie Ruinen, unbrauchbar und bemitleidenswert, zaghaft oder hingebungsvoll geschwätzig von besseren Tagen; sondern brauchbar noch immer, mit seinem Tagwerk beschäftigt, wie ein Fischer grau gegerbt vom Sturm, doch seine täglichen Netze einholend: so steht er, ohne Klage um seine vergangene Jugend, in gebleichter und magerer

Wuchtigkeit und Dienstbarkeit, menschliche Seelen zusammen-
sammelnd unter sich; der Klang seiner Glocken ruft noch immer
durch die Spalte zum Gebet; und seine graue Spitze sichtbar weit
über das Meer, der Erste jener Drei, die sich erheben über die
Wüste aus überspültem Sand und Uferanhöhen – der Leuchtturm
um des Lebens willen, der Uhrturm um der Arbeit willen und dieser um Geduld und Lob.
Ich kann nicht die Hälfte der eigentümlichen Freuden und Gedanken erzählen, die mir widerfahren bei dem Anblick jenes alten
Turms; denn, in einer Weise, ist er die Epitome all dessen, was den
Kontinent Europa interessant macht, im Gegensatz zu neuen Ländern; und vor allem drückt er ganz und gar jene Betagtheit aus in
mitten des aktiven Lebens, die das Alte und Neue in Harmonie verbindet. Wir, in England, haben unsere new street, new inn, unseren
grünen geschnittenen Rasen und unser daraus ragendes Stückchen
Ruine, ein bloßes *Exemplar* des Mittelalters, auf einen Samtteppich
gelegt um es auszustellen, welches, abgesehen von seiner Größe,
ebensogut auf einem Museumsregal sein könnte, unter Glas. Doch
auf dem Kontinent sind die Verbindungen zwischen dem Vergangenen und Gegenwärtigen ungebrochen, und in solchem Gebrauch
zu dem sie noch dienen können ist es diesen Wracks mit den grauen
Häuptern gestattet, unter Menschen zu bleiben; während, in unun-
terbrochener Linie, die Generationen verschonter Gebäude sichtbar
einander folgen jedes an seinem Platz. In seiner Größe, in seiner
ungehinderten Zeugenschaft langsamen Verfalls, in seiner Armut,
in seinem Fehlen aller Prätention, allen Zeigens und aller Sorge um
den äußeren Anschein, besitzt jener Turm von Calais eine Unend-
lichkeit an Symbolkraft, umso berührender als er gewöhnlich in
Kontrast zu englischen Szenen gesehen wird, welche voller exakt
gegenteiliger Gefühle sind.

Der unscheinbare Halbsatz bei Hopkins; der Kirchturm von
Calais; jetzt die nächste Abweichung, zum Schluß des zweiten
Gesangs in Pier Paolo Pasolinis »Divina Mimesis« – das Graue
ist das Erinnerungsreichste, das Heiterste der Welt.

Ich schaute die Blumen zu meinen Füßen an, wie sie zwischen dem
farblosen harmlosen Unkraut hervorlugten: ich war wie sie, die
nicht ans Sterben glaubten und doch nur wenige Tage zu leben
hatten. Namenlose Blümchen: unbenannte, und so viele, und eines
gleich dem anderen, vom Zufall verstreut an den Säumen des

schlammigen Pfades, eins gleich dem anderen nicht nur in ihrer unfaßbaren sublimen Form, mit ihrem aus Demut fast durchsichtigen Blau, ihrem aus Armut ins Violett oder Gelb verblaßten Weiß wie gewässerter Wein – und eins gleich dem anderen in der Unwissenheit um die Vergänglichkeit, die Nichtigkeit: die Wenigkeit ihres Lebens.

Blümchen, in denen nur Heiterkeit war, geteilt mit Tausenden und Abertausenden anderen kleinen sonnenhungrigen Brüdern. Und jetzt, da der Tag sich neigte und sie mit seiner freudlosen Nässe benetzte, da kauerten sie sich zusammen, erstaunt: Aber heiter auch darin!

Wer den Menschen demütig begleitet in dem, was er aus seinem schwierigen Schicksal macht, ist sein zärtlichster Freund! Und doch – dachte ich, während ich ging und meine armseligen Schuhe anschaute, die auf den Schlamm traten – werde ich weggehen, ohne die Namen dieser Blumen zu kennen, die so viele Jahre lang meine stillen Gefährten waren.

Ich gewahre in ihnen, wie sehr ich ihnen gleiche: ein identischer Bruder, der zittert, staunt, aufs neue Mut faßt, mit der Sonne, am Morgen, und an die Ewigkeit glaubt, die der Morgen noch einmal dem schenkt, der erwacht, und wieder von vorne beginnt, wie ein sorgender Vater.

Blümchen, zu einem einzigen Büschel gehäuft, Tausende bescheidener Zwillingspaare in wunderbaren Festtagskleidern, billig zwar, aber mit Säumen und Gestalten von geheimnisvoller, königlicher Feinheit. Schwach und ärmlich, und gemacht aus einem Stoff, der nur wenig fester ist als Staub oder Eis, wo ein Nichts genügt, sie verschwinden zu lassen. Blümchen, vereinzelt oder zuhauf, jedes mit seinem ganz ihm gehörigen Stiel, die sich hier angesiedelt haben, in einer Nacht, von wer weiß woher, auf diesem Gras, auf dem nur die wenigen nahe lebenden Herden Schritte setzen oder alt gewordene, traurige Huren, welche geringen Lohn verlangen von den Arbeitern, die aus der Stadt heimkehren, und den Bauernsöhnen, die auf einem Land leben, über dem sich die Peripherie türmt, hinter einer Flußbiegung oder der geraden Linie einer Autobahn.

Blümchen, die aus den Reichen der Vergangenheit kommen, welche im All weiterlebt – und sich hier niederlassen, nach der Laune von Sonne und Wind, wie Zigeunerfamilien, die auch nie selbst ihre Lagerplätze auswählen, sondern dem Zufall überlassen.

Auch ich, wie ein Blume – dachte ich – nichts anderes als eine wilde Blume, gehorche dem Ritual, das die Heiterkeit noch erfaßt, welche der Verzagung folgt. Später wird noch anderes kommen, das mich verletzen und vernichten wird: aber auch für mich, wie für die Blumen anderer Frühlinge, verschwimmt die Vergangenheit mit der Gegenwart, und eine Wiese ist hier, und zugleich im All!

Vielleicht ist – um jetzt alle diese drei Landschaften zusammenzutun, die südenglische der Rückwege in den Tagebüchern Gerard Manley Hopkins', der Küstenstrich am Ärmelkanal in der großen Abhandlung über die Maler seiner Zeit bei John Ruskin und die Wiese wahrscheinlich vor Rom, oder ist es eine Wiese in Friaul, – vielleicht ist die Erinnerung eine Armut. Erinnerung nicht der Park um die Villa, sondern das schmale bestäubte, bestaubte Beet zwischen Hausmauer und Straße. Erinnerung nicht das chloroformierte Schwimmbad mit der Aufbruch-ins-Ungewisse-Badeleiter, sondern der angeschlagene oder schartige oder gereizte oder verkaterte Gartenzwerg im Tannenschatten. »Ihr Gartenzwerg sieht aus wie der Kirchturm von Calais.« – »Danke, daß Sie es bemerkt haben.« Oder: »Ihr an die Straße gebauter Vorgarten mit Gesträuch und Pfingstrosen und Phlox sieht aus wie an der Autobahn zwischen Köln und Bonn die Raffinerie, der metallische Wald.« Mitten im Leben zwischen Köln und Bonn, nel mezzo del cammino tra Colonia e Bonn, liegt außerhalb des Gedankengangs und lag außerhalb meiner – damals – Kinderseele: ach, ein übler Geruch; nein, dort kann man nicht spazieren gehen; das Reich der Riesen und der Zwerge und der Zeugen; nachts wie der Sternhimmel, wie die Milchstraße, tagsüber wie der Vorgarten von Herrn Willy Kunze oder die ins Schlafzimmer gebastelte Eisenbahnanlage. Die Zeugen Jehovas in der Fußgängerpassage; die Zeugen Brühls auf der Autobahn.

Ein Reisender, erkennbar an seiner abweisenden oder zukunftsweisenden Kleidung und an dem Rucksack, steht an einer Straßenkreuzung mit vielen Einsichten, und er fragt einen ihm begegnenden Mann.
Der Reisende: Können Sie mir sagen: Wie finde ich über die Straßenkreuzung und über das Gleisgelände und über den Kanal auf die andere Seite hinüber?

Der Ältere betrachtet dann diese Bauwerke, dieses System. Der Reisende schaut dann ebenso. Zwei, die einander nicht kennen. Der Ältere setzt an, etwas zu sagen, sagt nichts dann. Er streckt den Arm aus, um zu einer Stelle zu zeigen, zieht den Arm zurück, zeigt kurz zu einer anderen Stelle. Es dreht der Ältere sich um, betrachtet die Hausmauer, dreht sich schon wieder, schaut über die große Kreuzung. So oft hier gegangen. Noch nie hier so gedreht. Jetzt blickt er hinauf und blinzelt, wie in die Sonne, nach links zu den Arkaden. Mein Zimmer; mein Gedächtnis; meine Liebe; meine Stadt; meine Straßenkreuzung; meine Körperhaltung; meine linke Hand; meine Brücke; mein Fortschritt; meine Renovierung.

Der Ältere: Wissen Sie, jetzt habe ich so auf einmal meine Liebe zu diesem Ort entdeckt. Der Ort ist so schwierig, so schwer zu überqueren. So ein Schweben wie diese Brücke heute habe ich noch nie erlebt. Da unterhalb hängen die Fledermäuse, komische Bündel. Warum tragen Sie mit sich nicht ein Bündel, sondern diesen Rucksack. Mein Vater sagte immer »Rücksack«. Im Grunde ist das meiste hier Nebel. Weite neblige Flächen des Asphalts oder Betten. Zwischen den Pappeln und dem Amtsgebäude ist Nebel, oder ich weiß es nicht. Eine zugewehte neblige Treppe. Das ist hier alles ein Krieg der Dinge und ein Tumult der Eigentümer, aber darum Ruhe und Friede. Alles zieht zu einem Woanders, zu einem Diamanten-Montag. Wie der Staub schneit von der vibrierenden Brücke, auf mich zurückfällt und mein Auge beißt. – Ich habe mich geirrt. Hier ist das Hohelied entstanden, die ersten Zeilen: »Er küsse mich mit dem Kuß seines Mundes / Denn Deine Brüste seynd besser als Wein«, und die Zuteilung der Kategorien, hier *er* der küßt, hier *du* mit der süßen Brust, wird schwach. *Er* und *du* am Beginn des Hohelieds sind *zwei* und *einer*. Am Ort der schwachen oder armen Daten werden die Scheidungen und die logischen Konsistenzen schwach. – Haben Sie's gehört?

Der Reisende: Nein. Was denn?

Der Ältere: Sie haben's nicht gehört?

Der Reisende: Was?

Der Ältere: Ich erinnere mich an die Zeit, als mein Kind zwei Jahre alt war. Da hat das Kind zum allerersten Mal anzeigen können, daß es sich an eine Sache erinnert. Das Kind hatte ein bestimmtes Handzeichen, Fingerzeichen, welches zum Ausdruck brachte: da höre ich etwas. Wenn draußen im Treppenhaus jemand laut hustete, dann erhob das Kind manchmal den Zeigefinger und hielt ihn an die Schläfe. Achtung, es ist etwas zu hören. Der Finger zeigte nicht zu dem Geräusch hin, sondern war in die Nähe des Ohrs gehalten. Während eines Spiels mit einem Spielzeuglastwagen erinnerte sich das Kind an einen zweiten Spielzeuglastwagen. Dieses Erinnern war gleich erkennbar am gehobenen Finger. Das Kind rannte aus dem Zimmer und holte dieses zweite Spielzeug. Und ich war der Meinung, daß das Kind diese Erinnerung gehört, vernommen hatte, sie von so leichter, durchsichtiger oder schwacher Materialität war, so ohne Zentrum und Kern, so sozusagen nichts, daß sie hörbar war. Hohelied gehört. Das Kind hat sich nicht erinnert an die Sache, sondern die Sache gehört: Du! Das Lied von der Sache gehört. Das Kind war leise genug gewesen, um die ganz leise Erinnerung zu hören. Die Sache spricht, doch so stumm, daß einer in der Wüste stehen muß, daß er des Konzerts gewahr wird. Vielleicht kann alles hörbar werden, aber es braucht dazu eine seltsame Bereitschaft oder Unwissenheit. Der Mensch muß ungereimt sein.

Was ich sagen will: Die Theorien, doch auch das Gerede von der Entwicklung unserer Kultur erzählen, daß die moderne Welt – der logischen Konsistenz, empirischen Verifizierbarkeit und technischen Nüchternheit – Spiritualität zerstört; das ist aber falsch. Ich möchte sagen: Das Gegenteil ist ein bißchen richtiger. Die Selbstverzauberung, Selbstverwandlung ist doch nie vor einem Altar oder vor einem Thron geschehen, sondern vor dem Staub oder vor dem Ölwasser im Hafenbecken oder vor dem Kratzer im Autolack. Die Supermarkthalle, ein echsengrüner Langbau mit einer sehr deutbaren Einlaßzone – an die Stelle eines Türgriffs ist die Virtualität gesetzt. Wie eine Epilepsie reißt es die zwei Gläser auseinander. Der Mann oder die Männer oder die Gesellschaft wollen verkaufen, der Weg zu den Dingen ist mit Rosen bestreut, der Altar bereitet. Aber so ein Nicht-Weg, so eine Kies-Gstättn, eine Menschenleere, Menschenheerleere,

oder die Sonnenseite der Halle sind nebenher offen, die Armut, das Nichtkaufen, die Kirchenmaus, der nicht im Sinn gelegene Gedanke, Improvisation und Proviant, ein paar Minuten Zeit, Brühl, Calais, Rom-Ränder. Der Supermarkt ist nicht das Gegenbild der Spiritualität, er wahrt sie. Er umbaut sie, schützt sie, macht sie unauffindbar, verzögert sie. Oder: Sind Sie einmal an einem Sonntagvormittag vor dem geschlossenen Eingang des Supermarkts gesessen? Wer das nicht getan hat, soll keine Theorie von unserer Kultur machen. Du sollst dir kein Bild von unserer Gesellschaft machen. Du sollst ihren Namen nicht unnütz führen in deinem Mund. Die Einsamkeit ist groß. Sinai ist mitten unter uns. Die Dinge da drinnen im Schatten oder im Schein der da und dort eingeschalteten Neonlampen: das ist doch Empirie und Verifizierbarkeit und Logik und Wüstensand und Spirituosen. Und die Satellitantennen um diesen Platz montiert hängen schräg und können nicht zu dir sprechen. So spüre ich, daß ich eine Liebe habe zu diesem gottverlassenen Platz, zu diesem in den Sonntag weggeworfenen Platz, weggeworfen wie ein sechs Tage lang Verbrauchtes. Die weiße neue Satellitantenne dort sieht uralt aus, aus einer gelangweilten Handbewegung dorthin geworfen wie Verpackungsmaterial. Die Fahrzeuge alle mitgenommen wie Familienmitglieder, nach Hause, der Parkplatz jetzt in seinem Sonntagsgewand. Jetzt mußt du dich beleben, Geher, aus einer eigenartigen Kraft in dir. Hier hast du ein Problem; lös es. »Ich beschwöre euch, ihr Töchter Jerusalems, bei den Gazellen oder bei den Rehen des Feldes, / daß ihr die Liebe nicht weckt, / bis es ihr selbst gefällt.«
Spiritualität will aber heißen: Erinnerung. Die Erinnerung geschieht am armseligen, nebensächlichen Ort, an der Rück- oder Ruckseite des Supermarkts oder am armen Sonntag, dem kaputten Tag des großen Parkplatzes, der für bessere Zeiten erdacht wurde. Am Sonntag vor der Supermarkthalle: du stehst da mitten in diesem Rückweg. Alles zerbrochen, oder eine Allee der Rohbauten, oder eiskalte Baumaschinen und Bierdosen, Sandhaufen, in welchen Schaufeln stecken. Was er nicht vergessen konnte war, daß da ein Sandhaufen war, in dem eine Schaufel stak. Und warum leuchtet die unbegangene Wiese da, so kraftvoll grün, fast weißgrün, so aus einer Unangst leuch-

tend, wie ein Rettich aus Unangst zu leuchten scheint? »Woher
kommst du?« – »Aus der Idylle.«
Vielleicht eine neue Weise/Wiese der Spiritualität, eine be-
wölkte, areligiöse. William Turner war, wie John Ruskin in
seinen wunderbaren »Modern Painters« sagt, vielleicht der
erste Mensch, der den Himmel gemalt hat, nicht den spirituell
klaren Himmel, der den religiösen Schulen gehörte, sondern
die verschiedenen Formen des bewölkten Himmels.

John Ruskin, »Modern Painters«, Teil II »Von der Wahrheit«,
Sektion I, Kapitel VII, Paragraph 37 »J. M. W. Turner. Die
Kraft des nationalen Gefühls in allen großen Malern«:

Es ist eine Tatsache, welche eher universell anerkannt als daß sie
in die Tat umgesetzt wird, daß alle großen Maler, welcher Schule
auch immer, nur groß gewesen sind in der Wiedergabe dessen,
was sie seit früher Jugend gesehen und empfunden haben; und daß
die größten unter ihnen offen diese ihre Unfähigkeit anerkannt
haben, irgend etwas anderes erfolgreich zu bearbeiten als das,
womit sie vertraut waren. Raphaels Madonna wurde in den Bergen um Urbino geboren, Ghirlandaios ist eine Florentinerin, Bel-
linis eine Venezianerin; es gibt kein Bestreben auf Seiten einer dieser großen Männer, sie als Jüdin zu malen. Es ist hier nicht der
Ort, weiter auf einen Punkt zu bestehen, der so einfach und so
universell nachweisbar ist. Ausdruck, Charakter, Gestalten des
Angesichts, Kleidung, Farbe und Ausstattungen sind bei welchem
großen Maler auch immer jene ihres Geburtslandes, und das offen
und völlig, ohne den geringsten Versuch der Modifikation; und
guten Mutes versichere ich, daß es unmöglich ist, daß es jemals
anders sein sollte und daß kein Mensch jemals etwas anderes gut
gemalt hat oder malen wird, als was er früh und lang gesehen hat,
früh und lang empfunden und früh und lang geliebt. Wieweit es
möglich ist, daß der Geist einer Nation oder Generation wohl-
tuend modifiziert und unterrichtet wird durch das Werk einer anderen, wage ich nicht zu entscheiden; doch hängt es davon ab, ob
der Geist, der die Lehre empfängt, ausreichend Kraft besitzt,
während er dem, wovon er sich nährt, das entnimmt, was universell und allgemein für jede Natur ist, aller Entstellung durch na-
tionale oder zeitweilige Eigenheiten zu widerstehen. Nino Pisano
gewann nichts als Gutes, die modernen Franzosen nichts als Übel,
aus dem Studium der Antike; doch Nino Pisano hatte einen Gott

117

und einen Charakter. (...) Englische Künstler werden gewöhnlich vollständig ruiniert von einem Aufenthalt in Italien. Wie dem auch sei und welcher Erfolg auch immer erzielbar sein mag in Bildern von schlichtem und unprätentiösem Anspruch, in Genrebildern, wie man sie nennt, in der Wiedergabe fremden Charakters, hiervon bin ich überzeugt, muß, was wahrhaft groß und berührend sein will, den Stempel des Geburtslandes haben; kein Gesetz dies, sondern eine Notwendigkeit, aus der tiefen Bindung an ihr Land, das den Gefühlen aller wirklich Großen zugrundeliegt; alle Klassizität, alle Wiederbelebung mittelalterlicher Rezepte ist völlig vergeblich und absurd; soll uns jetzt etwas Großes, Gutes, Ehrfurchtsvolles, Religiöses gelingen, muß es aus unserer eigenen kleinen Insel genommen werden, und aus diesem Jahr 1846, mit seinen Eisenbahnen und allem drum und dran; wenn ein britischer Maler, ich sage das mit ernster Gewichtigkeit, nicht historische Charaktere aus dem britischen Oberhaus machen kann, so kann er Geschichte nicht malen; und wenn er nicht eine Madonna aus einem britischen Mädchen des 19. Jahrhunderts machen kann, kann er überhaupt keine malen.

Die Regel gilt, selbstverständlich, auch für die Landschaft; doch insoweit mit weniger Gewähr, als die materielle Natur aller Länder und Zeiten in vielen Punkten tatsächlich, und im Prinzip in allen, gleich ist; so daß in Cumberland gebildete Gefühle Nahrung in der Schweiz finden können und Eindrücke, die das erste Mal zwischen den Felsen von Cornwall empfangen wurden, zurückgerufen werden können auf der Steilküste von Genua. Fügt man dieser eigentlichen Gleichheit die Fähigkeit jedes großen Geistes hinzu, sich der Seele der ihm einmal vorgeführten Dinge zu bemächtigen, so wird augenscheinlich, daß dem Landschaftsmaler kaum Grenzen in Bezug auf die Wahl seines Feldes gesetzt sind; und daß das Gesetz der Nationalität auf ihn nur insofern anwendbar ist, als eine gewisse Freudigkeit und Vollendung vorzugsweise in jenen Teilen seines Themas zu finden sein wird, die ihn an sein eigenes Land erinnern. (...)

Ich weiß nicht, in welcher Gegend von England Turner als erstes oder am längsten studiert hat, aber der Schauplatz, dessen Spuren ich am bestimmtesten in seinem gesamten Werk, so unterschiedlich es ist, finde, ist Yorkshire. Von allen seinen Zeichnungen, glaube ich, haben jene der Yorkshire Serien am meisten Herz, die liebevollste, einfache, unerschöpfte, ernste Ausführung der Wahrheit. In ihnen gibt es kaum Suche nach Wirkung, aber eine große Liebe für den Ort, kaum Zurschaustellung der eigenen Fähigkeiten und Eigenheiten des Künstlers, aber starke Zuneigung zu den kleinsten Details des Orts. (...) Ich glaube, diesen breiten waldigen Leiten und Wölbungen der Bühle von Yorkshire verdanken wir zum Teil die einzigartige Massivität, die vorherrscht in Turners Zeichnung von Gebirgen und die ihr eines der wichtigsten Elemente der Herrlichkeit verleiht. (In diesen Zeichnungen von Yorkshire) war der Künstler in der Lage, seine ganze Konzentration auf die Zeichnung zu richten und in der Folge solche Entschiedenheit, Zartheit und Vollendung zu erreichen, wie sie in keiner Weise ihresgleichen haben und wie sie ihm dann dienen konnten als sicheres Fundament für alle späteren Experimente.

Ruskin geht noch Zeiten weiter zurück in Turners Leben. Nahe der Südwest-Ecke von Covent Garden entstand aus einem dichtgebauten Häuserquadrat eine Art Grube oder Brunnen, dunkel, zu welcher es Zugang gab von Seiten der Maiden Lane durch einen Bogengang und ein eisernes Tor, wo, wenn man länger stand, die Augen sich einstellen konnten auf die Dunkelheit und man dann sah, zur linken Hand, eine schmale Türe, die vordem ein beschatteter Eingang war zu einem ehrbaren Barbierladen, der, als Ruskin den Ort besichtigte, nunmehr irgendwie zu einer Brauerei gehörte.
Blitzende Schuhschnallen; Perücken weiß, groß, schwer, Hüte und Federschmuck wie Pfründe; kurze Taillen; und die Sonnenstrahlen mit Staubwirkung; Kohlblätter mit tiefen Falten auf dem Verkaufstisch des Gemüsehändlers; Pracht der Orangen in den Schubkarren; vor allem das Ufer der Themse, in drei Minuten Entfernung. Keine Glorie, aber Unvergeßlichkeit. Wenn Turner später Schiffbruch malt, dann kommen aus dem Bruch hervor Orangenkisten und schaukeln auf dem Wasser.

Somit, bis ans äußerste Ende seines Lebens, vermochte Turner Häßlichkeit zu ertragen, wie sie kein anderer, von gleicher Gewahrsamkeit, hätte für einen Augenblick bloß aushalten können. Stumpfe Ziegelmauern, erloschene Fensterquadrate, alte Kleider, Marktfrauen-Menschlichkeit, alles Fischelnde oder Schlammige, wie zum Beispiel Billingsgate oder Hungerford Market, übte große Anziehung auf ihn aus; schwarze Lastkähne, geflickte Segel und jede mögliche Beschaffenheit von Nebel. (...) Turner widmete sich Bild um Bild der Illustration der Wirkungen des Schäbigen, des Rauchs, Rußes, Staubs und staubiger Texturen; verwitterter Rümpfe, der Straßenrand-Unkrautvegetation, Dunghaufen, Strohlagerplätze und aller Beschmierungen und Befleckungen jeder gewöhnlichen Arbeit. [Heute würde man barsch sagen: environmental pollution, Umweltverschmutzung.]

Mehr noch, *Abfall* konnte er nicht bloß ertragen, er genoß und suchte Abfall, wie das Wrack Covent Garden nach dem Markttag. Seine Bilder sind oft voll davon, von Rand zu Rand.

Und dann:

>Jener geheimnisvolle Wald unter der London Bridge« – für das Kind wertvoller als Pinienwald und Myrthenhain. Wie muß er die Schiffer geplagt haben, angefleht haben, ihn irgendwo im Bug kauern zu lassen, starr wie ein Baumstamm, so daß er sich bloß flößen lassen könnte zwischen die Schiffe hinein, und im Kreis um die Schiffe, und mit den Schiffen und neben den Schiffen unter den Schiffen, staunend, wie er klomm; – sie die einzigen wirklich prachtvollen Dinge, die er in der ganzen Welt sehen kann, mit der Ausnahme des Himmels; sie aber, wenn die Sonne auf ihren Segeln ist, die sich füllen und einfallen, in endloser Unordnung vom Wechsel von Ebbe und Flut und Zug auf dem Anker, prachtvoll unaussprechbar.

Die letzte Bemerkung, die Turner, Ruskin gegenüber, über eines seiner Bilder getan haben soll, ist ein sanfter Jubel. Über das St. Gotthard-Bild, über den fernen, der Kindheit fernen, nein der Kindheit nahen, über den unvordenklichen Gotthard bemerkt Turner, »jene *Abfälle* aus Stein, die ich versucht habe wiederzugeben«.

Den Londoner Wald der lichtlosen Höfe, schlammigen Themseufer und Schiffsleiber nennt Ruskin dann plötzlich auch: »Bello ovile dov' io dormii agnello« ein Vers aus Paradiso, der zurückzeigt, sich zurückbiegt zu einem Ursprung, Dantes Florenz. Der schöne Schafstall, wo ich schlief, ein Schaf. Der Hinweis gilt also Dantes Armut, seiner einfachen Herkunft aus dem Schafstall und jener dort, in Schafflorenz, zu findenden Kondition Schlaf. Turner + Dante = Im Abfall der Schlaf. (Im Mittelpunkt des Kosmos Schutt und Schlaf) (Kurzschlüsse zwischen Schutt und Schlaf.)

120

Nahe der Südwestecke von Covent Garden entstand aus einem dichtgebauten Häuserquadrat eine Art Grube oder Brunnen – *pit or well* sind die zwei Bezeichnungen, die Ruskin geschrieben hat. Dante, in der Divina Commedia, in der Strophe vom Stall und vom Lämmerschlaf, schreibt: »ed in sul fonte / del mio battesmo« – in der Quelle, im Brunnen; das frühe Florenz ein Brunnen; was für ein Brunnen? Ein Taufbrunnen. »Wäre, daß das heilige Gedicht, / jenes aus der Hand von Erde, Himmel, / das mir die Jugend Jahr um Jahr zerbricht, / die Grausamkeit besiegte, die mich nimmer / zu den Schafen, als Lamm, zum Schlafen nicht / mehr in den schönen Stall zurückkehren läßt, / seit im Krieg der Haß der Wölfe spricht: / ich käm am Taufort dann zum großen Fest, / um meine Dichterkrone zu empfangen«; der Ort heißt also Schutt, Schlaf und Taufe. Schutt, Schlaf und Namensgebung.

Lieber Herr Bott, Sie, und die Moltkerei-Werkstatt, haben mich eingeladen, etwas zu sagen oder vorzulesen zu dem, was Sie Erinnerung genannt haben. Und jetzt muß ich einen merkwürdigen Sprung machen, weil ich nicht weiß, was die Erinnerung ist (wie wenn ich mich nur erinnern könnte an die Erinnerung, doch nicht von ihr wissen), einen Sprung, und wieder zwei verknüpfen, die nicht dicht beieinander sind, obgleich sie ganz dicht beieinander sind, zwei Erzählungen, nein eigentlich zwei Hinweise auf die Hühner. Erstens die Hühner in der »Autobiographie« Robert Creeleys. Da gehören diese Hühner zum Gewöhnlichen der Welt, zum »gewöhnlichen Leben«. »Worauf es mir letztlich ankäme als Schriftsteller ist, daß Maß und Ort unseres gewöhnlichen Lebens erkannt werden, statt dem Irdischen diese einfältige Bedeutung zu geben.« So sagt es Creeley. Es stellt sich in der Biographie heraus, daß Creeley einmal Hühner gezüchtet hat. Und so kann er den Abend der Hühner beschreiben: »Dieses Geräusch der Hühner, die sich zum Schlafen bereit machen, das gelegentliche Glucksen, es tröstet und erfreut mich beinahe zwangsläufig. Hühner sind so offensichtlich verletzlich, daß sie einem ein seltsames Vertrauen entgegenbringen und man sich groß fühlt, zuständig und gütig, wenn man sieht, daß wieder einmal Ordnung ist bei ihnen.« Frieden ist bei ihnen, könnte man auch sagen. – Hiermit bitte ich Sie eine Zeitlang zu vergleichen eine Passage, die anscheinend in ganz anderem Zusammenhang geschrieben ist, ein abgelegener kleiner Paragraph, der wie ausgesetzt ist dem Vergessen, um dann später wiedergefunden zu werden, als aschene und kleine Sache. Andrea Zanzotto schreibt in einem Aufsatz zur Dichtung, einem Aufsatz, der, zufälligerweise, sich auch jenem Vers von Dante über den Schafstall und den Schlaf widmet, Andrea Zanzotto schreibt da:

Umberto Saba – der in seiner Dichtung so viel Nähe zu den Hühnern empfindet – Saba erinnert uns an Chagall, der Engel malt, die Hühner sind, aber doch Engel bleiben, im Himmel umherfliegend, und an den Chagall der vielen anderen mehr oder minder mythischen Tierformen. All das schließt wieder an die Vertrautheit und die Mythisierung im Umgang mit den Tieren an, die heute fast überall verschwunden ist und die grundlegend war für einen reichen und ausgeprägten Wirklichkeitsbezug. (...) Unter dem Namen Odone, in der Erzählung La Gallina (Das Huhn), erzählt Saba von einem Kindheitserlebnis: nämlich davon, daß er ein kleines Huhn besaß, das er besonders liebte. Aus dieser Kindheitserfahrung herrührend durchdringt das Thema dieses bescheidenen Geflügels die Dichtung Sabas bis in die feinsten Metamorphosen. Ich erinnere mich gerne daran, daß auch ich selbst (wie viele andere aus unserer Generation, die die Hühner im Hof und in der Küche herumlaufen gesehen haben) ein eigenes kleines Huhn hatte, das von meiner Großmutter gefüttert wurde und das »Schittabùria« hieß (etwa: Siebenscheißer), ein guter Name, der die Idee des jeden Tag regelmäßig gelegten Eies ausdrückt, regelmäßig wie das Kacken (lo schitto). – Dinge aus vergangenen Zeiten. Und diese Zuneigung zu den Tieren, die beinahe als Verwandte empfunden wurden, wurde dann von einem Drama überschattet: warum und wozu sie getötet wurden (vor allem die Kinder fühlten das). Nun gut, Saba bezieht aus jener Art von Glucken, das die Hühner in den Ställen beim Herabsinken der Nacht machen, nicht nur die Anregung zu einer Poetik, sondern darüberhinaus zu einer Pleiade, zu einer Gemeinschaft der Dichtung: Quando la sera assona / le gallinelle, / mettono voci che ricordan quelle, / dolcissime, onde a volte dei tuoi mali / ti quereli, e non sai / che la tua voce ha la soave e trista / musica dei pollai.
Wenn dann die Nacht / die Hühner schläfrig macht, / geben sie

Stimmen von sich, die manchmal erinnern / an die sanftesten Wellen in deinem Schmerz, / du wimmerst, vergißt, / wie sehr deine Stimme traurige milde Musik ist / aus den Ställen der Hühner herüber.

Über die Erinnerung etwas vorzutragen gebeten, angekommen am »Maß des gewöhnlichen Lebens« und am Ausmaß des Unscheinbaren, genauer: am Maß der Verletzlichkeit. Der Fleck, auf dem der Supermarkt steht, ist genauer gesagt: ein Hühnerhof. Am Sonntag wird es klar, daß die Hühner fort sind, die Automobile fortgefahren sind, jene einem »ein seltsames Vertrauen entgegenbringenden«. Sind die Autos Hühner? Phantasiert sich das mit Spielzeugautos spielende kleine Kind nicht hinein in eine Hühnerbeziehung, und im Dunkeln warten diese kleinen Wesen neben dem Bett auf den kleinen Schläfer? Und das Kind, das sich an seinen Traktor, welcher im Nebenzimmer steht, erinnert und dabei den Finger an die Schläfe legt – Schläfe, Schlaf, wie wenn es den Erinner-Ton hörte, vielleicht hört es, in diesem Erinnern, den kleinen Traktor glucken, wie die nachts in Dunkel und Schlaf entschwindenden Hühner glucken. Hört ein: es-ist-alles-in-Ordnung-Glucken, ich-bin-da-Glucken, Erinnerung-an-Frieden-Glucken.

In Straub/Huillets Film »Antigone« wendet die Kamera, die auf den Chor hinab geblickt hat, von diesem einmal, während er weiterspricht, ab und filmt, ich meine senkrecht, hinunter auf den reinen Sandplatz vor den Füßen des Chors. Das Kinobild ist ganz angefüllt von diesem Sandplatz, in der Mitte geteilt von einem in den Boden eingelassenen, alten, frühen, früher sinnvollen – vielleicht als Fundament –, etwa ebenso hellen Stein, wie der Sand hell ist. Der Sandplatz ist plötzlich unschuldig, für Hühner geeignet, die scharren können. Die Erde oder Weltkugel ist plötzlich unschuldig, vielleicht besser: unverletzt. Unbedeutend. Nicht von Bedeutung verletzt.

Es ist das Wort *verletzen* ein interessantes Wort. In sehr altem Gebrauch meint es *hemmen, hintanstehen machen, zur Seite schieben,* vielleicht auch aus der Wahrnehmung schieben, was man später genannt hat verdrängen. Und so nähert sich das Wort *verletzen* dem Wort *vergessen* an. Der Sandplatz im Antigone-Film also ist eine Rückkehr, ein Erinnern, das zur-

Seite-geschobene-Unbeachtete zurückholen, die Wahrnehmung zurückholen und Landgewinn. Von Bedeutung und Bedeutungen ist der Fleck da zur Seite geschoben worden, ins
Vergessen hinübergeschoben worden; er wird zurückgeholt als
sandiges Etwas, Verwitterung.

So kann man also sagen: Bedeutungen sind Verletzer, Furien.
Die Furie der Bedeutung schiebt die Sandplätze und armen
Unscheinbarkeits-Flecken fort. Bedeutung ist ein Fortschieber,
ein Fortschritt, ein Statthalter, ein Platzhirsch, ein Austrock-
ner. Auf den Fleck wird das Bedeutungshaus gebaut, das vaga-
bundierende fleckige Etwas ist abgeschoben worden. Bedeutung und Erinnerung bilden vielleicht ein Gegensatzpaar.

1843 begibt sich William Turner wieder auf eine seiner Reisen
in die Schweiz, genauer gesagt: eine Reise zu den Alpen, zum
Gegensatz seiner frühen Landschaft oder seiner Kindheitsland-
schaft oder dem Englischen. (Fünf Aquarelle entstehen aus
dieser Reise und bilden den St. Gotthard-Zyklus.) Fortschrei-
tend gelangt er auf den südlichen Faido Paß oder die Faido
Schlucht. Ruskin, jener, der über die Nationalität eines Künstlers gesagt hat: »Es ist eine Tatsache, daß alle großen Maler,
welcher Schule auch immer, nur groß gewesen sind in der Wiedergabe dessen, was sie seit früher Jugend gesehen und empfunden haben«, Ruskin beschäftigt sich mit besonderer Be-
wunderung und Ausführlichkeit mit Turners »Pass of Faido«,
ein Aquarell mit Kratzeffekten, heute im Besitz eines Privat-
sammlers in Großbritannien. Wovon ist dieses Aquarell aber
eine Wiedergabe? Welches in früher Jugend Gesehene und
Empfundene gibt das Bild wieder, mit Ruskin gesprochen?
Ruskin, der Turner auf dieser Reise begleitet hat, Ruskin selbst
hat das Bild in Auftrag gegeben, nachdem er eine Vorstudie gesehen hatte. Er schreibt dazu: »Der Schauplatz selber hat
nichts Interessantes oder Eindrucksvolles.« Und man kann
diesen Satz erweitern: Das Eindrucksvolle kommt anderswoher, aus dem Nichtpräsenten, Zurseitegeschobenen. Oder besser gesagt: Das Nichteindrucksvolle des Ortes ist der Impuls.
Am nichteindrucksvollen Ort wird es möglich, das Gebirge
alles Nebensächlichen zu malen, das Ausmaß der Unschein-

barkeit zurückzugewinnen. Vielleicht ist Turners Hinwendung zu den Gebirgen die Rückkehr der Flut des Nichtbedeutenden. Rückkehr der Zeichen. Ja, im Vordergrund ist es vielleicht Gestein, Gestein in einem Fluß, bald dahinter rutscht es aus dieser Bedeutung und wird Fleck, Farbe, Dampf, Zeichnung, Flimmern, Pinselstrich, blaues Eck, Kurven, Stürze, Kreise, Zauberkreise, weiße Punkte, Phosphene, Tupfer, Tapferkeit, Zonen, Etwas, Kutsche, Liebe, Schlamm, Quelle, Flammensaat, Rieseln, Fetzen, Wucht, Licht, Gelichter, Kluft, Straße, Ufer, pictatium, immissura, Riß, Ruß, Winzigkeit oder Riesigkeit, Groß = Klcin, Faido die große Nebensache, Gebirge ein Ganzes aus Nichtbedeutung, die gesammelte Hemmung, eine Halde, ein getürmtes Hindernis aus Vergessenem, darüber der uneindrucksvolle Faido Paß sich bahnt. Der Maler steht da auf dem Ganzen der Verletzlichkeit.

So verletzlicher Satz: »…what he could not forget was that ›he had come by the road‹.« Sagt nicht viel, ist leicht zu übersehen, uneindrucksvoll, darum aber ein so reiner Impuls. Als ich versucht habe, die Tagebücher von Gerard Manley Hopkins zu übersetzen, da habe ich eine wirkliche Zuneigung zu diesem Satz gefaßt, zu diesem zitierten Halbsatz. Hopkins zitiert den Satz in undramatischer, allerdings schwieriger Umgebung. Es ist wie gesagt der 14. September 1871, also achtundzwanzig Jahre nach dem Turnertag oben auf dem Paß. In sein Tagebuch notiert er:

Mit Boot den Fluß stromab nach Hamble, wo er nahe ins Southampton Water gelangt, und ein Spaziergang nach Hause. Auf diesem Spaziergang kam ich zu einer Wegkreuzung an der ich am Morgen gewesen war und die ich in einer anderen »fließenden Inwucht« bei mir trug. Ich war überrascht sie wiederzuerkennen und im Augenblick wo das geschah verlor sie ihre gegenwärtige Inwucht, abbrechend vom unmittelbar Vorausgegangenen, und fiel in die des Morgens. Es ist so wahr was Ruskin sagt als er über die Kutsche in Turners Pass of Faido spricht, daß was er nicht vergessen konnte war daß »er auf der Straße gekommen war«. Und was ist diese »fließende Inwucht«, die so unabhängig ist von wenigstens dem unmittelbaren Bild des Dings, welches unmißverständlich Dinge unterscheidet und individualisiert? Nicht auswärts auferlegt aus dem Denken wie zum Beispiel durch Melancholie oder starkes Fühlen: leicht unterscheide ich jene Inwucht. Ich glaube mit dieser selben fließenden Inwucht identifizieren wir oder, besser, testen wir und weigern wir uns mittels unserer Vorschläge zu identifizieren / ein Gedanke der soeben verlorengegangen ist bei einer Unterbrechung

Diese Eintragung zum 14. September endet in einem Lapsus, einem Entgleiten eines Gedankens, bei einer plötzlichen Unterbrechung. Der Gedanke ist folgender: es gibt »fließende Inwucht«, das ist das verinnerlichte Bild einer Sache, welches diese Sache nicht zum Individuum, zum Unterschiedenen macht, sondern das Fließen, die schwache Grenze, die weiche Definition ihr läßt, das Nebulose der Sache. Dieses Nebulose, dieses Stigma, dieses Gesicht ist der Sache, wie Hopkins sagt, nicht auferlegt; keine von Melancholie etwa oder anderem starken Fühlen erzeugte Bedeutung ist das Nebulose, es ist vielmehr gerade das Nichtauferlegte, das Unwillkürliche, die Nicht-Bedeutung. Von dieser Unwillkürlichkeit schäumt die Sache. Schaum der Unterscheidungslosigkeit, Kontinuierlichkeit; Wucht des Einen und aller Fetzen und Flecken, Wucht anstelle von Verdrängung, Vereinzelung, Individualisierung. Am Nachmittag, auf dem Rückweg, kommt der Spaziergänger Hopkins an eine Wegkreuzung, die er seit dem morgendlichen Hinweg verinnerlicht hat, und diese morgendliche Verinnerlichung stößt zusammen mit dem Gegenwartsbild. Bei dem Zusammenprall stürzt das Gegenwartsbild von der Wegkreuzung in das überindividuelle, nichtunterscheidende, sozusagen nebensachenreiche, also in das Erinnerungsoriginal zurück. Das »ich weiß« stürzt zurück ins »ich weiß nicht«, fließt, schäumt, von Flecken, Farben, Dampf, Tupfen, Etwas, Rieseln u.s.f. Dieses Fleck- und Flickwerk, Arlecchino-Kostüm, der Welt vom Denken oder Fühlen nicht Auferlegte. Die Straße des Morgens mit ihrem Tummeln an Nebensachen oder Staub und Steinen, mit ihren Alpen und Alpenrosen von Nebensachen ist unvergeßbar; diese südenglische Straße ist ein Alpensystem der Unscheinbarkeit; unbedeutend, undeutbar, unverlierbar. Das Unwillkürliche ist unverlierbar. Das Erlebnis an der Wegkreuzung ist, glaube ich, einer jener kurzen, leichten Indikatoren, daß das Gegenwärtige seine Körperhaltung biegt – wie der Geher fortwährend Körperhaltungen fließend biegt und wechselt und sein Weg sich biegt – und eine frühe taufrische oder tauffrische Kondition freisetzt. Jeder Fußschritt Hopkins' scheint ein Berühren der unvergeßlichen Straße zu sein, auf der er gekommen war, jeder Schritt vorwärts ist ein Berühren des zurückliegenden Wegstücks, ein andauerndes Gehen in Erinnerung und im Ganzen der Verletzlichkeit, auf weicher Zeitkontur und auf der eidetischen Fleckigkeit der Landschaften. Hopkins' Wege sind halluzinogen. Fließende Inwucht, übersetzbar vielleicht als: Infinitivform. Könnte man – Gedankensprung – sagen, die Infinitivform von Zeitwörtern sei ihre Halluzinogenform?

I do not know that there is a district in the world more calculated to illustrate this power of the expectant imagination – [Infinitivform, Halluzinogenform] –, than that which surrounds the city of Fribourg in Switzerland, extending from it towards Berne. It is of grey sandstone, considerably elevated, but presenting no object of striking interest to the passing traveller; so that, as it is generally seen in the course of a hasty journey from the Bernese Alps to those of Savoy, it is rarely regarded with any other sensation than that of weariness, all the more painful because accompanied with reaction from the high excitement caused by the splendour of the Bernese Oberland. The traveller, footsore, feverish, and satiated with glacier and precipice, lies back in the corner of the diligence, perceiving little more than that the road is winding and hilly, and the country through which it passes cultivated, and tame. Let him, however, only do this tame country the justice of staying in it a few days, until his mind has recovered its tone, and take one or two long walks through its fields, and he will have other thoughts of it.

Und ein paar Sätze später: »...it seems to have nothing wrested from it nor conquered in it. It is not redeemed from desertness, but unrestrained in fruitfulness.« Nichts scheint diesem Land entrissen noch in ihm überwältigt. Das Land ist nicht erlöst aus der Verlassenheit aber unbegrenzt in seiner Fruchtbarkeit.

127

Ein Mensch aus Erinnerung, wer könnte das sein? Shake-speare. Denn John Ruskin beschreibt ihn als einen, dessen reiner Auftrag es war, ein universelles, d. h. keinen Unterschied machendes Bild von der *menschlichen* Natur festzuhalten; und darum ganz zurückgezogen zu sein von allen Einflüsterungen, welche nur irgendwie seine Gedanken verdrehen oder befangen machen könnten. Es sei notwendig gewesen, daß er sich in *keine* Richtung lehnte; daß er kontemplierte, mit absoluter Gleichheit des Urteils, das Leben der Herrschaft, des Klosters oder der Taverne und daß er fähig wäre, so vollkommen über-einzustimmen mit jeder Personnage, daß er, indem er sich in ihre Herzen nistete, los wäre sogar sein Gewissen, mitsamt seiner persönlichen Identität. Er habe in der Lage sein müssen, Falstaffs oder Shylocks Seele mit nicht größerem Gefühl der Verachtung oder des Schreckens zu betrachten, als Falstaff oder Shylock selbst fühlten für oder in sich selbst; andernfalls sein eigenes Gewissen und seine eigene Entrüstung ihn unge-recht gemacht hätten ihnen gegenüber; er hätte sich fortge-wandt von etwas, etwas Gutes versäumt oder eine wesentliche Linderung übersehen. Er mußte sein ganz ohne Zorn, ganz ohne Absicht; denn wenn ein Mensch irgendeine ernste Ab-sicht in seinem Leben hat, dann wird von ihm alles, das dieser zuwiderläuft oder ihr fremd ist, mißbilligend und achtlos be-trachtet werden. Shakespeare war es vom Himmel verboten, ir-gendwelche *Pläne* zu haben. Etwas Gutes zu *tun* oder etwas Gutes zu *gewinnen,* im gewöhnlichen Sinn von gut, war ihm in dem ihm zugestandenen Feld nicht gegeben. Nicht die Grün-dung von Institutionen, die Predigt von Glaubenssätzen oder die Abschaffung der Mißstände.

Für Shakespeare gab es keine Landschaft der Berge; nicht ein-mal eine überragende natürliche Schönheit. Er mußte zurück-bleiben mit seinen Sumpfdotterblumen und Klee – Gänse-blümchen – ziehenden Wolken – dem Fließen des Avon – und den wogenden Hügeln und Wäldern Warwicks; nein, er sollte diese nicht einmal lieben in irgendeiner maßlosen Weise, daß er nicht überschätze ihre Wirkung auf den festen, voll-flüggen Sinn des Menschen. Er läßt die sich streitenden Feen sich be-fassen mit ihnen; die sich ängstigende, schöne, klug-herzige

Perdita sich ihnen anvertrauen; und einen der Brüder Imogens ihnen von seiner Trauer erzählen – sein Bruder weist ihn sofort zurecht wegen seiner kindischen Worte; doch irgendeinen Gedanken an sie in Shakespeares mächtigen Männern findet man nicht: er ist gewöhnlich nicht in der Natur solcher Menschen; und hätte Shakespeare selbst die Blumen eine *Spur* mehr geliebt, so hätte das ihn gewiß abgestoßen, und er hätte Caesars oder Othellos Denken eine botanische Wendung gegeben.

Jener Bruder Imogens, am Grab stehend, streut Blumen darauf, um »das Grab zu süßen« – blasse wie dein Gesicht – gestreifte wie deine Adern – duftende wie dein Atem – und Moos, daß, wenn die Blumen nicht mehr sind, ein Winterbett bereitet ist.

Doch in tieferer Passion, später, streut Imogen auf das Grab nicht Blumen, sondern dann Blätter wildwachsender Bäume und Unkraut. Passionsunkraut, Erinnerungsblätter, Waldblätter, Wildheit.

Oktober, November 1993

Freiluftszenen
und
Farbenlehre

I. Nemesis

Etwas nicht zu sagen vermögen, es sei erlaubt, diesen Halbsatz als Fundament dieser Studien anzusehen. Etwas nicht sagen können, im Gedicht nicht, im Tagebuch nicht, auch hier nicht. Man wird es nicht gesagt hören. Es wird nicht da sein. Wer es nicht sagen kann, der... Ach nein, so nicht, nicht sogleich mit einer Alternative und Opposition; ich wollte bloß sagen, daß die Schweigsamkeit etwas Schönes ist und daß sie etwas bedeutet und einen Sinn hat und eine Moral. Daß das Schweigen und die Sprachen nicht wirklich zweierlei sind, ja, das ist mein zweiter Halbsatz für den Anfang der Studien.

Das Zitat ist solch ein Ereignis, da zugleich gesprochen und geschwiegen wird. Ach, ein Zitat gefunden, so darf ich schweigen, und ein anderer spricht. Die höchste Form des Zitats, die leiseste, ist aber jene, wo der Zitierte ebenso nicht selbst spricht, sondern seinerseits eine andere Stimme sprechen läßt und ihr zuhört. Dieser Art ist das folgende Gedicht:

> Dürft' ich einmal sehen
>   dein heimliches Walten
> und dann verstehen.
>
> So hebe Du auch mich
> vom Staube zu Dir auf,
>   nur einen Augenblick
> zu sehen, wie Du lenkest
>   aller Welten Lauf,
> die Ursache zu sehen
>   der Dinge sonder Zahl,
> die wunderlich geschehen.
>
> Hier welket eine Rose,
> wenn Nesseln daneben
>   im Wuchern erblühn.
> Der Reiche ist beladen
>   mit Gütern ohne Maß.
> Der Arme sieht
>   sein' Nahrung fortgenommen,
> verloren noch viel mehr.

Unter Falschheit und Tücke
unter Künsten und Arg
unter höflichem Mord
unter heuchelnden Brüdern
unter trügendem Wort
    fühl ich mich nicht wohl,
wenn Du mich nicht nährest,
    ist Hunger mein Tod.

Mein Glück Du sahst
da ich noch lag
    in Dunkelheit tief.
Mein Uhrwerk Du stelltest
    mein Brot Du mir brachst
Wie könntest Du nun,
    allmächtiger Held,
meiner vergessen?

Mein Haus ist gestützt
    auf Schöpfers Gnade
    da schlaf ich geschützt.

Ein gültiger Text? Es sind Strophen und Strophenteile aus Olof Dalins Gedicht »Gedanken über Gottes Vorsehung«, und nicht nur ist dieses Gedicht unvollständig, sondern zudem in unchronologischer Ordnung. Wie kam das Gedicht in diesen Zustand? Carl von Linné hat es so zitiert in seinem Werk »Nemesis Divina«. Werk? Die »Nemesis Divina« war von Linné nicht zur Veröffentlichung bestimmt und enthält zu Beginn den Hinweis an seinen Sohn, für den es geschrieben war, keinem Außenstehenden zu zeigen, was in dem Manuskript steht. Irgendwann nach 1740 geschrieben, 1765 reingeschrieben, bis 1775 korrigiert und erweitert, eine Loseblattsammlung geblieben, erstmals vollständig im schwedischen Original publiziert 1968, deutsch von Ruprecht Volz 1981.
Schwedisches Original, deutsche Übersetzung. Aber das Werk ist auch voll lateinischer Sprache, zum Beispiel:

Fortuna accusatur ab hominibus coram Jove. Jupiter iratus vocat Fortunam rationi reddendam, dicit Jovem creasse plerosque nebulones, se hoc ipsi ostensuram. Expandit in Theatro mappam pulchram, projicit aurum, Argentum, margaritas, Gemmas, Coronas, Tiaras, Arma. Confluunt omnes insano impetu. Alter sumit coronam, imponit capite; alii eum conculcant, ipsique eripiunt. Alter sumit tiaras, alii hanc aeripiendo dilacerant. Alius Aurum eripit, vi ipsi extruditur ab aliis. Sic omnes coacervantur, unus conculcat alterum.

At Puer timidus ad latus subdole taciteque prorepit, sumit parum auri, dein argenti, tum aliud, quantum potest optime occultare et semper recedit, quasi nil accepisset.

Dixit Fortuna: hic meus est pullus; ipsi concessi an recte tu dicas; hic modestus; illi mali.

Recte, dixit Jupiter, discedite nebulones!

Ditus accusatur coram Jove quod pessime distribuit pecunias et dona Dei, quae distribueret, sed excusavit, se jam in senio coecum non videre quos daret, adeoque coeco coelo distribueret.

Regum coronationes ostendunt exemplo civium audaciam. Fließt der Wein, occurrunt omnes, protervi nil. Wird ein Ochse geschlachtet, quomodo vivitur absque lege. Wird Geld unters Volk geworfen, audaces vix.

Fortuna wird von den Menschen vor Jupiter angeklagt. Jupiter ruft voll Zorn Fortuna zur Rechenschaft herbei, sie sagt, Jupiter habe die meisten als Taugenichtse geschaffen, sie werde ihm selbst es zeigen. Sie breitet am Schauplatz ein schönes Tuch aus und streut darüber Gold, Silber, Perlen, Edelsteine, Kronen, Tiaren und Waffen. Alle hasten in wahnsinniger Gier zusammen. Der eine nimmt die Krone und setzt sie sich aufs Haupt; andere trampeln ihn nieder und rauben die Krone selbst. Der andere nimmt die Tiara, andere zerreißen sie im gewalttätigen Erraffen. Ein anderer ergreift das Gold und wird durch Gewalt selbst von anderen fortgestoßen. So ballen sich alle zu einem Haufen, und einer tritt den anderen mit Füßen.

Aber ein ängstlicher Knabe schleicht sich verstohlen und schweigend an die Seite, nimmt etwas Gold, dann etwas Silber, darauf etwas anderes, wieviel er am besten verbergen kann, und zieht sich zurück, als hätte er nichts bekommen.

Fortuna sagte: dieser ist mein Schützling; dir selbst habe ich zugestanden, daß du »Es ist recht« sagst; er ist bescheiden, jene schlecht.

Es ist recht, sagte Jupiter, fort, ihr Taugenichtse!

Ditis wird vor Jupiter angeklagt, weil er das Geld und die Gaben Gottes, die er verteilen sollte, sehr schlecht verteilt hat, aber er entschuldigte sich, daß er in seiner Altersblindheit die nicht sehe, denen er geben sollte, und deshalb blind verteile.

Königskrönungen zeigen zum Beispiel die Kühnheit der Bürger. Fließt der Wein, laufen alle zusammen, die Vorwitzigen erhalten nichts. Wird ein Ochse geschlachtet, wie lebt man ohne Gesetz. Wird Geld unters Volk geworfen, bekommen die Kühnen kaum etwas.

(Springe ich schon schnell und planlos und ratlos umher? Aber die Nemesis wirkt doch so, daß hier das eine dort mit dem ganz anderen in einer Verbindung steht. Daß die fernen Dinge einander gleichen. Daß jenes dort diesem hier antwortet. Daß hier dieses gilt und dort dann vergilt. Daß die Identität, die Einheit, der Satz, das Wort gelöst wird in einem anderen Lokal und Temporal. Daß es einen kontinuierlichen Bezug zu einem anderen gibt. Man muß ihn erwarten; ich weiß hier noch nicht, was dort und dann sein wird; ich weiß zu Beginn dieser Studie nicht, wohin sie führt; aber das *Kontinuierliche* und das *Andere*, diese beiden Wörter will ich mir merken. Nicht so hastig; man sollte eine Studie mit einem einzigen, einsilbigen Wort schreiben können oder allenfalls mit einem Halbsatz.)

»Nemesis Divina« von Carl von Linné ist geschrieben schwedisch und lateinisch, manchmal sind beide Sprachen in einem einzigen Absatz vermischt, zuweilen in einem Satz vermischt, wie: »Fließt der Wein, occurrunt omnes, protervi nil. Wird ein Ochse geschlachtet, quomodo vivitur absque lege. Wird Geld unters Volk geworfen, audaces vix.« Oder: »Der hat viele Sorgen, sagt sich, er steht es nie durch et voto laborat suo ...« – »Sei ehrlich und vir antiqua virtute et fide, dann wirst du geliebt von allen.« Identität, Einheit, Satz, Wort – ist in diesen Sätzen nicht das andere Lokal und Temporal zu hören oder eine Ferne, eine Unterscheidung, ja fast etwas wie ein Schicksal? Schicksal, schwieriges Wort.

»Nemesis Divina« ist eine reiche Sammlung von Aphorismen, Sätzen, Erzählungen, die Carl von Linné bewahrt hat für seinen Sohn Carl von Linné, daß dieser Einblick habe in die ausgleichende Gerechtigkeit der Welt. Um diese ausgleichende

Gerechtigkeit, die Nemesis, erweisen zu können, sammelt Linné aus allen Quellen, da stehen Sätze aus dem Buch Hiob nahe bei Seneca, Vergils Hirtengedichte und die Geschichte vom Scharfrichter, die Schließung der Kupfergruben in Nordberg und die Psalmen, Spuk und Vorzeichen, Lucullus' Sieg über die Parther und eine Revolte in Rußland.

Als Lucullus den vollständigen Sieg über die Parther errang, kam am selben Tag das Gerücht auf unter den Römern, daß die Parther total von Lucullus geschlagen seien. Alle fragten nach dem ersten Gewährsmann, keiner wurde aufgefunden. Nach einem Monat wurde es bestätigt, daß es so am selben Tag geschehen war, obwohl mehrere hundert Meilen entfernt.

»Obwohl mehrere hundert Meilen entfernt« – in dem dann folgenden Zitat von der russischen Revolte ist von Meilen nicht die Rede, aber dafür stehen im Text ferne Worte:

Prinzessin Elisabeths Revolte in Rußland war festgesetzt auf Mitte Januar 1742, und deshalb wurde Leyonhufwuds Armee nach Finnland gesandt, um den Krieg zu beginnen, und die Sache wurde ganz still gehalten.
Die russische Regierung war genötigt, ihre Garde gegen unsere zu senden, und gerade dies war es, worauf sich Elisabeth verließ; also war sie (Elisabeth) genötigt, die Sache zu antepraegnieren am Tage bevor die Garde marschieren sollte.
1741 am 21. Oktober träumt Graf Magn. Stenbock, der von Livland in Stockholm war, daß in der Nacht seines Kindes Informator zu ihm gekommen war und ihm gesagt hatte, daß Elisabeth durch Revolte auf den Thron gestiegen war. Er erzählte davon verschiedenen.
Reichsrat Andr. v. Höpken, der von der Sache wußte, bekam Angst, daß die Sache vorzeitig evaporiert wird, ruft Stenbock zu sich, fragt ihn, ob er so gesagt und geträumt habe; er bejaht. Höpken rät ihm, um Gottes Willen nicht so etwas zu erzählen, denn das könnte ihm daheim den Kopf kosten, wenn er dies retrahiert.
Nach 8 Tagen bekam man zu wissen, daß in derselben Nacht die Revolte geschehen und Elisabeth sich erhoben habe. Quid hoc?

Antepraegnieren; Informator; evaporiert; retrahiert. Was ich sagen möchte: Diese fremden Wörter scheinen auf die anderen zu antworten; scheinen begonnene Halbsätze weiterzuführen, sind die Ausgleicher in dieser Geschichte, tragen ihren Teil zum Ganzen bei. Sie sind das hundert Meilen Ferne, das nahe genug ist zu sprechen. Winzige Indizien für die Gerechtigkeit. (Sprache und Gerechtigkeit.)

Springen wir – hier ist Zeit für alles – in die gegenwärtige Zeit, zu einem Ereignis einer glücklichen Benennung, da mit einem gesprochenen Wort etwas Fernes drüben, draußen in der Landschaft berührt wird, ein Sprecher etwas sagt und ein anderes weiter weg erreicht und in eine Verbindung rückt. Das richtige Wort, das gerechte Wort, ist es im folgenden Abendzeit-Zitat gesprochen worden?

> Wir saßen auf der geneigten Fläche. Wir sahen, auf der Nebenstraße, den vorüberfahrenden dunklen Wagen. Wir sprachen die Worte dunkler Wagen. Die zwei Worte flogen hinaus, hinüber. Die Worte erreichten das bewegliche Ziel. Die Worte berührten den Wagen. Die Worte kamen, über die Felder, zurück zu uns. Wir sprachen das Wort Strommast. Es flog zu dem nächsten Mast. Es berührte, wir schauten hin, den Mast. Es kehrte zurück zu uns, still. Wir sagten das Wort Tankstelle. Das Wort flog zu der draußen leuchtenden Tankstelle, zögerte dann, berührte, mit einem Sprung ansetzend, die Wange des Tankwarts, daß der sich umblickte, zu Boden schaute. Das Wort flog, über die große Strecke, unverändert zu uns zurück, ohne Nachricht, ohne Inhalt, ohne Erklärung. Wir sagten Fisch im Wasser des Bachs. Der Fisch im Wasser wurde berührt, so daß er rätselte. Der Fisch, ein zweites Mal berührt, zuckte.

Voraus und zurück, in dieser vielleicht sentimentalen Textstelle – das Wort fliegt hinaus und kehrt wieder. Doppelte Bewegung, wie *Nemesis.* Plötzlich ist diese abendliche Ebene, wie sie da vor den Sprechern ausgebreitet liegt, ein Nemesisraum, getrennte Dinge, Entfernungen kommen zueinander, gehören einander. Auch ein Titel wie »Abendliche Ebene« mischt sich; sind die Laute der zwei Worte nicht von ebenso großer Kraft wie die Bedeutungen, die gleichenden Laute und die unterschiedenen Deutungen.

Und wenn Dinge und Fernen zueinander gehören, dann ist auch die Progression behindert. Was ist mit der Progression? Warum sollte sie gehindert werden?

Und zu einer anderen Frage gelange ich jetzt, zu der Frage, wie es mit den Künsten nach Auschwitz, wie es mit den Gedichten nach Auschwitz stehe, die ungeheuerliche Frage, die Adorno offengelassen hat. Nach den Katastrophen; und da denke ich an den fernen Linné und an die Tochter der Nacht, die Göttin Nemesis, an die Mißbilligung von allzu großem Glück und zu hoher Selbsteinschätzung; nein, an kein Metaphysisches und keine bedrückende Strafe, sondern daran, daß *Jetzt* und *Hier* und *Wir* in Verbindung steht mit einem Zurückliegenden.

Ich möchte diesen Anfang an einem anderen Ort weiterdenken. In einem Tagebuch aus der Mitte des 19. Jahrhunderts, das in England geschrieben wurde, es ist wieder eine Schrift, die nicht zur Veröffentlichung bestimmt war, wie schon Linnés Sammlung, handschriftliche Aufzeichnungen, auf deren erster Seite geschrieben steht »Bitte nicht zu lesen«, Gerard Manley Hopkins' Tagebücher der Jahre 1862 bis 1875, die der anderen Jahre sind verlorengegangen, Tagebücher eines Dichters, Priesters und Altphilologen, der gar kein Dichter war, im Urteil seiner Zeit, denn er hat nichts veröffentlicht, die ersten, dann bald berühmt werdenden Gedichte erschienen in einem Buch 1918, neunundzwanzig Jahre nach seinem Tod, ein Freund hat sie für ihn so veröffentlicht. Ich möchte sprechen über die Tagebücher eines Dichters, Nicht-Dichters, oder zunächst nur über ein dort wiederholt aufgezeichnetes Ereignis, Rückkehren, Rückwege. Die sind kein auffälliges Phänomen dieser Tagebücher, die vielleicht überhaupt keine auffälligen Phänomene zeigen, Erkenntnisse, Resultate, nein, die beschriebenen, zumeist nicht einmal beschriebenen sondern erwähnten, genannten, notierten Rückkehren und Rückwege sind ganz leicht zu überlesen, als wären sie nicht geschrieben worden, als wären sie nicht der Rede wert gewesen, aber doch sind sie da in den Tagebüchern, beiläufig, nicht im Zentrum, unscheinbar, diskret; man liest sie und man weiß nicht –

20. Mai. Pfingstsonntag. (...) Nach dem Saalessen Spaziergang mit Nettleship nach Bablock Hythe, über einen unversuchten Weg in die Straße nach Appleton hinauf nach Cumnor und heim bei Mondlicht.

27. Mai. Ging mit Urquhart über Shotover nach Cuddesdon. Zauberische Sicht auf Horsepath im dunstigen Licht mit dem aufrechten Wuchs der Ulmen, die Zweige teilten sich regelmäßig und waren unverwittert. Es gab eine Priesterweihe, bei der Awdry zum Diakon geweiht wurde. Wood schloß sich uns an und wir gingen heim über Garsington, ein sehr erfreulicher Weg, und sahen die Kirche.

22. Aug. Leuchtend. – Ging nach Finchley und bog einen Fuhrweg hinab zu einem Feld wo ich einen Apfelbaum skizzierte. Ihre Sprühen gegen den Himmel sind anmutig gekurvt und die darumschlingenden Blätter rändern sie, wie es scheint, mit Reihen von Schuppen. In etwa ähnlicher Weise sah ich ein paar großwüchsige junge schlanke Bergulmen von dünner Statur deren Blätter das Licht in Folgen von Augenbrauen umschlossen. Vom Punkt wo ich zeichnete – unter einer Eiche, jenseits eines Bachs und auf dem erwähnten grünen Fuhrweg zwischen einem Parkgrund und einem erfreuenden Feld erreicht – gab es einen zauberischen Blick, das Feld, dann rechts des Fuhrwegs liegend, ein kurzrasierter weichgerundeter Schirm aus leuchtendem Grün endete nah der Landstraße an einer Reihe von violenköpfigen oder flaschenförmigen Ulmen – nicht bloß gerundet sondern eckig – von großer Pracht – dichte Blätterung, reiche tiefe Farbe, die Rippen und Pendentife aus Holz mit Laub gekränzt zwischen Baum und Baum. Aber was mich am stärksten beeindruckte war ein Eschenpaar als ich den Fuhrweg wieder hinaufstieg. Die fernere war die feinere – ein globaler gleichseitiger Kopf mit einem startenden Glied rechts; die nähere war nackter und hörniger. Mit einigen Schritten konnte man die fernere hinter der näheren vorbeischicken oder die Stämme vereinen, entweder deckungsgleich, so weit uneinige Umrisse zur Deckung kommen, oder mit einem Spalt zu jedweder Seite, oder wieder zu jedweder Seite mit breiterem Stamm als jedwede der beiden allein hätte. Dies war es das so prächtig war – einen erhabenen Schaft und Fuß dem doppelten Baum zu geben, der den Hörnerkamm der näheren Esche trug und zur rechten Seite von der Brust der hinteren Esche mit ihrem springenden Ast geformt wurde.

4. Sept. Zu den Harrisons in Plumley und heim im Sternlicht unter den Eiland-Ästen der Eichen. In Plumley sagten sie mir daß die Menschen hier fest an Feen glauben; Zauberkreise nennen sie hier Feenkreise, und ein Feld nahe Shap Tor wo es einige gibt heißt Feenwiese, und es gibt eine Höhle die die Feenstube heißt.

14. Sept. – Mit Boot den Fluß stromab nach Hamble, wo er nahe ins Southampton Water gelangt, und ein Spaziergang nach Hause. Auf diesem Spaziergang kam ich zu einer Wegkreuzung an der ich am Morgen gewesen war und die ich in einer anderen »fließenden Inwucht« bei mir trug. Ich war überrascht sie wiederzuerkennen und im Augenblick wo das geschah verlor sie ihre gegenwärtige Inwucht, abbrechend vom unmittelbar Vorausgegangenen, und fiel in die des Morgens. Es ist so wahr was Ruskin sagt als er über die Kutsche in Turners Pass of Faido spricht, daß was er nicht vergessen konnte war daß »er auf der Straße gekommen war«.

13. März. (...) Um diese Zeit hörte ich von Addis und Baillie vom Tod von Fletcher aus Balliol. Baillie sagt »Er hatte ein Haus an einem sehr abgelegenen Ort und ich stelle mir vor daß es ihm nicht sehr gut ging. Er begann einen Spaziergang von etwa 10 oder 12 Meilen zu einer Stadt um einen Diener zu finden und wurde bei der Rückkehr von einem Schneesturm überrascht. Er wurde tot aufgefunden nur wenige hundert Yards von seinem eigenen Haus. Ist es nicht traurig? Er war nur wenige Monate verheiratet gewesen.«

Am 14. September also treffen, sagen wir, zwei Identitäten aufeinander. Der Tag beginnt mit einer Flußfahrt stromab und wendet dann zu einem Spaziergang nach Hause. Zuerst mit dem Strömen voran, dann zu Fuß zurück hinauf wieder. Und bei diesem ›trockenen Stromauf‹ ereignet sich die Begegnung, ein unscheinbarer Moment, darum vermutlich so kräftig und voller Wucht, aber voll welcher Wucht?, die Wegkreuzung, die am Morgen da war, ist wieder da; sie wird gesehen aus der anderen Richtung, aus der anderen Perspektive, das Eine des Morgens und das Andere des Nachmittags begegnen, und die Identifizierung löst sich auf. Die soeben betrachtete Sache ist nicht mehr dieselbe. Genauer gesagt: Das Jetzt-Bild der Wegkreuzung, auf dem Rückweg stromauf, verliert seine Kraft, sein Dasein, der Weg wird überlagert vom imaginierten – früheren – Bild. Die starke anwesende Identität wird von der imaginären Identität leichter gemacht.
Ein anderer Augenblick noch, Hopkins betrachtet hier eine

Konstellation am Himmel: »Zwei mächtige Planeten, der eine ein Abendstern, der andere heute fern von ihm wie in dem Diagramm, beide nahezu von einer Höhe und gleicher Größe – Kontrapunkte so daß jeder die Reflexion des anderen in gegenüberliegenden Buchten des Himmels zu sein scheint und nicht zwei unterscheidbare Dinge.«

Buchten, ich lenke wieder ein bißchen ab, in täuschender Absicht. Buchten sind es, wo diese zwei mächtigen Planeten schweben. Buchten, wie sie im Gemäuer eines Kirchenschiffs zu finden sind oder Buchten im Meer, an seiner Küste. Zwei mächtige Planeten in zwei Meeresbuchten, in einem Meer, in einem kontinuierlichen Meer. Zwei Planeten schweben in einem Meeres-Ganzen, oder anders gesagt: nicht zwei unterscheidbare Dinge, sondern ein Ganzes, ein Unverletztes.

Das Ganze und Unverletzte, ist es mit aller Verletzung und Zerstörung weiter existent? Die Antwort ist schon mit den vielen Zitaten, mit den Rückkehr-Zitaten, gegeben. Das Unverletzte ist das Verletzte. Das Unterscheidbare ist das Eine. Jedes ist Anteil an einem Allgegenwärtigen, an einem, in diesem Land vorsichtiger gesagt, Katholischen, das heißt an einem Allgemeingültigen.

Das Unterscheidbare ist das Eine – mit diesem Satz könnte man sogar einen Sprung in die neue Physik tun. Mir liegt ein Buch vor, das den Begriff des »neuronalen hermeneutischen Zirkels« einführt (Gerhard Grössings »Das Unbewußte in der Physik«). In diesem Zirkel verbinden sich, zum Aufbau des Augenbilds, alle Neuronen des visuellen Systems; auch der Augenwinkel ist daran beteiligt und dafür verantwortlich und bestimmend, was in der Bildmitte wahrzunehmen ist. Zwischen allen Teilen, die wahrnehmen, ist Fluß. Das vor den Augen liegende Buch konstituiert sich aus der Farbenfläche, auf der das Buch liegt, aus den anderen Gegenständen auf dem Tisch, den Bleistiften, den Wachskreiden, dem Block Briefpapier, dem Wasserglas, dann der Wand, an die der Tisch grenzt, dem Bild an der Wand, auch aus dem Fenster und den draußen sichtbaren Bäumen, Fassaden, Dächern, auch aus dem wechselnden Himmelslicht, zuweilen sogar aus dem fern herabsinkenden Flugzeug und seinen in die Dämmerung blinkenden Positionslampen. Das heißt: Es sind nicht Dinge, die wir wahrnehmen, es sind Landschaften. Die Augen sind Landschaftsbeobachter, Parataxisschauer, Umgebungsseher. »Parallel verteiltes Rechnen« ist hierzu der Titel der Physik, in der Dichtung könnte man ihn übersetzen mit: Landschaft.

Wahrnehmung ist landschaftlich. Erinnerung ist landschaftlich, sie ist bezogen auf da, dann, damals, dort, sie vergrößert, erweitert, dehnt, steigert, distribuiert. So scheint es, daß Wahrnehmung und Erinnerung aus demselben Impuls kommen, vorsichtig gesagt aus dem Impuls zur Landschaftlichkeit. In der Physik heißt das, bei Grössing:

> Daß Gehirnfunktionen oft nur unter »ganzheitlichen« Gesichtspunkten erfaßt werden können, zeigen besonders die zahlreichen Forschungen auf dem Gebiet des »parallel verteilten Rechnens« neuronaler Netzwerke. Hier wird endlich zur Kenntnis genommen, was in der Kybernetik und in der kognitiven Psychologie schon lange zum Allgemeingut gehört: daß nämlich Informationsverarbeitung und Gedächtnis durch dieselben neuronalen Schaltkreise im cerebralen Kortex repräsentiert werden. Dies widerspricht der herkömmlichen Computermetapher für das Gehirn, wo ja Gedächtnis (als »Speicher«) und zentrale Recheneinheit physisch getrennt sind. Die Methodiken von Informationsverarbeitung und Gedächtnis müssen also sehr ähnlich sein.

Daß Wahrnehmung und Erinnerung landschaftlich sind, hat Gerhard Grössing auch dadurch anerkannt, daß er »Das Unbewußte in der Physik« während einer langen Reise, während einer sogenannten Weltreise, verfaßt hat, entstanden ist dabei eine Form von physikalischem Entwicklungsroman.

Das Katholische, das Allgemeingültige, schwierige Wörter. Aber ich bitte Sie, dieses Wort von der allgemeinen Gültigkeit auch im Prozeß der Nemesis zu denken, dem Wort also auch seine Vergültigkeit zukommen zu lassen, allgemeingültig, indem es auch ungültig ist und widerrufbar, allgemeingültig in

einer allgemeingültigen Stille, welche eine besondere Sprache
ist. Allgemeingültig, wie soll man das sagen?

> Dem Schiffsmaste nah
> und entgegen der Strömung
> das ist der Kuckuck

Haiku?
Oder besser: Wände, Säulen, Kisten, Wandschirme, Fächer,
Reklameplakate, Buchillustrationen? Denn Gedichte wie dieses standen geschrieben auf Wänden und Säulen und Kisten.
Wie beginnt man über dieses Gedicht zu sprechen?
Bin ich schon in eine Beweisaufnahme geraten, und es gibt
nichts zu beweisen? Aber ich weiche ja immer aus oder
zurück, fast unsystematisch, damit das sich Abzeichnende wieder zu verlöschen beginnt. Warum soll es verlöschen?

Das ist der Kuckuck. Ja, aber selbst dieses »das ist der Kuk-
kuck« ist nur eine ganz leichte Berührung, denn *Kuckuck*, so
heißt auch die Jahreszeit des Sommers, im Japanischen. Was ist
diese doppelte Identität Kuckuck-Sommer, woraus leitet sie
sich hervor: dem Schiffsmaste nah und entgegen der Strömung.
Ist das eine Definition des Kuckucks?
Ach, diese Fragen. Tatsächlich *ist* hier ja GAR NICHTS,

sondern drei Wirklichkeiten, nein mehr, kommen in
Berührung: die Schiffmastnähe – die Schiffe unsichtbar –, die
Strömungsrichtung – wo ist der Strom im Bild? – und der
Kuckuck; aber der Kuckuck ist nicht, sondern er ist »nah
dem Schiffsmaste«; der Kuckuck ist nicht, sondern er ist unterwegs in eine andere Richtung als die Flußströmung. Der
Kuckuck ist nicht – das ist der Kuckuck. Oder ein Schiffs-
maste-Strömung-Kuckuck ist: aber was ist diese Dreieinig-
keit? Oder: es ragt-es strömt-es fliegt, es steht still-es strömt-
es entgegnet, Vogel-zwei Schiffsmasten-Blau. Alle diese
Dinge sind einzeln nicht: das sind sie. Sie sind einzeln, da die
Schiffsmaste, da die Strömung, doch leiten sie ineinander
über; der kleine Kuckuck ist ein Schiffsmast Kuckuck und
ein Gegen-die-Strömung-Flieger. Und der Schiffsmast ist ein
kuckuckflügelnaher Mast. Wäre der Vogel nicht da, so wären
auch die Masten des Segelschiffs andere, und die Strömung
des Flusses wäre eine andere, würde nicht der Vogel entgegen ihrer Richtung fliegen. Wie wenn es die beiden Masten
überhaupt im Bild gibt, weil da oben an ihnen vorbei der
Vogel fliegt, und es das Schiff nicht gibt, weil unten an diesem der Vogel nicht vorbeifliegt. Wie wenn es die Dinge
gibt, weil sie einander berühren (oder Vögel daran vorbei-
fliegen).

Keine Kralle faßt
und kein Platz ist gegeben –
Wildkirschen am Berg

Die Kirschen – die Krallenlosen. Daß die Krallenlosen überhaupt Kirschen sein könnten, wird erst am Ende des Gedichts geschrieben, aber auch da bedeutet das Zeichen nicht nur Wildkirschen, sondern auch Frühling. Vom Zentrum des Bildes, vom Vogel, ist nicht die Rede; aber doch ist er da befestigt auf dem Ast wie die Kirschen, er ist, wenn er hier überhaupt etwas ist, eine Kirsche mit Krallen. Kohlmeise, sagt der Betrachter, aber das Bild sagt, sieh ab vom Zentrum, sieh ab von der Bezeichnung, der Vogel ist nämlich eine Kirsche, aber eine andere Art Kirsche. Er ist da nicht für sich allein. Er ist in der Berührung. Und diese Wirklichkeit der Berührungen ist nicht bloß zwischen den Dingen im Bild gegeben, sie wird auch geschaffen zwischen Bild und Text. Das Gedicht definiert das Bild nicht, es ist, um Gottes willen, kein Titel, ja ist es denn mit Gewißheit lesbar? Es ist mit einem Pinsel geschrieben in der sosho-Schrift, bei der der Pinsel das Papier so selten wie möglich verläßt, solange wie möglich in Berührung bleibt. Es entstehen dabei, durch Auslassung von Strichen und ungewöhnliche Verbindungen von Strichen, schwer zu klassifizierende Konfigurationen, die den Leser in Erstaunen versetzen können.

Jetzt ist es an der Zeit, angesichts des über Schiffsmasten fliegenden Kuckucks, über Diderot zu sprechen. Ein intellektuell fragwürdiges und anscheinend ahistorisches Abenteuer, aber es wird vielleicht die Spuren verwischen helfen. Zum Beispiel, ich bin ja kein Kenner des Werks des Denis Diderot, zum Beispiel über die Kleinigkeit des Titels eines Werks, über »Rameaus Neffe« oder über den ersten Satz dieses langen Dialogs oder nur über das Halbsatz-Motto, das dem Gespräch vorangestellt ist. »Rameaus Neffe« – das ist nicht sein Name; oder: der Name, der hier genannt ist, ist der richtige Name, doch nicht seiner; ein anderer Name steht da, um seinen zu bestimmen. Die Hauptperson dieser Schrift ist der Neffe des großen Komponisten Jean-Philippe Rameau, seine Identität ist die eines

»Neffen von«. Tatsächlich führt er denselben Familiennamen wie der bekannte Komponist, tatsächlich heißt er Rameau, aber hier im Titel der Satire heißt er nicht Rameau sondern Rameaus Neffe. So leicht verliert man seinen Namen. Da ist einer Rameau und nicht Rameau.

Der erste Satz – in Goethes Übersetzung aus dem Manuskript: »Es mag schön oder häßlich Wetter sein, meine Gewohnheit bleibt auf jeden Fall, um fünf Uhr abends im Palais Royal spazierenzugehen.« Das ist nun ein anständig unspektakulärer Satz, ein inhaltsklarer Satz, eine wunderbare Auskunft: daß einer bei jedem Wetter spazieren geht. Wer diesen Satz deuten will, der überlastet ihn sogleich. Besser, man liest bald über ihn hinweg; aber ich will ihn überlasten. Und Goethes Übersetzung widersprechen, der schönen wörtlichen, die gerade bei diesem allerersten Satz sich noch nicht auf die Wörtlichkeit verläßt. »Qu'il fasse beau, qu'il fasse laid, c'est mon habitude d'aller sur les cinq heures du soir me promener au Palais-Royal.« Sei es schön, sei es schlecht, es ist meine Gewohnheit, gegen fünf Uhr des Abends spazierenzugehen im Palais Royal. Die Wetterfrage steht am Anfang dieser Satire, die Gewohnheiten des Erzählers genau genommen erst an zweiter Stelle. Was für eine Wetterfrage ist es denn, die hier gestellt wird? Eine Frage der Gegensätzlichkeit verschiedener Wetter, die Goethe durch das Wörtchen »oder« hat übersetzen wollen. Gegensätzlich? Zwei Halbsätze sind es, mit denen »Rameaus Neffe« anhebt, und sie ähneln einander sehr. Im französischen Rameau steht kein wirkliches »oder«, vielmehr eine kleine Monotonie: sei es schön, sei es schlecht. Schön und schlecht sind wohl verschieden, aber die beiden Sätzchen, die sind nicht verschieden, sondern nuanciert, das ist kein tatsächliches »entweder-oder«, »entweder bist du der, oder du bist der«, und auch der Spaziergänger bleibt dabei, daß er am Nachmittag ausgeht, das Wetter ist ihm immer recht. Immer geht er aus, die Sonne nuanciert, der Regen nuanciert ihn, der Wind. »Auf jeden Fall« geht er, so sagt Goethe, Diderot ist hier ein wenig diskreter, nicht ganz so triumphal, er besteht nicht eigentlich das Wetter, kämpft nicht heroisch dagegen an, wenn es regnet. Er mag den Regen, vielleicht mochte Goethe den Regen nicht.

Denn dieses »meine Gewohnheit«, das darin verborgene Ich, ist tatsächlich nicht Rameaus Neffe Jean-François Rameau. Bald ist der Ich-Erzähler identifiziert, er ist »mein Herr Philosoph«, Diderot. Und doch ist, in diesem Gespräch der zwei, auch Rameaus Neffe ein wenig Diderot, wie vielleicht das schlechte Wetter ein wenig auch gutes Wetter ist, ein nuanciertes gutes Wetter ist, und beileibe kein Gegensatz, kein goethisches »oder«, sondern ein Shakespeare-Foul-is-fair. Denn es gibt den Ich-Erzähler in diesem Dialog. ER, jener Neffe Rameaus, erscheint in der Personenangabe nicht als Rameaus Neffe, sondern eben als ER, als durch das Perspektiv des Ich-Erzählenden hindurch betrachtet, also im Auge des Erzählers. Die beiden Personen des Stücks heißen in den Personenbezeichnungen nicht Rameau und Diderot, sondern ER und ICH. ER, in allem was er sagt, denkt und tut, ist abhängig von der Wahrnehmung des ICH. Was er sagt, sagt er durch den, erzählenden, ICH hindurch. Oder: ER spricht wie ICH, doppeltes Erzählen. ER ist ein nuancierter ICH; beide sind voneinander nicht zu trennen, auch dort nicht, wo sie gegensätzlicher Ansichten sind. Wo der eine ja sagt und der andere nein, sind sie immer noch eins. Ja und nein sind in diesem Dialog ein und dasselbe Wort. »Wenn es gar zu kalt oder regnicht«, in Goethes Übersetzung aus dem Jahre 1804, immer noch der Anfang,

flüchte ich mich in den Café de la Régence und sehe zu meiner Unterhaltung den Schachspielern zu. (...)
Eines Nachmittags war ich dort, beobachtete viel, sprach wenig und hörte so wenig als möglich, als eine der wunderlichsten Personnagen zu mir trat, die nur jemals dieses Land hervorbrachte, wo es doch Gott an dergleichen nicht fehlen ließ. Es ist eine Zusammensetzung von Hochsinn und Niederträchtigkeit, von Menschenverstand und Unsinn; die Begriffe vom Ehrbaren und Unehrbaren müssen ganz wunderbar in seinem Kopf durcheinander gehn; denn er zeigt, was ihm die Natur an guten Eigenschaften gegeben hat, ohne Prahlerei, und was sie ihm an schlechten gab, ohne Scham. Übrigens ist er von einem festen Körperbau, einer außerordentlichen Einbildungskraft und einer ungewöhnlichen Lungenstärke.

Und jetzt der nächste Absatz: er beginnt mit jenem ungeheuerlichen Satz, den so überraschend, nein, überraschend ist das falsche Wort, den Goethe so leise verändert, hier ist Goethe nicht mehr der Erhabene im Wetter, hier ist er Rameau und Diderot ganz nah, aber unaufdringlich: Der Absatz beginnt: »Und nichts gleicht ihm weniger als er selbst.« Ein fast unsagbares Ding ist dieser Satz. Aber im Französischen, nein, ich spreche diese Sprache nicht, aber glauben Sie mir, dort heißt es nicht *gleicht*, sondern dort heißt es *dissemble*, das Gegenteil von *gleichen*. Nichts unterscheidet sich mehr von ihm als er selbst. Oder: nichts weicht mehr von ihm ab als er selbst. Nichts ungleicht ihm mehr als er selbst. Goethe dreht den Satz um, so daß aus dem Unterscheiden ein Gleichen wird, aus dem mehr unterschieden ein weniger gleichen. Streicht man noch ein bißchen an dem Übersetzungsvorschlag herum, so heißt er: Was sich unterscheidet, gleicht sich. Damit sind wir wieder bei dem schönen und schlechten Wetter. Und gilt nicht immer auch für das Übersetzen, daß sich gleicht, was sich unterscheidet?

Noch einmal zurück, ganz zum Beginn des Gesprächs, Beginn der Erzählung: dort steht das Motto »Vertumnis, quotquot sunt, natus iniquis«. Nicht Diderot hat es gewählt, einer seiner Kopisten, mit Namen Girbal, hat es dort hingeschrieben. Wie soll ich den halben Vers übersetzen, den die Identität schüttelnden Satzbau, wo nicht beisammen steht, was zusammengehört? Vertumnis iniquis, wie schön weit auseinander sind Hauptwort und Beiwort gestreut, ist iniquus hier ein richtiges Beiwort, ist es vielleicht ein Fernwort? Ist hier nicht beinahe dieselbe Bewegung zu spüren wie in Linnés Nemesis? Was sind das für Bewegungen? Oder was für Zeitmaße sind das? Welche Räume?

Iniquus, feindselig heißt das und ungerecht und unwillig und erbittert und nachteilig und dann auch ungleich. Unter Wandelgöttern, wieviele ihrer sind, geboren den ungleichen. Vertumnus ist der römische Gott des Wandels, Gott der wechselnden Jahreszeiten und wechselnden Wetter. Im Vers hier gibt es viele dieser Vertumnen, ungewiß wieviele, wieviele ihrer sind. Anders übersetzt heißt der Vers: Wer geboren wird,

wird ein wechselnder. Das ist Jean-François Rameau. Das ist aber auch Denis Diderot, der zweite in diesem Gespräch, der Erzähler des Gesprächs, das heißt der Integrierende, das ER intergrierende ICH.
(Oder der die Schiffsmasten und die Flußströmung integrierende Kuckuck).

> Sei es schön, sei es schlecht, es ist meine Gewohnheit, gegen fünf Uhr des Abends spazieren zu gehen im Palais Royal.

Da haben wir also den einen, den ICH, den mit der Gewohnheit, den mit der Beständigkeit, den vielleicht, da er gegen fünf Uhr in den Park geht, mit sich selbst gleichen, das »konventionelle Konzept« vom Menschen, den »klassisch-rationalen Diskurs«, die »These und das Gesetz der Philosophie und der Naturgeschichte«, die Klarheit und Formulierbarkeit, die Kontext- und Wetterunabhängigkeit und gar die Essentialität. Dagegen der andere, der ER –

> Manchmal ist er mager und zusammengefallen, wie ein Kranker auf der letzten Stufe der Schwindsucht; man würde seine Zähne durch seine Backen zählen; man sollte glauben, er habe mehrere Tage nichts gegessen oder er käme aus La Trappe.
> Den nächsten Monat ist er feist und völlig, als hätte er die Tafel eines Financiers nicht verlassen oder als hätte man ihn bei den Bernhardinern in die Kost gegeben. Heute, mit schmutziger Wäsche, mit zerrissenen Hosen, in Lumpen gekleidet und fast ohne Schuhe, geht er mit gebeugtem Haupte, entzieht sich den Begegnenden, man möchte ihn anrufen, ihm Almosen zu geben. Morgen, gepudert, chaussiert, frisiert, wohl angezogen, trägt er den Kopf hoch, er zeigt sich, und ihr würdet ihn beinah für einen ordentlichen Menschen halten.

Und da wieder Goethes Übersetzung: Des Morgens einmal ist Rameau also chaussiert. Nicht *beschuht,* sondern *chaussiert.* Nein, das ist nicht Übersetzung, das fremde Wort, fast ohne Veränderung, wird in den deutschen Satz geschrieben: *chaussé* wird *chaussiert,* man könnte es beinah für ein ordentliches Wort halten, doch es hat auch seine andere Seite, sein ER. Gleichungssuche. Gleichungssuche als Heilungssuche. Während dieser ganzen Zeit, Satz für Satz, bin ich gestanden in Hörweite jenes Satzes von Adorno, daß das Gedicht sich der Katastrophe widmen muß, sich ihr nicht widmen kann, Satz für Satz auch in Hörweite des Ortsnamens *Mauthausen*. Gibt es eine Gleichung, die diesem Ortsnamen angehört, eine Retribution, eine auf diesen Namen antwortende Gerechtigkeit? Wo ist das gute Wetter, das nuancenreich zu dem schlechten Wetter hinüberführt? Ja, wo ist die ent-identifizierende Namensgebung, wo ist das Wort, das Mauthausen nicht zum Objekt da und damals macht und den Sprechenden nicht zum Subjekt jetzt, sondern beide zusammen in einem Dialog eint, der nicht da, damals und der nicht jetzt ist, sondern beides in einem, nämlich immer, beständig, in einem still state, ohne Urknall. Und warum sollte es diese Immer-Sprache geben?

Und hoffentlich habe ich dieses hier alles so erzählt, daß ich nicht überredet habe, sondern daß ich den Sinn in verschiedene Richtungen geöffnet habe oder ihm lauter Blickwinkel gegeben habe, so daß da kein Thema ist, kein Ding, kein gut geschriebener ganz überlieferter Text, sagen wir eine fast historisch-kritische Ausgabe einer These, sondern eher aufgelesenes Gut, Bruchwerk entlang einiger Landstraßen. Text in welchem man nahezu jedes Wort mit einem Zusatzzeichen versehen müßte, weil nicht zu wissen ist, woher das Wort genommen, ob die Handschrift richtig gelesen wurde, ob das Wort im traditionellen Sinn dasteht oder schrillen subjektiven, denn ich weiß es ja nicht.

Regentropfen die auf Geländern u.s.f. hängen und nur der untere Bort zu sehen erleuchtet wie Nägel (der Finger). Windungen der Bäche und Ranken. Weiches kreidiges Aussehen mit schattigeren Mitten der Wolken-Globen in einer Nacht mit farblosem oder versteckten Mond. Mehlige Wolken mit einem nicht funkelnden Mond. Stumpfe Knospen der Esche. Bleistift Knospen der Buche. Läppchen der Bäume. Bowlen der Augen. Zusammenfaltend die leicht gehängten Augenlider. Bögen der Augenlider. Wimpern-Bleistifte. Säfte des Augapfels. Augenlider wie Blätter, Petalen, Kappen, Hüte mit Schöpfen, Taschentücher, Ärmel, Handschuhe. Ebenso die Knochen in Ärmeln aus Fleisch. Säfte des Sonnenaufgangs. Fugen und Adern desselben. Zinnober Aussehen der Hand vor einer Kerze und die dunkleren Stellen wie die Mitten der Finger und insbesondere die Knöchel bedeckt mit Asche.

Memoranda. Der entgegengesetzte Sonnenuntergang. Die Koppen Wolken. Die Membranen. Die Schranke. Malvenfarben. Friede. Membranenaugen. Fledermaus Flügel und Bildnisse. Blattläppchen. Die Theorie der Bäume. Mäßigung in der Kunst.

Grauer Himmel in Hampstead unlängst. Wolken die prachtvolle und seltene Kurven aufwiesen wie geronnene Milch, Koppen vergleichbar, natürlich in Parallelen angeordnet.
Regen der etwas verhängte.
Der Schmetterling hielt inne in einer schlackigen staubigen Straße und kniff seine scharlachfarbenen Membranen. Oder klappte sie, könnte man sagen. Und auch Membranenaugen.
Malven Rot der Sonnenuntergangs- und Aufgangswolken.

Eschen Konglomerate wie Trauben.
Wasser das über einen versunkenen Stein schnellt und sich höhlt um wieder zu steigen scheint von der Welle verschlungen zu werden vor der es empordrängt,
    Gewendet, mit zurückgeworfenem und flatterndem Wetterfleck.
Nabiges Wasser, Naben.
Eichenwurzeln sind silbrig, glatt, massiv und muskulär.
    Lasiertes Wasser über einen schlummernden Stein gewölbt.

II. Wörterbuch
(Architekt und Arlecchino)

Computer ist kein Wort; aber *Kamille* ist ein Wort.
Wörter sind *Bach, Blume, Blatt.*
Feld, Feldstein, Feldrand, Hagebutten und *Quitten.*
Die Füllfeder. Der Bleistift. Der Schornstein.
Die Dachterrasse. Ist *Dachterrasse* ein Wort? Vielleicht müßte
die Bezeichnung einmal in einem Gedicht geschrieben stehen,
daß sie in den Rang eines Wortes käme. Vielleicht sind Gedichte
und Gedichtsammlungen die wirklichen Wörterbücher.
Anders gesagt: Gibt es nicht eine halbwegs stille Straße zwischen dem Wort und dem Ganzen?
Straße ist ein Wort. *Meilenstein* ist ein Wort. Wörter sind sie
beide, nicht weil sie ein Ding identifizieren, sondern eine Art
von Ding wörtlich in ein allgemeines Feld integrieren. Allgemeines Feld: in einem solchen stehen nicht Dinge, sondern
sind unmerkliche Nuancen, oder ist da der Baum die Reflexion
des Beikrauts dort, ist die schwarze Straße Reflex der Naht, die
die Ärmelöffnung säumt, ist die zarte schwarze Naht Reflex
der dann später umherdrehenden Nacht, gleicht die umherdre-
hende Nacht einer Hand- und Armbewegung gegen die Blen-
dung? Im allgemeinen Feld denkt und empfindet alles.
Dachterrasse, einsames Wort, Erfindung eines erfolgreichen
Architekten, und ›mittels des Aufzugs schneller Zugang‹
schreibt er an den Rand der Planzeichnung. Und er hat, weil es
nicht zu seinem Amt gehört, daran nicht gedacht, ob umher
etwas korrespondiert mit…, ja womit? Denn es muß noch
einen anderen Weg, vielleicht einen besseren Weg dort hinauf
geben. Man sollte sich hinauf erzählen können. »Unser Haus
hat eine Dachterrasse«, sagt der Mieter am Telephon, und der
andere Telephonierende antwortet: »Hier im Garten der
Baum, der im Fenster zu sehen ist, hat aus sich zeigende Blätter, in alle Richtungen zeigende, es wird doch ein Blatt im
Baum sein, das gegen dein Haus zeigt und mich an dein Haus
erinnert; es wird auch ein Blatt in gerade jener Höhe wachsen,
die den Rand eurer Dachterrasse bezeichnet.« – »Nein, um vie-

les höher ist unser Haus.« – »So sind diese Blätter hier nicht Spitzen-Blinklichter, anzeigend den Flugzeugen, daß sie daran stoßen könnten, sondern Unten-Blinklichter, daß für den Spaziergänger der Himmel darüber frei ist. Aber so kann ich mir deine Terrasse nicht erdenken. So werde ich sie nie erreichen können. So gibt es die Dachterrasse nicht. Eine Bezeichnung ist es nur, aber kein Wort, kein Wort und darum keine Wirklichkeit.« Usf.

Der Lift da hinauf ist ja ein ganz ungültiges Medium, der Zielbringer, der Bewerkstelliger, der Die-Sache-will-ich/nicht-das-Bild Sager, wenn ich da oben drauf stehe hoch auf dem Dach – dann ist es Identität. Unten im Rasenfleck vor dem Wohnblock, zwischen Weißdorn und Wildrose, steht einer, und er versucht, das Wort zu sagen. Keines wirkt. *Balkon. Automobil. Kind. Spielplatz.* Lauter Identifikatoren. Da zu seinen Füßen die Kamille, einen Menschen könnte man so nennen, *Kamille,* ein Name könnte es sein, etwas diesem Menschen Gegebenes oder Verliehenes, nicht ihm Gehörendes; doch *Balkon?* Ein Mensch namens *Balkonia?* Ein Mensch namens *Spielplatz?* Nein, immer ist ein Spielplatz ein Spielplatz. Man möchte ihn anreden. Er braucht nicht antworten, aber man möchte ihn anreden.

Die furchtbaren Geräte auf diesem Spielplatz, daß sich die Spieler in sie hineinbiegen. Wenn es ein Sternbild gäbe, das dieses Gerät später am Nachthimmel wiederholt. Wenn man dann am nächsten Morgen sagen könnte: Wie der nördliche Sternhimmel sieht das da unten aus, und dort der Weg wie das Sternbild des südlichen Fischs, das da wie das Sternbild *Phönix.*

Camillo. Camilla. Das griechische *chamaimelon,* was soviel heißt wie *niedrig wachsender Apfelbaum.* Vom *Apfelbaum* zur *Kamille* führte also ein Weg.

Von wo führt ein Weg zur Dachterrasse? Das Wort sollte einmal in einem klugen Zusammenhang in einem Gedicht stehen. Nicht in einer x-beliebigen Erzählung: Und dann trat William auf die Dachterrasse. Oder: Sie verließ raschen Schritts die Dachterrasse. Oder: Der Kellner servierte Drinks auf der Dachterrasse. Oder: Sie rannten über die Dachterrasse. Oder: Teresa flüchtete über die Dachterrasse. Teresa und die Ter-

154

rasse, lustige Spuren von etwas anderem sind da schon zu finden; sie genügen nicht.
Vielleicht: Die Dachterrasse unter dem dreitagealten Mond.
Vielleicht: Von der Dachterrase/zum Rande des Bergs/schickt sie die Schwalben zurück/– sinkende Sonne.
Heraus mit den Wörtern aus den Verträgen und Plänen und zurückversetzt in die Gedichte, und dort ist noch nicht vereinbart, was sie alle zusammen heißen. Zu jedem Vertrag, der in diesem Land geschlossen wird, soll nicht nur die »zu entrichtende Gebühr«, also die indirekte Steuer, gehören, zu jedem Vertrag soll auch ein Gedicht geschrieben werden, fast wie eine kleine sprachliche Wiedergutmachung, für die Allgemeinheit, die, nein, nicht veröffentlicht, doch im Allgemeinen Verwaltungsarchiv bewahrt werden sollte, abgelegt unter verschiedenen Stichworten. *Krankenkasse,* unter diesem Stichwort würde einer, gegebenenfalls, Gedichte mit den folgenden Versen auffinden –

Und jenseits, am Ufer gestreckt, die Krankenkasse,
fern, doch deutlich dem Aug, im Glanz durchsichtiger Lüfte.

Aus der Krankenkasse ausgewiesen
fand ich in Texas ein Vaterland,
wo im Glauben wie im Denken
Willkür nie mich darf beschränken,
wo kein Häscher mich verbannt.

Denn Krankenkassen verändern es nicht,
sie schleudern dich ewig aus gleichem Gewicht.

Gleiche Brüder, gleiche Krankenkassen,
einerlei Gefahr und Mut:
sollt uns auch der Feind ertappen,
kämpfen wir für Ruhm und Blut.

Das sind einige Beispiele aus der deutschen Literatur. Mancher Rhythmus, manches Wort sieht nicht gut aus.
Ein »etwas« wie ein Dach, das ist auch das dort angeschlagene rot angemalte Flugbrett und das rot gegen Rost geschützte Blech in den Dachwinkeln und dann das Rot auf dem Nebendach und dort auf dem Nebendach der Ruß, der so schwarz ist

wie die schwarzen Äste des entlaubten Baums, die über einen
weiteren Baum in einen dritten leiten, und dann ist diese
schwarze Linie zuende, aber im Augenwinkel sichtbar geht
einer, und jetzt höre ich ihn auch, seine Schritte, seine Schuhe
und die Kieselsteine des Wegs; dürfte ich nicht, zumindest in
diesen Augenblicken, später nicht mehr, dürfte ich nicht sagen:
oben auf dem Haus der Kiesweg, einer geht darüber, der
Dachdecker, nicht immer und ewig, aber jetzt, mit Rücksicht
auf einen Menschen in meinem Augenwinkel; und nichts im
ganzen Bild »ex contrario«.

Ein wenig spreche ich hier Hegels »Phänomenologie des Geistes« an, oder täusche ich mich? »Was vorhanden ist, ist also
dies, daß alle Momente eine allgemeine Gerechtigkeit gegeneinander ausüben, jedes ebensosehr an sich selbst sich entfrem-
det, als es sich in sein Gegenteil einbildet und es auf diese
Weise verkehrt. – Der wahre Geist aber ist eben diese Einheit
der absolut getrennten, und zwar kommt er eben durch die
freie Wirklichkeit dieser *selbstlosen* Extreme selbst als ihre
Mitte zur Existenz.« (369) »Alle Momente eine allgemeine Gerechtigkeit gegeneinander ausüben«: diese Worte stehen in der
»Phänomenologie« in Teil VI. B., »Der *sich entfremdete* Geist«
(I. a.), vor jenem Absatz, in welchem Hegel Goethes Diderot-
Übersetzung zitiert und in Rameaus Neffen den Menschen
»aller Momente« erkennt, denjenigen, der sich selbst am wenigsten gleicht und gerade daraus zur Gerechtigkeit Zugang
hat. Diese Gerechtigkeit ist, daß er »dreißig Arien, italienische,
französische, tragische, komische, von aller Art Charakter,
häufte und vermischte; bald mit einem tiefen Basse stieg er bis
in die Hölle, dann zog er die Kehle zusammen, und mit einem
Fistelton zerriß er die Höhe der Lüfte, wechselsweise rasend,
besänftigt, gebieterisch und spöttisch«. Das ist also eine Gerechtigkeit. Was für eine Gerechtigkeit ist es? In der »Phänomenologie« lautet die Antwort, diese Gerechtigkeit sei eine
Gerechtigkeit der Mitte. Mitte wovon? Mitte der selbstlosen
Extreme; Mitte der dreißig Arien, der italienischen, französischen, tragischen, komischen; Mitte der Häufung und Vermi-
schung; Rameaus Neffe singt, an dieser Stelle seines Gesprächs
mit dem Philosophen Diderot, nicht eine italienische Arie und

nicht eine französische Arie, sondern eine italo-französische Arie, er singt, daß er ein Widerspruch ist oder ein mehrsprachiger Geist. Das Zentrum aber spricht nicht, singt nicht, widerspricht nicht, es ist Gerechtigkeit und Stille.

Der Weg hinauf zum Werk des Architekten – ist vielleicht dort oben auf dem Dach alles falsch, weil es nicht »freie Wirklichkeit« ist? Was ist mit diesem Wort *Dachterrasse* und der Sache selbst, die ich beide nicht länger zurückweisen will? »Du mußt damit aufhören, auf die Dinge zu zielen. Ruhe aus auf der Gartenbank. Geh in die entgegengesetzte Richtung. Schließ die Augen. Es ist alles dasselbe. Denn diese ›Golf-Krieg-Verfahren‹ mußt wenigstens du endlich lassen.« (Oder Vietnam: Unsichtbar war der Gegner in den weiten Laubwäldern, welche dann die Angreifer mittels Herbiziden offenlegten, richtig zielen zu können und richtig treffen zu können die Versteckten. Infolge der dort ausgedehnten Anwendung von Entlaubungsmitteln sind große Urwaldflächen und Mangrovenbestände endgültig vernichtet worden. – Aber genügte es nicht zu sagen: In der Folge der Anwendung von Entlaubungsmitteln ist das Blatt einer Flußuferblume abgefallen oder einer am Wegrand wachsenden Lilie, welche violett blüht; bestätigt nicht das schattenlose Wort von den großen Urwäldern nachträglich den Abwurf des Gifts aus dem darüberhin fliegenden Flugzeug/Aufklärungsflugzeug?)

Nein, jetzt habe ich etwas Ungerechtes getan. Ich habe das Wort *Aufklärung* gleichgesetzt mit dem Wort *Enthüllung*, wo ich doch weiß, daß das Wort *Aufklärung* die Einsicht erlaubt (ja vielleicht eröffnet), die Hülle zu bewahren, den Anderen, den Versteckten, den Gegensätzlichen nicht ans Licht zu bringen und im Licht zu entwerten, im Licht zu identifizieren, sondern als den Anderen hell anzuerkennen und zu würdigen, was ihm gehört zu seinem Anderssein, und sei es daß seine Hülle oder seine Dunkelheit zu seiner anderen Verfassung gehört. Nein, den falschen Konflikt will ich nicht erzeugen oder an ihm interessiert sein, teilnehmen, wie es mit immer neuen, daher immer alten Beschreibungen des »vor Durchschau-Zwang blicklosen Denkpolizisten mit Aufklärungsfimmel« Peter Handke tut. Nein, nicht entweder Polizist oder

Dichter (Regenwetter oder Sonnenwetter), vielleicht ein aus beiden zu erzeugendes Weder-Noch. So kommt man vielleicht zu dem Wort *integer,* welches dem deutschen *unbestechlich* entspricht und *unversehrt,* ganz nah grenzt an das Unbescholtene und das Reine, an die Naivität, an das naive Ganze, an die Wiederherstellung, an das Wiedererkennen des *integrum,* des unverletzten Rechtszustands. *Integer, integra, integrum,* das lateinische Adjektiv verbindet mit *tangere – berühren, kosten, essen, trinken, betreten, erreichen;* daraus dann der *Tanz,* der *Tango* (den ich hier, so unbeholfen, zu tanzen versuche).

Das Mäzenatentum ist in den vergangenen Wochen in die Aufmerksamkeit einer Öffentlichkeit gerückt, das Mäzenatentum am Beispiel des deutschen Verlegers Hubert Burda, den Sie nicht kennen werden. Ach ja, die Bunte Illustrierte aus München an der Isar. Ach ja, das ist eine ganz andere Welt. Ach ja, das ist eine ganz andere Sprache als die der Literatur. Ach ja, auf diese Sprache trifft doch zu, daß in ihr nichts den Rang von Worten besitzt. Die neuesten, die immer alten Überschriften: *Wenn Karrierefrauen weinen. Deutschland, wohin marschierst du? Die Gehälter der TV-Götter. Ausländer rein, damit wir überleben. Wunderkind im Kellerloch. Münchens neuer Airport Franz Josef Strauß. Der Club der braunen Gespenster.* Und dann der Bericht aus Österreich: *Jack the Lover und seine Opfer im Bett,* mit dem Untertitel: *Sind Kriminelle bessere Liebhaber?* Ach ja, dann noch die Zeitung für jene Bundesländer, die einmal zusammen DDR genannt wurden, eine aus vier Farben gedruckte Tageszeitung mit dem Namen »Super«. Also der Verleger hinter den Namen und Überschriften heißt Hubert Burda, und er ist ein bedeutender Mäzen von Künstlern und Schriftstellern. Darf das sein? Darf es diesen Widerspruch geben? – Den Petrarca-Preis hat Hubert Burda gestiftet, kein, glaube ich, außerordentlich lautstarker Preis, fast ein diskreter, der halbwegs privat seit 1975 übergeben wird. Und den Nicolas Born-Preis hat der Verleger gestiftet. Im heurigen Jahr aber hat sich die Jury dieses Nicolas Born-Preises darauf geeinigt, für den Preis niemanden auszuwählen und damit die Vergabe des Preises zu verhindern. Dieser Entschluß hängt zusammen mit einem zu groß angewachsenen Widerspruch, und deswegen interessiert dieser Vorgang im Rahmen dieser Studien, denn sie befassen sich mit Widersprüchen. Preis für Dichtung und andererseits Gebarung des Verlags – so lauten die Extreme des Nicolas Born-Widerspruchs. Die Gebarung des Burda Verlags, genauer gesagt eine Anzahl von Artikeln in der Tageszeitung »Super« seien nicht vereinbar mit der Verleihung eines Preises für Dichtung; noch genauer gesagt: eine Anzahl von Artikeln in dieser Tageszeitung sind feindlich gegenüber Fremden in Deutschland, und ein Preis für Dichtung ist, in irgendeiner Weise, das Gegenteil davon. Vielleicht hat die Jury gemeint, daß die Boulevard-Zeitung und ihre Haltung den sogenannten Ausländern gegenüber schmutzig ist, die Dichtung aber rein ist, und das Schmutzige und das Reine von einander getrennt bleiben müssen, also der Widerspruch beseitigt werden muß.

Daß der Widerspruch nicht sein soll, hat dann in der entstehenden Diskussion in deutschen Zeitungen ein anderes Jury-Mitglied gezeigt, Peter Handke, einer der vier Juroren des Petrarca-Preises. Daß der Widerspruch nicht bleiben kann, dem stimmt er zu, allerdings soll die Harmonisierung nicht von der Seite des Preises kommen, sondern von der Seite der Boulevard-Zeitung. Die Preise sollen erhalten bleiben. Und die Boulevard-Zeitung – darf sie vom Verlag also nicht mehr vergeben, nicht mehr verkauft werden? Nein, es gibt eine weniger ruinöse Lösung, eine platzsparende, arbeitsplatzsparende Lösung. Diese lautet: daß die Boulevard-Zeitung »nicht primitiv« sei. So steht sie dann auch in keinem Widerspruch zum Dichten (das ja auch nicht primitiv ist).

Walter Grasskamp, in einem Essay in der Wochenzeitung »Die Zeit«, schreibt dann wieder den Widerspruch auf; er liegt in den Gaben und Taten des Verlegers. Die Taten, die zu Reichtum führen, seien stets unfein, die Gaben, die der reich Gewordene verteile, seien aber fein. Unfein und fein, das ist zweierlei.

Und hier kommt mir wieder das Wort *integer* entgegen; Grasskamp sagt: »Die Verteidigung Burdas durch seine Juroren muß scheitern, weil sie sowenig wie die Kritiker anerkennen wollen, daß die Frage nach der Integrität des Mäzens falsch gestellt ist: Der bürgerliche Mäzen lebt gleichsam per definitionem im moralischen Widerspruch.« Verkürze ich diesen Satz für meine

Ziele, so lautet er: Integrität ist das Gegenteil von Widerspruch. Wer schlechte Zeitungen verkauft und gute Kunstpreise verschenkt, kann nicht insgesamt integer sein. Und da ist auch wieder der der »Mensch aller Möglichkeiten« und das Berühren, Kosten, Essen, Trinken, Betreten, Erreichen und der Tango. Ist nicht der moralische Widerspruch ein Tango? Ist nicht der Widerspruch eine Form der Integrität? »Der integerste Preis, den ich kenne«, so hat Peter Handke in seinem Brief an die Zeitung geschrieben. Doch nein, müßte man sagen, nicht der Preis ist integer, er ist bloß die eine Seite der Harmonie, zur Integrität und Integration und Harmonie gehört eine andere Seite dazu, sagen wir vereinfacht, der Boulevard gehöre dazu. Nicht die Kunst kann integer sein, erst Kunst und Boulevard können es, als Eheleute, sein. Daß diese Boulevard-Zeitung gar nicht primitiv sei, dem will ich nicht widersprechen, denn mit dem Satz hat einer nach der Harmonie und der Gleichung gesucht; an dieser Suche will mir nichts unrecht erscheinen. Aber das Ergebnis, so knapp ist etwas verfehlt worden. Denn die Harmonie ist höher oder tiefer und unerträglicher, doch auch ganz einfach: daß das Gegensätzliche berührt.

Die ganz andere Bestimmung der Ehre und der Moral hat dieser Tage Günther Anders gegeben. In einem Brief vom 8. April 1992 an den Rektor der Universität Wien, abgedruckt wiederum in der »Zeit«, lehnt Anders die Annahme des Ehrendoktorats der Universität Wien ab, das ihm der Rektor zu verleihen beabsichtigte. Anders gibt zu seiner Ablehnung drei Gründe an. Der erste ist, daß er seit vielen Jahren keine Ehrungen mehr angenommen habe. Der zweite ist eine Maxime, welche sagt: »Laß dich nur von denen ehren, die du selbst ehrst.« Drittens, und hier setzt Anders den Schwerpunkt der Begründung, »weil ich es für moralisch abgeschmackt hielte, mich von jemandem ehren zu lassen, der seit Jahren (hoffentlich nur unüberlegt und nicht unbedingt als Zeichen seines politischen Einverständnisses) zwecks Ehrung Prominenter Gelder akzeptiert, von einem Geber, der immerhin während und nach der Hitlerzeit deutsch-nationale, wenn nicht sogar pangermanische Tendenzen finanziert hat, und der das auch heute noch tut. In meiner Einschätzung der Situation bestärkt mich schließlich die Tatsache, daß der erwähnte Geldgeber – vor achtzehn Jahren, also vor Ihrer Zeit und ohne Ihre persönliche Schuld – zum Ehrensenator Ihrer Universität ernannt worden war. Die ›Ehrengesellschaft‹, in die ich durch Annahme Ihrer huldvollen Bitte hineinrutschen würde, die paßt mir nicht.«

Wie ich es sehe, sind der schwere dritte Punkt der Begründung und die bestärkende Tatsache am Ende des Briefs nichts anderes als Ausführungen zu der Maxime: »Laß dich nur von denen ehren, die du selbst ehrst.« Daß die Zeitung die moralische Wucht dieser Maxime wieder demoliert, muß auch angefügt werden. In einer kurzen redaktionellen Erklärung zum Brief heißt es, daß Anders von der Hochschule in den zweiundvierzig Jahren seit der Rückkehr aus dem Exil zu keinem Gastvortrag, keiner Vorlesung oder Diskussion eingeladen wurde. Diese Nachricht ist beschämend, aber beschämend ist auch, daß die zweiundvierzig Jahre in einen Zusammenhang mit dem Brief gerückt werden. Anders hat sich in seinem Brief gerade nicht auf die lange Mißachtung berufen, die Redaktion aber erzeugt diesen Hintergrund, sie schreibt eine Vorgeschichte des Briefs auf und läßt Anders' Moralität verblassen. Seine Moralität wäre auch gültig, wenn es die zweiundvierzig Jahre nicht gegeben hätte, wenn es zwei Jahre oder sechzig wären. Mit der Aufklärung der langen Zeitspanne macht die Zeitung den Kritischen zum Beleidigten, wohlmeinend tut sie das und mit dem Rechtsgefühl auf ihrer Seite.

»Laß dich nur von denen ehren, die du selbst ehrst«: Das sind klare Verhältnisse. Von diesem sicheren Identitätsgefühl ist in diesen Studien wenig die Rede. Hier hat das Abgeschmackte, das widrig Schmeckende einen Platz, in jener Maxime nicht. Ein widriger Geschmack ist um die betreffende Ehre, ja es ist sogar keine Ehre, denn dazu sind die Geber der Ehre selbst nicht ehrenwert genug. Wer ehrt überhaupt wen, möchte man als Leser des Briefs fragen. Und wie muß man sein, daß man ehren darf? Da ist ein Identifikations-System in Betrieb gesetzt, aus dem ich beständig herauszuschauen versuche. Aber vielleicht gibt es die Ausschau nicht.

Ich gehe wieder den Weg zur physikalischen Wissenschaft, Physik, die von den Partikeln weiß oder annimmt, daß sie sowohl diskontinuierliche Teilchen sind als auch kontinuierliche Wellen, seit Heisenberg, seiner Unbestimmtheitsrelation. Soll man hier nicht an eine höhere oder tiefere Form der Integrität denken, an eine Integrität der Gegensätze, an eine Frische, an den Arlecchino der Physik? Wo wird dieser Arlecchino sein? Ganz unten, in den Tiefschulen. Mensch aus Bergamo in seinem Alle-Momente-Kostüm. Der englische Physiker David Bohm hat 1980 den folgenden Vorschlag formuliert: »The proposal for a new general form of insight is that all matter is of this nature: That is, there is a universal flux that cannot be defined explicitly but which can be known only implicitly, as indicated by the explicitly definable forms and shapes, some stable and some instable, that can be abstracted from the universal flux. In this flow, mind and matter are not separate substances. Rather, they are different aspects of one whole and unbroken movement. In this way, we are able to look on all aspects of existence as not divided from each other, and thus we can bring to an end the fragmentation implicit in the current attitude toward the atomic point of view, which leads us to divide everything from everything in a throughgoing way.« »Der Vorschlag zu einer neuen allgemeinen Form der Einsicht besagt, daß alle Dinge von dieser Beschaffenheit sind: Das heißt, es gibt einen universalen Fluxus, der nicht ausdrücklich bestimmt werden kann, der aber stillschweigend nur gewußt werden kann, wie er sich anzeigt in den ausdrücklich bestimmbaren Formen und Gestalten, manche stabil und manche instabil, die aus dem universalen Fluxus vergegenständlicht werden können. In diesem Fluß sind das Bewußtsein und die Dinge nicht getrennte Substanzen. Vielmehr sind sie verschiedene Ansichten einer ganzen und ungebrochenen Bewegung. Auf diese Weise sind wir in der Lage, alle Ansichten des Daseins als nicht voneinander getrennt anzusehen, und somit können wir die Fragmentierung zu einem Ende bringen, die unausgesprochen in der gegenwärtigen Einstellung zum atomistischen Standpunkt zum Ausdruck kommt, die uns dahin führt, alles von allem zu trennen in einer durchgängigen Weise.« – Demokrits mehr als zweitausend Jahre alte Atomtheorie, die David Bohm hier anspricht, bot zwei prinzipielle Deutungen der

Realität an: einmal die unermeßlichen Variationen der Welt aufzufassen als Bewegungen eines zugrundeliegenden einzigen Satzes von Bausteinen; und einmal das Ganze aufzufassen als zersplitterbar, zerbrechbar, auflösbar in lauter kleinste individuelle Teile, in getrennte Einheiten, Fragmente. Diese fragmentarische Auffassung ist in der Geschichte der Naturwissenschaften die stärkere geblieben. Warum die andere nicht bedeutend wurde, sagt Bohm nicht. Erst die Theorie vom Quantum hat der Auffassung von der Fragmentarisierung widersprochen; in dieser Theorie ist das Partikel nicht mit sich identisch, es ist umgebungsbestimmt, es ist Fragment und zugleich über sich hinaus im Fluß und Einfluß. Das Atom, literaturgeschichtlich gesprochen, ist ein winziger Neffe Rameaus (oder naturwissenschaftlich gesprochen: es ist der Neffe einer Welle). Ein Ende zu sehen für die große Fragmentarisierung blickt David Bohm gegen Osten. Und in seiner Gegenüberstellung westlicher und östlicher, fernöstlicher Formen der Einsicht zeigt er, wie ich es sehe, eine interessante Gleichung. Er ordnet Westen und Osten einmal Maß und einmal Unmeßbarkeit zu, und diese zwei Begriffe bestimmten die allgemeine Entwicklung beider Weltteile, einmal die technologische, industrielle Entwicklung des Westens, und einmal die religiöse, philosophische Vertiefung des Ostens. Maß, der Schlüssel zu Gesundheit, Glück und Harmonie, Maß in der Musik, Maß in den Schaukünsten, der »Goldene Schnitt«. Maß wurde eine Regel, nicht länger erdacht, sondern wahr, ein erlernbarer Satz über eine objektive Realität. Verloren ging dabei, daß Maß ein Gleichungsgedanke war, der im Verschiedenen immer wieder Gleichungen formulieren, formieren konnte. Newtons Gravitationsgesetz ist eine solche Gleichung, eine gleichende Messung: Wie der Apfel fällt, so der Mond, so der Stein, so das Blatt, so der Regentropfen, so die Vogelfeder, und so tatsächlich alles. Im Grunde ist diese Messung eine Heilung, sie vergleicht, sie ent-fragmentarisiert, sie universalisiert, sie kennt ein Inbild. Aber der daraus gewordene erlernbare Satz kann bezweifelt und widerlegt werden; das Erlebnis des Gleichens ist in der erfahrungslosen Regelhaftigkeit verloren gegangen.
In den fernöstlichen Kulturen hat, laut Bohm, das Maß keine

bedeutende Rolle gespielt. Realität ist das Unmeßbare. Das östliche Denken hat, laut Bohm, recht behalten. Die Physik der Quanten bestätige, daß das Unmeßbare die primäre Realität sei. Das Unmeßbare bleibt unidentifizierbar, das Unmeßbare fließt. So kennt das fernöstliche Denken das Fragment nicht, aber die Stille der Meditation.

Rameaus Neffe, auch der ist nicht festzulegen und zu identifizieren. Er fließt, er hat kein Maß, er ist alles, vielleicht ist er primäre Realität. Aber bei Rameau ist solche Realität nicht kategoriell anders als der »Goldene Schnitt«, beide – goldenes ICH und primäres ER – wechseln ineinander. Hier etwas entscheiden zu wollen, ist unpoetisch. Poetisch: Ist nicht das ferne Haiku das Bild sowohl von Maß als auch von Ungleichheit, Gleichheit und Unmaß, das ich hier mit dem Wort poetisch meine –

> Ließ scheren mein Haar
> Vor mir den Schwarzhaarberg
> wechsle ich die Kleider

Dieser Schwarzhaarberg ist augenscheinlich vor dem Wanderer, der in diesem Gedicht spricht, der Berg ist ein anderer als der Wanderer. Aber *Schwarzhaarberg* heißt er oder ein schwarzhaariger Berg ist er, und das Haar ist beiden gemeinsam, dem Geher und dem Berg. Kurz berührt sich hier etwas, das dann und ansonsten nicht berührt, kurz gibt es hier Bedeutung, wo sonst keine ist (fast ein kleines Newton-Haiku). Die zeitweilige Bedeutung ist eine Mischung aus Betrachter und Betrachtetem. Das Wort *Schwarzhaarberg* identifiziert nicht, ein für alle Male, etwas da draußen, sondern mischt das Wort kurz in eine Haar-und-Kleider-und-ich-Welt hinein, hier wird nicht ein Gegenstand benannt, sondern etwas kurzzeitig Allgemeines geglichen, kurzgeschlossen, Transsubstantiation möglich.

Das Haar scheren; ein leichtes schwarzes Gewand anziehen; den Mönchen und Wanderpriestern gleich werden. Sora, der dieses Gedicht zu Ende des 17. Jahrhunderts auf den ersten Meilen der großen Wanderung nach Norden geschrieben hat, wird hier ein anderer, im Angesicht des Bergs wird er zu einem mit kurzem Haar und schwarzer Kleidung, schwarz gleicht er dem schwarzen Berg, er ent-individualisiert sich, er »bergt«

sich, er wird brüderlich, er ist da schon auf der Reise aus den Identitäten. Sora (1649–1710), Samurai des Nagashima-Klans, wurde Schüler des Dichters Bashô, in dessen früher Bananen-klausen-Zeit. Von ihm heißt es, daß er gelehrig und bescheiden war und dem Meister treu ergeben diente – wie auf der hier be-gonnenen Reise von 1689, der Wanderung ins Hinterland und in die Transsubstantiation, die nachzulesen ist in der hervorra-gend kommentierten Ausgabe von Bashôs Reisetagebuch »Auf schmalen Pfaden durchs Hinterland«.

Daß die Sache unaussprechbar oder unmeßbar ist, daß da aber ein Haar-Berg-Kleider-Ich-Maß ist, diese Unentschiedenheit und Vereinigung ist das Gedicht. Eine wirkliche Sprache sagt immer ja und nein.

Ein Gedicht des Meisters selbst, ein Gedicht von Bashô –

> Teich aus alter Zeit
> auf springt ein Frosch und darein
> das Wasser ein Laut

Zuerst die Zeitstille und die Froschstille, dann deren gemein-same Schwingung. Aber die Gemeinsamkeit bedeutet auch Verwandlung, Ausgang aus der Selbstgleichheit.

> Köstlicher Reisährenduft!
> Unsere Schritte zerteilen ihn – und
> rechts leuchtet das Meer

Alles was links und mittig ist, verwandelt sich und leuchtet rechts. Hier wird plötzlich eine ganze Landschaft rechtsseitig. Flußuferblumen; Lilien, Dachterrassen. Die Dachterrasse ist stets »dort«. Lilie – es braucht kein Gehen zu ihr. Flußufer-blume – sie ist, mag sein, weit weg, am anderen Ende von etwas sehr Großem, doch über unmerkliche Nuancen und Welten ist sie auch hier, sie ist Anteilnahme an einer Einheit, sie ist Augenwinkel-Bewohnerin, usf. Lilie, das ist auch der Schatten und die Kühle und die Feuchtigkeit um sie, die Grä-ser, die Wiese, der Zaun, das dahinterliegende Grasland, und dann aus diesem die Straßen, die in die Stadt führen. »Verletzt du dort die Flußuferblume, das Land wird verletzt sein, alle Menschen, das ganze Denken und Empfinden.« Solch ein Satz mag unglaubwürdig sein, aber Objekt ist die Blume eines solchen Satzes nicht mehr, wenngleich der Satz sie zum akkusativen Objekt macht, im grammatikalischen Sinn, zum Ziel, zur Beschuldigten, zu »der da«, zur Inkriminierten.

Die Dinge sind nicht, das Sehen ist eine Nicht-Täuschung und das Sagen, man habe etwas gesehen, ist Geschwätzigkeit. Jetzt möchte ich eine sehr merkwürdige Stelle angeben, die ein Unsehbares anspricht, ein nicht-akkusatives, zielloses, unbeschuldigtes, nicht-inkriminiertes Bild, eine Passage der Ent-Identifizierung. Sie steht geschrieben in einem Buch, das 1887 erschienen ist, mit dem Titel »The Cardinal Numbers«/Die Kardinalzahlen, geschrieben von Gerard Manley Hopkins' Vater, welcher in einer Versicherung angestellt war, als Sachverständiger für die Seeschadens- oder Havarie-Berechnung. Im Buch wird Dank ausgesprochen für Unterstützung seitens des »nahen Verwandten« Gerard Manley Hopkins, der darin beigetragen hat über walisische Methoden des Kalkulierens und über Spektral-Zahlen, daraus das folgende -

From No. 1, which is scarcely seen, to 12, the numbers rise either uprightly, or leaning a little to the right, rising a little, and are in cheerful day-light. From 20 to 100, the numbers are as if far away to my right, and as seen in another »reach« – distant and indefinite. They appear to be returning to the left. Still farther, and behind, scattered over a sort of vague landscape, are billions, trillions and the rest – all to the left; in blocks, not in lines. On the left of number o n e are a few minus numbers, and below it, swarms of fractions. The place where they appear is gloomy grass. Backgrounds of rooms and remembered open-air scenes appear in different parts of this picture or world.

Von Nr. 1, die selten zu sehen ist, bis 12 steigen die Zahlen entweder aufrecht oder ein wenig nach rechts lehnend, wenig steigend, und sind in heiterem Tages-Licht. Von 20 bis 100 sind die Zahlen wie weit weg zu meiner Rechten, und scheinen wie in einer anderen »Reichweite« – fern und unbestimmt. Sie scheinen nach links zurückzukehren. Noch weiter, und dahinter, verstreut über eine Art vager Landschaft, sind Billionen und Trillionen und der Rest – alle zur Linken; in Blöcken, nicht in Linien. Linkerseits von Nummer e i n s sind ein paar Minuszahlen, und unter ihr Schwärme von Bruchzahlen. Der Ort wo sie erscheinen ist düsteres Gras. Hintergründe von Zimmern und erinnerten Freiluftszenen erscheinen in verschiedenen Teilen dieses Bilds oder dieser Welt.

Wenig weiß ich über diese Textstelle. Das Original-Buch, gar das Manuskript, ist mir in Wien nicht zugänglich. Vielleicht steht das Zitat in einer erhellenden Umgebung, und ich werde mich hier, in dieser Umgebung, irren. Zugleich entspricht die Unsicherheit, fast Anonymität des Textes meinem Wunsch nach Betrachtung. Er soll mir kein Beleg werden, er soll »zarte Erscheinung« sein.

Bild oder *Welt* sind die zwei Begriffe am Ende des Zitats, aber zu Anfang ist von Zahlen die Rede, von 1 bis 12, von 20 bis 100, dann von den ganz großen Zahlen. Kardinalzahlen sind nicht Bilder. Hopkins macht hier aus ihnen Bilder, er sieht die Weise, wie die Zahlen 1 bis 12 stehen, nämlich aufrecht oder ein wenig gelehnt, er sieht das Licht, das sie umgibt, Tageslicht. Die Position der Zahlen 20 bis 100 beschreibt er, sie sind also nicht nur Bedeutung als Anzahl, sondern haben einen Ort im Raum, sie sind weit weg zur seiner Rechten und wie in einem anderen Reich. Dann folgt das Wort von der Landschaft, Gras, erinnerte Freiluftszenen und Hintergründe von Zimmern. Die Kardinalzahlen werden übersetzt in Erscheinung, Bild, Spektrum, Welt. Kardinalzahlen: das sind die Türangel-Zahlen, die Zahlen des Drehpunkts, die Entscheider, die Identifikatoren – wieviele Zaunstangen dort? – 12, würde der Kardinal sagen, aber Hopkins könnte auf die Frage sagen: Tageslicht. Lat. cardo: die Türangel, der Türzapfen, der Drehpunkt, Wendepunkt, die Weltachse, die Grenzscheide. Offenbar sind die Kardinalzahlen die geheimen Pole der Welt, dort 5 Häuser, nicht mehr, nicht weniger, 5 Pole, 3 Fenster in der Mauer, 3 Pole; es gibt Nordpol und Südpol, und dann die nicht zu Ende zu zählenden Zahlenpole, Zentren, Identitäten. Aber Hopkins' Zahlen sind Exzentren, ihnen angehören Licht, Gras, tiefe Zimmer, Begegnungen im Freien. Hier wird die Zahl nicht auf eine Sache angewendet, hier werden nicht Sachen gezählt, sondern umgekehrt die Sachen auf Zahlen angewendet, die Zahlen gesachlicht, versachlicht. Nicht zwei Zimmer; sondern zimmerhafte Zwei. Nicht eine Welt; sondern Welt-Eins. Nicht fünf Bilder; sondern Bilder-Fünf. (Nein, ich will, was hier geschieht, nicht Synästhetik nennen, nicht Synopsis, sondern freie Wirklichkeit. »Calculation colorée«, dem könnte man lange nachgehen, ich beschränke mich auf das nach der freien Wirklichkeit suchende Wort, auf Lichtbrechung, Dingbrechung. Man kann dazu auch sagen: von der Hauptsache zur Nebensache. Was wohl wollte Vater Hopkins, der Sachverständige für Schiffshavarien, der den Schaden kalkulierte, von den unhauptsächlichen Kalkulationen seines Sohns?)

Telephonanruf: Der Anrufer sagt: Die Angelegenheit mit Ihrem Ausguck oder Ihrer Sonnenterrasse hat mich weithin beschäftigt. Hoffentlich habe ich Ihre zeitgenössische Freizeit-Kultur nicht beleidigt. Freiluftszenen, habe ich mir immer wieder gesagt, nicht Freizeit, sondern Freiluftszenen. Aber ich habe mich an keine erinnert. Dann heute, auf meinem Weg in die Bibliotheken, kam ich über den Heumarkt, wo es eine große Straßenkreuzung gibt, Inseln darin, auf denen sich gut warten läßt, bis das nächste Zeichen schaltet. Auf einer solchen Insel habe ich heute die Zeichnung im Asphalt gesehen, die nicht schaltbare, die Grundfläche eines da gestern noch stehenden Kastens für Streukies. Und Kieskörner lagen noch umhergesät in die Zeichnung und über die Insel. Eine Zeichnung woraus – aus Staubstrichen, Breite und Länge bewahrend. Ich stand vor der Zeichnung. Da sah ich am fernen Stadtrand Ihr hohes Wohnhaus und luftig, ja freiluftig darauf den Nicht-Mehr-Kasten. Daß etwas fortgenommen worden war, so konnte ich mir Ihre Terrasse vorstellen; nicht daß sie eigentlich errichtet worden war, denn es war ja nicht errichtet die Freiluft und der Himmel und die Perspektiven und die Vögel und ihre Stimmen, nicht daß diese Terrasse errichtet worden war, sondern daß etwas, gestern oder früher, beseitigt worden war und zurückblieb eine Grundrißzeichnung oder Fugen zwischen Platten und ein weißes Geländer und Schornsteine und Lüfteröffnungen und ein Blitzableiter und zusammengewehter Staub und ein paar Kieselsteine und eine Vogelfeder und Trockenheit und Licht – nicht: Ihre Terrasse IST, sondern vordem ist etwas gewesen und jetzt nicht mehr da,

und wo jenes nicht länger ist, da tritt man ins Freie. Ihre Terrasse als das Freie, aber rückbezüglich erdacht, zurückbezogen auf das, was vordem gewesen war. Was also war vordem gewesen, wohinauf Sie mich einladen möchten? Und so hatte ich meine Antwort: daß dort der hölzerne Kieskasten gewesen war. Zuerst erinnern, dann sehen. *Dachterrasse:* das Wort in seiner Plötzlichkeit ist ein reines Kardinalwort. Aber es muß ein Spektralwort werden, es braucht die weiter östlich, nahöstlich inmitten einer Straße liegenden und aufgeschnellten und rollenden Kieselsteine und die tiefen Zimmer und die Szenen. Doch ich glaube nicht, daß dieses Ereignis Synopsis zu nennen ist. Ich erinnerte mich da an Ihre Dachterrasse, die ich zuvor nie gesehen hatte – das ist mehr als Synopsis –, und in diesem Erinnern hatten das Wort und die Sache ihren Platz, denn ich schuf sie rückwirkend, ich erzeugte Vergangenheit, Zugang in einen unbetretbaren Raum. So ist das mit Ihrer Dachterrasse, ich will sie unbetretbar und in diesen unbetretbaren Raum Zugang. So ist das, mit dem sich hinwärts Erzählen, nicht Zielen auf das Wort (oder die Sache), sondern Erzählen, so daß es ein Spektrum gibt.
Der Angerufene: Nun werden Sie mich besuchen kommen?
Der Anrufer: Ja, denn Ihre Grandeur teilt den Abbildungsmaßstab mit meinen bald wieder vergessenen Kieselsteinen. Ich spüre, wie Staub weht über das Dach Ihres Hauses. Staubige Stadt, welch eine gute Empfindung!
»Der die Gedanken zusammenbringt, welche der Ehrlichkeit weit auseinanderliegen«: Also unehrlich zu sein, davon spricht Hegel in der »Phänomenologie«, wo er über Rameau spricht. Aber hier, in dieser Studie, spricht Georg Wilhelm Friedrich Hegel mit Denis Diderot und mit Carl von Linné und mit den Haiku-Dichtern, und das ist hoffentlich auch eine Unehrlichkeit, ein parallel distributed process, oder ein allgemeines Harlekinspiel. Was ist das Eigenartige des Harlekin? Ein Gliedermann ist er, ein Hampelmann, eine geschnitzte oder pappene Puppe mit beweglichen, durch Ziehen zu regierenden Teilen, ein Kinderspielzeug der Unabhängigkeiten, die zusammenzappeln, ein Narr und Kobold auch, möglicherweise besteht der Zusammenhang mit dem deutschen Wort *Helle, Hölle.* Aus-

einander zappelnde Glieder, aber seine Eigenart ist auch sein Kostüm: ein Flicken- und Fetzen-Kostüm, woraus gemacht? Aus allem, was an Stoffen und Resten da ist, ein Farbspiel, ein Gaukler, Vorgaukler, Thaddädl, Kasperl, Bajazzo, Clown. Wo lebt er? Wohin das unwürdige Material kommt, unten, wohin es fällt, wo alles sich sammelt, in einem unteren oder irdischen Paradies. Die Arlecchinos leben in den delphischen parataktischen Ebenen, am Fuß der Parnasse. Und hier, zu Füßen eines Parnaß, berühre ich wieder den Anfang dieser Studien, den ersten Satz, den unvermögenden, unbeholfenen, quasi-clownesken Halbsatz: Etwas nicht zu sagen vermögen; gaukeln. Ich komme zum Anfang zurück; ich gehe im Kreis; ich besuche den Zirkus.

Der eine: Werden Sie uns nun besuchen kommen? Das Wetter ist sommerlich geworden, Sie haben nachgedacht, der Weg ist frei auf die Dachterrasse. Wir möchten Sie einladen zu unserer Grillparty.

Der andere: In Gottes Namen ersparen Sie mir dieses Wort. Lange Zeit hat es gedauert, bis ich aus *Dachterrasse* das Wort herausgehört habe. Und jetzt *Grillparty*. Wie gerne möchte ich kommen, doch lieber »Am Tag vor der Grillparty«.

Ich habe, für meinen Weg zu Ihnen, noch eine Spur gefunden, eine Landkarte. Vielleicht kennen Sie diese Landkarte. Ein Holzschnitt von John Foster aus dem Jahre 1677, Kartendruck von Neu England, die erste gedruckte Karte Nordamerikas.

Der eine: Ich kenne diese Landkarte nicht. Wollen Sie zu uns über Neu England kommen?

Der andere: Aber vielleicht ist es keine Karte von Neu England. Eine Dachterrasse war 1677 nicht gebaut worden, die erlaubte, von so großer Höhe auf Amerika und seine Küste hinunterzublicken. Wie kam John Foster in die große Höhe, von der der lange Küstenverlauf und die große Landfläche, von der das Ganze, die Integrität, zu sehen war? Vielleicht kam er dort hinauf wie ich auf Ihre Dachterrasse. Er erinnerte sich. An was erinnerte er sich? Und jetzt betrachten Sie genauer die Flüsse in dieser Karte. Sind es Flüsse? Ja, es sind Flüsse. Nein, es sind nicht Flüsse. Diese Flüsse sind gezeichnet als Bäume. John Foster hat sich an Bäume erinnert, an die Stämme und Äste und

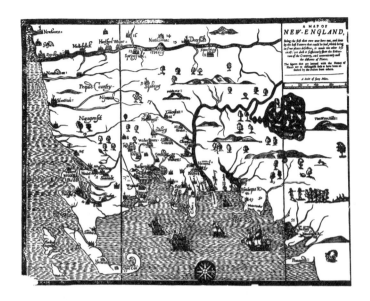

Zweige. Diese Flüsse fließen nicht ins Meer, das aus lauter Maulwurfshügeln sich erhebt und wellt, diese Flüsse treiben Äste und Zweige in die Luft. Die Bäume tragen kein Laub, aber im linken Drittel der Karte, etwa auf halber Höhe, trägt ein Ast sogar zwei Blätter. Frühling in Neu England: das ist meine Zusage, Sie zu besuchen auf der Terrasse Ihres Hauses. Frühling in Neu England: ein Buchtitel; fast ein Name, ein freier Name für einen Menschen. – Den Überblick über alles hat John Foster also nicht aus der Höhe gewonnen, nein, er blieb ganz unten, zu ebener Erde. Im kleinen Blatt aber hat er den großen See erkannt und Überblick über ihn gehabt. Keine Erhabenheit des John Foster, sondern er stand unter Bäumen, spazierte in Wäldern.

Eine Landkarte aus Erinnerung; es gibt ein Land aus Feldern; ihm wende ich mich zu jetzt, und einem jener schwierigen Bücher, die in den vergangenen Jahren veröffentlicht worden sind, dem Gedichtband »Aus Feldern Rußland« des tschuwaschischen Dichters Gennadij Ajgi, in der Übersetzung – aus dem Russischen – von Felix Philipp Ingold. Es wird jetzt das Nieseln wichtig, das Gemenge unsichtbarer Tröpfchen und seine Gerechtigkeit, die eine Gerechtigkeit ohne Begrenzung ist. Ich weiß nicht, was diese Gerechtigkeit ist. Aus Feldern wird dieses Rußland und diese Gerechtigkeit erschaffen, nicht aus Dingen – das Ding ist in einem Nieselzustand und unbegrenzbar. Diese Gedichte können nicht Dinge wahrnehmen, sondern Nieseln, Felder, Gerechtigkeit, Integrität. Wenn hier Dinge erscheinen, so sind sie »Stellen Rußlands«, aber nicht Dinge in eigener Bedeutung. Oder sie konstituieren sich aus lauter Umgebung – eine Kirche zum Beispiel ist nicht Stein und Fenster und Tor und Dach und Turm, sondern sie ist... kann ich nicht sagen. Vielleicht eine weite Landschaft und ein weiter Himmel zusammen sind eine Kirche, dinglos luftig. Wie kann man ein Dingloses ansprechen? Aber ich behaupte ja die lange Zeit immer schon: die Sprache, die Dichtung, ist Teil einer Welt, die dinglos ist, nicht zu identifizieren ist, immerregnet und nieselt und sonnt, Felder-Welt ist. Und Gennadij Ajgi schreibt das Kirchengedicht so –

AUFTAUCHEN EINER KIRCHE

o
himmels blau
und
feld – ein silberfädchen – feld
/und viel
des goldes
viel/
entlang – die spannung!
und
durch die festigkeit der helle
empor

Die Kirche Rußlands ist vielleicht die Fahrt der Sonne in den Himmel, das Leuchten. Licht und Helle scheinen in diesem Bild das Festeste zu sein, gebäudeartig. Das Licht ist ein fester Raum, fast ein festlicher. Das Gedicht gibt keine Ding-Dinge vor, es kennt ein Raum-Ding, ein Freiluft-Ding, welches licht wird. Sonnenaufgang, so heißt vielleicht diese Phase, aber der Sonnenaufgang ist kein Ding-Ereignis, er ist licht, leicht, unfest und scheu, doch das Gedicht sagt und weiß, daß der Sonnenaufgang und die Helligkeit etwas Festes sind – »die Festigkeit der Helle«. Welche Art Festigkeit ist das? Offenbar ist das Helle ein Gegenstand. Seine Gegenständlichkeit entsteht womöglich aus der Spannung, die das Himmelblau und das Silberfeld entlang entsteht, also aus zweierlei, aus einer Ungleichheit. Aus dieser Ungleichheit entsteht eine sie umfassende Gerechtigkeit und Beleuchtung. Die Sonne taucht auf, und das Gebäude der Verschiedenheit wird deutlich.

Das sogleich folgende Gedicht im Buch trägt den Titel »ROGGEN – SELBIGER – ROGGEN«. Also der Titel gibt es an, daß dieser Roggen nicht gleich ist mit sich selbst – also Roggen ist, sondern aus sich hinaus übergegangen ist, und sei es nur wieder in Roggen. Roggen und selbiger, ja vielleicht ist das eine Identität, doch zugleich ist der Selbige ein, zumindest als Wort, aus dem Roggen hervorgetretener. Und der zweite Roggen im Titel, ist er »derselbe« wie der erste? Nein, der Titel ruht nicht, steht nicht fest da, er ist instabil, man müßte vielleicht sagen: er leuchtet, er ist aus der Festigkeit der Helle.

ROGGEN – SELBIGER – ROGGEN

sonne im roggen – so wie mein schlaf: wie in scharlach –
    vor zeiten! –

ein zittern-und-langsam:

in den wipfeln der ähren/verloren der weg/
das leben-mein-der-schlaf-o-blühn-o-HErr
regt sich im roten und
teilt wie durch mich-die-bedrängnis
den schlaf – schon klar – der birken: da und dort mit
    nachtigallen/so als hielten sie
sich stellenweise verborgen im wind als die wenigen
von sanftem: in freiheit: verstand/ –

erkaltet-ertastet gleichsam im flug mit nicken-wie-wehen-
    bluts
die scheuen – irgendwo dank seelen – orte der natur –

irgendwo in ihnen die höhen des gesangs/wiewohl wir's
    nicht hören – so doch mit viel freude/
lange verbergend
/als wär's in den eigenen gründen/

173

Nur auf weniges möchte ich in dieser Sprache hinweisen, nicht wirklich interpretieren, denn hier konstituiert sich der »Gegenstand« erst und stabilisiert sich nicht. »ein zittern-und-langsam«: das ist eine Konstituierung aus Teilen, die anscheinend nicht aneinander haften; es heißt nicht *langsames Zittern*, nein, das Langsame scheint außerhalb des Zitterns zu sein, scheint ein Anderes zu sein, aber doch bilden Zittern und Langsames gemeinsam das Eine: »ein zittern-und-langsam« – zittert der Roggen, und ist die Sonnenfahrt langsam?

Solche Übergänge schaffen die weitere Bewegung des Gedichts. Leben ist nicht Leben, sondern Leben-Schlaf-Blühen-Herr, und diese Vierfachung ist plaziert im Roten, Roten vielleicht des Roggenfelds und des Lichts der tiefen Sonne, und dieses Leben-Schlaf-Blühen-Herr tut etwas mit den Birken – es teilt ihren Schlaf – ich weiß nicht, was in diesem Teilen geschieht, vielleicht liegt es in Lichtungen zwischen den Birkenwäldchen, aber das ist nicht wichtig, wichtiger ist die Bewegung, es teilt den Schlaf der Birken und verteilt in dieser träumenden Welt Nachtigallen, die »selber« wieder die sogenannten Wenigen des Sanften sind und »darüber hinaus« in Freiheit und über diese Freiheit hinaus Verstand sind; in der dritten Strophe dann sind die Nachtigallen der Sanftheit scheue Orte der Natur, und in diesen sind die Höhen des Gesangs, die für uns gar nicht mehr hörbar sind, doch möglicherweise mit der großen Freude hörbar, und dann wendet die Bewegung, mit dieser großen Freude, in die eigenen Gründe zurück. Der Roggen, das Ich, die Birken, die Nachtigallen sind in einer Weise alle außer sich, ekstatisch. Roggen und Roggen, wie es der Titel sagt, sind zweierlei und selbig zugleich.

Festigkeit und Unfestigkeit im nächsten Gedicht, das dem Roggen folgt –

EICHENHAIN UND/HINTERM FELD/EICHENHAIN

für N. W. Losskij

1

ungebunden mit den augen im wipfellaub des eichenhains
bin ich – welt ohne bruder
/und du/

und luft-befindlichkeit?
/ich sag das
als land/

2

doch
fortsetzung
als wind
/in berührung/
lärmig-mit-kindern – bist du nun solch eine stille
kraft der gebeine in mir
von den vätern
genügt's mir, als schmerz
zu überdauern
wie in beine
in die tiefe
ungebunden mit den augen im wipfellaub des eichenhains
längst nicht mehr zur liebe schreitend
einfach liebend
überall wo ich bin/und seither beim aufwachen jeweils
war ich nicht der abgeordnete
zu suchen/

3

o in den wind die schrift/mehr und mehr ohne schmerz/
volk werde und sei volk allein
würde ich sagen zum freund/ich werde ihn finden/
immer mehr ist morgenröte altertum/bloß die sterne
gleichsam bitten wir/und ruhig
aus dem blut
ein warmer
stand für mich ein bruder einstmals auf
und als fortsetzung
war er lang
im volk
/noch
wird er steigen:
nicht dort
wo nein/
– immer ist er bettelarm und immer
treibt er den schlaf über die welt hinaus: so frei er lebt! –

175

einbringen werd ich
sozusagen
rauheit in die klare luft
»bruder« – auf daß lebendig
auf daß – dem bruder
/doch dies – sei zur stelle/

4

ungebunden mit den augen im wipfellaub des eichenhains
freund
/dies der bruder und absenzen sind mir einerlei/
im gebein/ohne klage/brennt
/und ich
hab zur genüge
schmerz
»ich« ist »bin«/

und unberührtheit kenn ich längst des menschen
denn nicht mit dem blick allein
auch mit dem geist hab ich geschmiedet
/wie im vollen
eimer wasser/
eingängigkeit/und zittern/
in der birken fixer
helle

Ich- und Dingvergessenheit machen diese Sprache möglich;
diese Vergessenheit eröffnet einen größeren, allgemeineren Zustand, den dem Gedicht zugrundeliegenden Zustand der Unge-
bundenheit: ungebunden mit den Augen im Wipfellaub des
Eichenhains – nicht »ich« »sehe« »die Dinge, die Blätter«, sondern es ist Exaltation. Fix ist hier nur das Licht um die Birken,
das andere ist außer sich, außer sich wie der Eichenhain im
Titel, der einen Außer-sich-Eichenhain hat: Eichenhain und/
hinterm Feld/Eichenhain. Außer sich sein heißt hier: einen
Bruder haben.
Brüder und Felder und Gleichungen. Zum Beispiel der Baum
und der Himmel werden in ein Gleichungsspiel und in eine
Ekstase verwandelt, in dem Gedicht –

GANG ZUR BIRKE IM FELD

war
a – a
sie sonst nichts: war
leuchtend von innen
/umrisse erweisend/
in lautlosem gebet
mit bewegung – ein-klein-wenig nur
damit der himmel
auch
sei
a

Nein, das Gedicht hat nicht den Titel »Gang zur Birke«, sondern den Titel »Gang zur Birke im Feld«; dieses Feld ist wie
eine Schicht und Durchlässigkeit, um den Baum herum, das
Feld kann ihn kommunikativ machen mit anderen, kann ihn
außer sich bringen, kann ihn exaltieren, zum Himmel hin,
kann ihn hinübergleichen, hinausgleichen. Und wie formuliert
sich die Gleichung: die Buchstaben-Kombination in den Himmel bringen, damit auch er Buchstabe a sei. So haben beide ein
Feld der Gemeinsamkeit und sind a-Brüder/Buchstaben-Brü-
der. Aber gemeinsam ist ihnen auch ihre Lichtgestalt, beide
leuchten, der Baum von innen, der Himmel vielleicht ebenso.
Noch eine Gleichung, ein Gedicht, welches nur im Titel Worte
hat –

GEDICHT-TITEL:
WEISSER SCHMETTERLING IM FLUG
ÜBER ABGEERNTETEM FELD

die Seite ist dann weiß, der weiße Schmetterling angeglichen
dem leeren Feld; er ist das leere Feld und das leere Feld ist ein
weißer Schmetterling.
Daß es nicht Dinge sind, die diese Gedichte betrachten, sondern daß es Felder sind oder Räume oder Gebäude – die
auftauchende Kirche ein Lichtraum, die Birke Buchstaben-
Schwester des Himmels, die Augen ungebunden im Laub des
Walds – dieses Dasein teilen mit ihnen die Gedichte selbst, die
vielleicht gar nicht etwas sind oder die strauchartig sind, das
heißt räumlich, licht-durchwirkt, verästelt und teils leer, inte-

grativ, aber nicht selbst identifizierbar, Gedichte in Feldern, Gedichte aus Feldern, Wege über Felder zu Gedichten, Auftauchendes, usf. Die Gedichte befestigen nicht, sie entfestigen.

Auf die besondere, fast renaissance-tiefe, Räumlichkeit möchte ich in noch einem Gedicht von Ajgi hinweisen, in welchem einer geht über ein Feld auf eine Herde zu, und das Gedicht spricht von Ereignissen hinter dem Geher, links von ihm und rechts von ihm, und vom Feld und vom Wind und vom Geflüster – und was ist das Ganze? Weiß ich nicht.

WENN A. ZUR HERDE GEHT – ÜBERS FELD

und hinterm rücken
in der ferne
fülle
von schatten – mit rissen – noch frischen:

– mit leuchtend-feuchter weiße! –

links – nicht regen sondern seltene niedergeschlagenheit
in form von regen irgend-wo der wolken

/und see des blicks über die welt
ist: nicht mehr zu verschwappen
und erwies sich: standgehalten:
verstanden: dies ist nötig und wahr
wenn – für keinen/ –

– durchqueren des felds? bisweilen – des lebens:
   durchschreiten des lebens! –

/doch eins wie das andre:
leidtut
ein knabe gleichsam ein halmrohr:
sang's in der welt?
nicht zu erinnern –

ja: es erwies sich: das fehlen von gesang-wie-schneide
war nötig
und hat sich irgend-wie ereignet:
dieser verlust ist herangereift: und geflüster
wie ein gewisses ding-als-teil-der-kleidung
hat's in den wind getragen:

erwiesen ist
auch dies erreicht:
als hätte man darum gebeten:
und wahr/ –

im see des blicks allein bloß bewegung/zwar nicht zu
    erinnern/
das kann sein
/ja jegliches kann/
als ferne bläue
wind – als schwester!.. –

rechts – fixes ereignis: ein schober

Im Rücken Schatten und weiße Fläche, links Wolken und
Regen, rechts steht ein Heuschober, auf was geht das Gedicht
zu? Auf eine Herde, auf eine ferne Bläue, und durch das eigene
Leben hindurch und durch einen See aus Sichtbarem und
durch eine Welt, die vielleicht nicht zu verschwappen ist, sondern exaltiert offen und unfixiert wie der Gedichtprozeß
selbst, aber schwesterlich, windreich, berührbar, erflüsterbar.
Das Geflüster, und es umkleidet etwas, wie Kleidung einen
Menschen umkleidet, dieses kleidende Geflüster (– es ist Geflüster von fehlendem lauten Gesang), dieses Leiseste geht über
in den Wind – und »erwiesen ist« und »erreicht« ist: die Wind-
strömung als die Schwester. Diese Gedichte gehören zu den
allerzartesten der Welt. (Und Welt heißt hier: Herde – Feld –
der See des Blicks – das Leben – Nicht-Gesang – Flüsterweg –
Wind – Bläue – Schwester – Zartheit – das Durchlässige –
Transzendenz – die Lebenden und die Toten.)

VERLÖSCHEN AUGUSTS

irgend-wo im eichenhain
aus lauten
eine schaukel gleichsam leuchtend
insgeheim gelegen kommt
aufhaltend – im zustand
der stockung: goldblitzend! –

ein vogel: ohne es zu wissen: gibt das geleit

III. Transzendenz
und zarteste Wirkungen

Ajgi: immer umgeben von Landschaft: Nebel, Weidenbäume,
Kirchenruine, Feld-Rußland, Schneestürme, Plötzlich Mohn,
Unbekannte Blume, Erneut – die Weiden, Und jener Abhang,
Feld: Weg, Auftauchen einer Kirche, Eichenhain und / hinterm
Feld / Eichenhain, Aufschrickt Kamille, Pfad aus dem Wald,
Zugänge zu den Sonnenblumen, Lichter der Sonnenblumen,
Weidenbäume, Mutter im Himbeergesträuch.
Es gibt einen kleinen Gedichtzyklus des italienischen Lyrikers
Biagio Marin auf den Tod seines Freundes Pier Paolo Pasolini.
Diese Gedichte sind geschrieben worden unmittelbar nach dem
Bekanntwerden der Nachricht von Pasolinis Tod. Pasolini
wurde ermordet in der Nacht vom 1. auf den 2. November
1975. Der Gedichtzyklus ist datiert 12. November 1975. Biagio
Marin hat diese dreizehn Gedichte zuhause geschrieben, auf der
Adria-Insel Grado; wie er da über den toten Freund schreibt,
sieht er lauter nahe Bilder, Bilder der Jugendzeit-Landschaft
Pasolinis, Bilder des Friaul, Bilder aus dem der Insel vorge-
lagerten Festland, einer weiten Ebene, oder er hört deren
Laute – den Gesang der Nachtigall; die Kuppen, Berge und
Gipfel um diese Landschaft, die Wasser, den Stein, das Hell-
wetter, die Platanen, den jungen Lorbeer, die Asphaltstraßen,
die sinkende Sonne, die festlich im Abendlicht erhellten Gesichter, die Kinderworte, die lichtstrahlenden Dörfer, die
Zypressen, den Tamariskzweig – Schmuck auf dem Tisch –;
oder er schreibt von Duft und Strömung –

> Streichende Luft
> über der träumenden Erde;
> Wasserpsalmen
> Quittenduft.

Der Quittenduft ist die Transzendenz der Quitte, etwas aus ihr
hervor- und hinaus- und hinüberströmendes, aus der Quitte in
Landschaft übergehendes, fast ein Erinnerungsmedium; der
Duft das Gedächtnis der Quitte.

Wasserpsalmen – die Geräusche fließender Wasser, welche psalmisch klingen, also fast stimmlich, fast gesungen, fast lobend, sind aus dem Wasser hervorgegangen, das Wasser ist da Lied geworden, hat sich verwandelt, ja ist fast als Sache tot und auferstanden zu Ton und Melodie. Das Gedicht beginnt:

> Leer –
> die Besessenheit
> quält dich
> nicht mehr.

> Streichende Luft
> über der träumenden Erde;
> Wasserpsalmen
> Quittenduft.

Der Licht- und Duft- und Tönecharakter dieser Landschaft wird Biagio Marin zur Gleichung des Freunds: Man könnte beinahe sagen: Da die Quitte duftfähig ist, so ist der Freund sterbefähig; da die Bäche und die Rinnsale psalmfähig und verlautbar sind, so hat der ferne Freund sein Todesmedium. Wie, in einem anderen Gedicht, die Nachtigall singen kann, so kann der Freund sich entfesseln, entfremden. Und die Dichtung, was ist sie? Das Dichten ist ein Sterben und Erinnern zugleich, ein Strömen, ein Psalm, ein Verwandeln. Im Dichten dieses Zyklus widerfährt Biagio Marin ein dem Tod des Freundes Gleichendes. Oder auch: Die Quitte duftet und der Dichter dichtet. Warum duftet die Quitte? Um an Quitten zu erinnern. Warum dichtet der Dichter? Um an Menschen zu erinnern; an die Welt zu erinnern; an alles zu erinnern.

Der Zyklus an Pier Paolo Pasolini ist übertitelt: »Der Schrei des zerschmetterten Körpers.« Aber was tut dieser Titel? Sagt er, daß der Schrei im Gedicht-Zyklus wiedergegeben wird? Wie hätte der Schrei gelautet: »Zu Hilfe! Helft mir!« Oder Laute des Schmerzes oder ein enormer amorpher Ruf oder auch ein Leises. »Der Schrei des zerschmetterten Körpers«, so heißt dieser Zyklus aus dreizehn Gedichten. Der Schrei wird aber nirgendwo in den Gedichten hörbar. Er bleibt woanders; hier ist der Schrei nicht mehr Schrei. Hier ist Pasolinis Schrei stumm. »Zu Hilfe« – ja, so wüßte man, was der Bedrohte gerufen hat. Aber man wäre nicht erinnert an ihn. Man wüßte etwas, aber hätte keine Erinnerung. Vielleicht sind Wissen und Erinnern Gegensätze. Das Wissen kann gesprochen und ausgesprochen werden; das Erinnern ist leise und weit.

In seiner nächsten Strophe erhebt sich das Gedicht, schaut hinab auf ein Weites und Ganzes, auf die Landschaft, auf die Erinnerung und auf die Möglichkeit des Friedens in solcher großen Landschaft –

> Leer –
> die Besessenheit
> quält dich
> nicht mehr.
>
> Streichende Luft
> über der träumenden Erde;
> Wasserpsalmen
> Quittenduft.
>
> Du siehst von oben
> dort in die Weite,
> von Menschen bewohnt
> in Frieden bereitet.
>
> In Frieden auch die die Besten vernichten
> und die Geplagten:
> die Erde, leise, fliegt sicher
> entlang der gezeichneten Bahnen.

Eine Landschaft ohne Besessenheit ist hier möglich geworden; keine Besessenheit, kein Bestand, kein Besitz, sondern lauter Auflösung – die Identität des Freundes leer und ohne Qual, die Luft ein bewegliches, nicht gleich bleibendes Medium über der Landschaft, die Erde sich nicht ihrer selbst bewußt, sondern träumend, die Wasser singend und sprechend und murmelnd, die Früchte und Blumen duftend. Nein, das Du ist nicht mehr identifizierbar, sondern ein Sehen aus der Höhe hinab auf alles, und alles ist Luft und Trauer und Psalm und Duft. Marins Erinnern beruht auf der Fähigkeit, den Dingcharakter und die Einheit und den Verschluß zu öffnen. Erinnern ist wahrnehmen, daß es keine Dinge gibt, sondern Strömen, Fluß, Duft, ein allgemeines Friedens-Medium.

Als ich mich beteiligte an der Übersetzung von einigen Gedichten Biagio Marins ins Deutsche, da wollten wir das späte Werk nur haben. Unsere Auswahl richtete sich auf die letzten fünfzehn Jahre der Schreibzeit Marins, der alles in allem mehr als siebzig Jahre lang Gedichte geschrieben hat. Hier gelingt so sehr die Erinnerung, das heißt die Auffassung der Dinge als umweltlich und außer sich und immer-vergänglich, wehend, stumm und wie nichts. Da ist der 1983 publizierte Zyklus »Das verborgene Licht«, der ein unaufdringlicher Erinnerungszyklus ist –

> Zu Ende mein Verlangen
> das Herz ist erfüllt
> das Licht empfangen
> und das Auge gestillt.
>
> So viel betrachtet
> gesehen, geliebt
> arm geblieben
> mein Herz ist nackt.
>
> Ich besitz
> den Tod und das Helle
> Verwandlung zu nichts
> unvorstellbar.

Sogleich das nächste Gedicht –

> Meine Zeit
> wird ein stummer Hauch
> die Sommerlaute
> schon tönen sie weit.
>
> Steht die Stille groß
> über der Lagune
> im Duft der bitteren Blume
> ist meine Welt längst bloß.

Nicht die Dinge sind, sondern es sind Lichtungen. Die Dinge lichten sich, so treiben sie fort aus ihrer Position und Ankerung und Festigkeit. Sie gehören in die Nemesis-Ordnung, in diese Selbst-Ungleichheit, sind tatsächlich licht, nämlich dies wie auch das, sie transzendieren sich. Das Dies-Oder-Das geht

in der Lichtung verloren, der harte Gegensatz, das da könnte
ein Haus sein oder ein Baum, jetzt ein Haus, irgendwann einmal, in der Ausgleichung der Welt, Sekunden oder Unzeiten
später, ein Bäumchen. Tot oder lebendig, dieser Gegensatz
wird sehr unsicher. Tot und Lebendig sind nicht Widersacher,
sondern Gelichter; sie sind vereinigt in Geschwisterlichkeit.
Der Nachweis der Dinge als Gelichter, dieses glückt in der
Dichtung immer wieder. Da ist der Gegenbegriff zu dem
hier immer aufs neue zurückgewiesenen Begriff Identität:
also Gelichter. (Gesindel, Volk, Vagabunden, Reisende, Weg-
Geher, Straßenmenschen, Richtungen, Richtungssinn.) Endlich
gefunden: das Gelichter. Plötzlich kannst du es nicht unterscheiden.

Daß die Dinge atmen können, das ist die Voraussetzung für
ihre Ansprechbarkeit und Wörtlichkeit. Daß sie leuchten (die
andere Form des Atmens), Schatten werfen, aufblühen, duften,
daß sie freiluft-szenisch sind, schweigen, zwitschern, singen,
knistern, rauschen, sterblich sind, ihnen leicht ihr Leben genommen werden kann – das sind die vielen Voraussetzungen
ihrer Wörtlichkeit. Biagio Marin im Zyklus »Wort, meine einzige Zuflucht« –

> Ich, um zu geben
> nur Worte hab ich bereit
> nur das Gedicht
> das Atemkleid.
>
> Die hab ich gebreitet
> über die Insel
> ein tiefblauer weiter
> beständiger Himmel.
>
> Dann weht der Jahreszeitwind
> der Nord oder West
> das Sein bleibt nicht fest
> und sie schwinden.

Diese Gedichte sind nicht wirklich zitierbar, sie sind zu leicht,
um eine Position und Bedeutung zu behaupten, was ich also
hier vorlege, sind gar nicht Zitate, sondern Ereignisse des
Atmens; der Atem ist nicht zitierbar –

Plötzlich singt die Merle
und die Wiese leuchtet
und der Einsame gleich
geht leichter.

Diese Leichte
hat keine Gestalt,
alles Alter
weicht.

Nicht der Vogel ist da, sondern er singt. Nicht die Wiese ist da,
sondern sie leuchtet. Beide quellen aus ihrer Gestalt über in
eine Art von Atmen, nämlich in die Leichtigkeit. Damit gelingt
ihnen eine besondere Art von Anwesenheit, die Dauer zu nennen ist. Alles, was Alter oder Zeit ist, weicht, zeitlos ist die
Leichtigkeit. Das Singen ist das Zeitlose des Vogels, das
Leuchten ist das Zeitlose einer Wiese. Was ist, in jenem anderen Gedenk-Zyklus, das Zeitlose des Freundes Pier Paolo Pasolini? Daß er sterblich ist, das ist die Zeitlosigkeit des Freundes. Daß er nicht mehr ist, so ist er zeitlos. Daß er nicht mehr
atmet, so hat er trotzdem einen Atem. So ist er fast ein un-
sterblicher Toter. So gibt er den Auferstehungs-Atem; nein,
nicht Auferstehung, sondern Aufatmung. Auferstehung kann
es ja niemals heißen; man muß an eine Freiluftszene denken.
Was an Dingen in einem Gedicht angesprochen wird, das sind
Auferstehungs-Dinge; besser Aufatmungs-Dinge; der Baum,
eine Auferstehung, besser ein Aufatmen; der Bach der blau
leuchtet, ein Aufatmen; der Hagebuttenstrauch am Straßenrand eine Ewigkeit, genauer noch: eine Aufatmung. Die kleine
Löwenzahn-Pflanze mit der gelben Blüte darüber: eine Transzendenz. Die schwarze Telegraphenstange auf der Böschung:
eine Transzendenz. Transzendenz ist Atmen. (Atmen, singen,
sprechen, duften, weinen, schreien, leuchten, schatten, sterben,
regnen, Wärme, Kälte, Verlust, Exil, Unsichtbarkeit, nichts.)
Jetzt zu den Farben, zur »zarten Erscheinung« der Farben.
Was ist Goethes Begriff der »zartesten Wirkungen« anderes als
Zeitlosigkeit, Ewigkeit? In den verschiedenen ausführlichen
Vorbemerkungen zu seiner Farbenlehre oder zum Entwurf
einer Farbenlehre spielt eine bedeutende Rolle die Individualität des Phänomens:

Denn da der Beobachter nie das reine Phänomen mit Augen sieht, sondern vieles von seiner Geistesstimmung, von der Stimmung des Organs im Augenblick, von Licht, Luft, Witterung, Körpern, Behandlung und tausend anderen Umständen abhängt, so ist ein Meer auszutrinken, wenn man sich an Individualität des Phänomens halten und diese beobachten, messen, wägen und beschreiben will.

Das ist sechs Jahre vor der Rameau-Übersetzung geschrieben. Ein Jahr später als die Übersetzung ist das folgende gesagt, aus dem »Entwurf einer Farbenlehre«:

Der Chemiker, welcher auf die Farben als Kriterien achtet, um die geheimern Eigenschaften körperlicher Wesen zu entdecken, hat bisher bei Benennung und Bezeichnung der Farben manches Hindernis gefunden, ja man ist nach einer näheren und feineren Betrachtung bewogen worden, die Farbe als ein unsicheres und trügliches Kennzeichen bei chemischen Operationen anzusehen. Doch hoffen wir sie durch unsere Darstellung und durch die vorgeschlagene Nomenklatur wieder zu Ehren zu bringen und die Überzeugung zu erwecken, daß ein Werdendes, Wachsendes, ein Bewegliches, der Umwendung Fähiges nicht betrüglich sei, vielmehr geschickt, die zartesten Wirkungen der Natur zu offenbaren.

Daß die einzelnen Farben sich selbst ungleich sind, das ist die große gedankliche Grundbewegung der Farbenlehre. Und daß diese Ungleichheit ein und derselben Farbe den Bereich der Zartheit herausbildet. Grau gefüllte Kreise erscheinen, obgleich sie gleich-grau sind, einmal etwas heller, wo der Kreis in schwarzem Feld liegt, und einmal etwas dunkler, wo der Kreis in weißem Feld liegt. Ein und dasselbe Grau ist einmal hell und einmal dunkel, relativ zur Umgebung. Das Ereignis beschreibt die Farbenlehre so:

Ein graues Bild auf schwarzem Grunde erscheint viel heller als dasselbe Bild auf weißem. Stellt man beide Fälle nebeneinander, so kann man sich davon überzeugen, daß beide Bilder aus einem Topf gefärbt seien. Wir glauben hier abermals die große Regsamkeit der Netzhaut zu bemerken und den stillen Widerspruch, den jedes Lebendige zu äußern gedrungen ist, wenn ihm irgendein bestimmter Zustand dargeboten wird. So setzt das Einatmen schon das Ausatmen voraus und umgekehrt; so jede Systole ihre Diastole. Es ist die ewige Formel des Lebens, die sich auch hier äußert. Wie dem Auge das Dunkle geboten wird, so fordert es das Helle; es fordert Dunkel, wenn man ihm Hell entgegenbringt, und zeigt eben dadurch seine Lebendigkeit, sein Recht, das Objekt zu fassen, indem es etwas, das dem Objekt entgegengesetzt ist, aus sich selbst hervorbringt.

Ein Objekt fassen in der Schaffung eines dem Objekt Entgegengesetzten; denn stiller Widerspruch muß überall entstehen, da ein bestimmter Zustand geboten wird. Anders gesprochen: der bestimmte Zustand, das bestimmte Ding kann es nicht allein geben; nur die Transzendenz jedes bestimmten Zustands, die Transzendenz jedes bestimmten Dings kann wahrgenommen werden. Jedes *Da* ist mit *Nicht-Da* vereint, jedes *Weiß* mit *Nicht-Weiß* vereint.

Als ich gegen Abend in ein Wirtshaus eintrat und ein wohlgewachsenes Mädchen mit blendendweißem Gesicht, schwarzen Haaren und einem scharlachroten Mieder zu mir ins Zimmer trat, blickte ich sie, die in einiger Entfernung vor mir stand, in der Halbdämmerung scharf an. Indem sie sich nun darauf hinwegbewegte, sah ich auf der mir entgegenstehenden weißen Wand ein schwarzes Gesicht, mit einem hellen Schein umgeben, und die übrige Bekleidung der völlig deutlichen Figur erschien von einem schönen Meergrün.

Leichtigkeit des Ereignisses. Unbeständigkeit, Opposition und Harmonie sind hier im Spiel. Wie wenn hier die Retina nicht die Sache selbst erinnern könnte, sondern nur die Ergänzung zur vollen Harmonie erinnern könnte; nicht das eigentliche, originale, blendende Weiß erinnern könnte, sondern das zur Ausgleichung notwendige – komplementäre – Schwarz; nicht die Sache selbst, sondern ein Ekstatisches.

Auf einer Harzreise im Winter stieg ich gegen Abend vom Brocken herunter, die weiten Flächen auf- und abwärts waren beschneit, die Heide von Schnee bedeckt, alle zerstreut stehenden Bäume und vorragenden Klippen, auch alle Baum- und Felsenmassen völlig bereift, die Sonne senkte sich eben gegen die Oderteiche hinunter.
Waren den Tag über, bei dem gelblichen Ton des Schnees, schon leise violette Schatten bemerklich gewesen, so mußte man sie nun

für hochblau ansprechen, als ein gesteigertes Gelb von den beleuchteten Teilen widerschien.

Als aber die Sonne sich endlich ihrem Niedergang näherte und ihr durch die stärkeren Dünste höchst gemäßigter Strahl die ganze mich umgebende Welt mit der schönsten Purpurfarbe überzog, da verwandelte sich die Schattenfarbe in ein Grün, das nach seiner Klarheit einem Meergrün, nach seiner Schönheit einem Smaragdgrün verglichen werden konnte. Die Erscheinung ward immer lebhafter, man glaubte sich in einer Feenwelt zu befinden, denn alles hatte sich in die zwei lebhaften und so schön übereinstimmenden Farben gekleidet, bis endlich mit dem Sonnenuntergang die Prachterscheinung sich in eine graue Dämmerung, und nach und nach in eine mond- und sternhelle Nacht verlor.

Die Schatten sind sich selbst nicht gleich, sie sind Abbilder oder Nebensachen der Schnee-Hauptsache. Doch vielleicht bilden Schnee und Schatten zusammen wieder eine einzige Gerechtigkeit, eine gelbliche Schnee- und leise Schattengerechtigkeit, eine gelb-violette Landschaft. In dieser Gerechtigkeit ist eine dominierende Fläche, welche gelblich ist, nämlich der unter dem Sonnenlicht liegende Schnee, und mit ihr die leise Fläche, die leise violetten Schatten. Also das Laute ergänzt, harmonisiert sich im Leisen. Das Zarte setzt sich zur Dominanz hinzu.

Daß das Dominante gar nicht dominant ist, sondern mit dem Zarten lebt, ja außer sich zart ist, ekstatisch zart, das könnte man in einer allgemeinen Lehre aller Dinge etwa so beschreiben, wie es Goethe in der Farbenlehre gelungen ist. Es kämen dabei zum Vorschein Landschaften des Unmerklichen, Landschaften der Nebensachen, Landschaften der Toten. Dieser ganze Studien-Katalog sagt ja immer nur, daß das nichtzusagende Etwas, jenes aus dem ersten Halbsatz, das Leichte ist, das nicht schwer und festgelegt werden kann, und daß dieses Leichte nichts Neues ist, keiner neuen Theorie und Begründung bedarf, und in einem Zusammenhang mit dem Namen Auschwitz steht, der das Allerschwerste bedeutet. Daß das Dominante, Starke, Herrische Lagerstätten bestimmt für jene, die nicht dominant, nicht in gleicher Weise stark, die unherrscherlich sind, das ist immer noch eine Nachbarschaft, die unschwesterlichste Schwesterlichkeit, doch trotz allem ein Zusammenhang. Der Schläger kommt nicht umhin, daß es den Erschlagenen in der Welt gibt.

Eine polierte Silberplatte gibt in der Sonne einen blendenden Schein von sich, aber es wird bei dieser Gelegenheit keine Farbe gesehen. Ritzt man hingegen die Oberfläche leicht, so erscheinen bunte, besonders grüne und purpurne Farben, unter einem gewissen Winkel, dem Auge.

Läßt man ein poliertes Silber durch Scheidewasser dergestalt antressen, daß das darin befindliche Kupfer aufgelöst und die Oberfläche gewissermaßen rauh werde, und läßt alsdann das Sonnenbild sich auf der Platte spiegeln, so wird es von jedem unendlich kleinen erhöhten Punkte einzeln zurückglänzen und die Oberfläche der Platte in bunten Farben erscheinen.

Wenn man eine angehauchte Glasplatte mit dem Finger abwischt und sogleich wieder anhaucht, sieht man sehr lebhaft durcheinander schwebende Farben, welche, indem der Hauch abläuft, ihren Ort verändern und zuletzt mit dem Hauche verschwinden. Wiederholt man diese Operation, so werden die Farben lebhafter und schöner und scheinen auch länger als die ersten Male zu bestehen.
So schnell auch dieses Phänomen vorübergeht und so konfus es zu sein scheint, so glaub' ich doch folgendes bemerkt zu haben. Im Anfange erscheinen alle Grundfarben und ihre Zusammensetzungen. Haucht man stärker, so kann man die Erscheinung in einer Folge gewahr werden. Dabei läßt sich bemerken, daß, wenn der Hauch im Ablaufen sich von allen Seiten gegen die Mitte des Glases zieht, die blaue Farbe zuletzt verschwindet.
Das Phänomen entsteht am leichtesten zwischen den zarten Streifen, welche der Strich des Fingers auf der kleinen Fläche zurückläßt, oder es erfordert eine sonstige gewissermaßen rauhe Disposition der Oberfläche des Körpers.

Wie nun diese Versuche sich am besten in der Kälte anstellen lassen, weil sich die Platte schneller und reiner anhauchen läßt und der Hauch schneller wieder abläuft, so kann man auch bei starkem Frost, in der Kutsche fahrend, das Phänomen im großen gewahr werden, wenn die Kutschfenster sehr rein geputzt und sämtlich aufgezogen sind. Der Hauch der in der Kutsche sitzenden Personen schlägt auf das zarteste an die Scheiben und erregt sogleich das lebhafteste Farbenspiel. Inwiefern eine regelmäßige Sukzession darin sei, habe ich nicht bemerken können. Besonders lebhaft aber erscheinen die Farben, wenn sie einen dunklen Gegenstand zum Hintergrunde haben. Dieser Farbenwechsel dauert aber nicht lange: denn sobald sich der Hauch in stärkere Tropfen sammelt oder zu Eisnadeln gefriert, so ist die Erscheinung alsbald aufgehoben.

Und jetzt vermag ich einen Schritt weiter zu tun, mit den Vorstellungen von der Zartheit, der Leichtigkeit, der Ausgleichung, der Umweltlichkeit, der Räumlichkeit, der Erinnerung, der Nebensächlichkeit, der Unmerklichkeit und der Nebenbilder. Sie sind Ereignisse der Erlösung des Spezifischen, sie machen ein Unspezifisches, sie bedeuten das Menschliche, den Menschen mit der gleichmäßigen Haut. Auf die Haut nämlich kommt Goethe in der Farbenlehre zu sprechen, bei der Betrachtung über Säugetiere und Menschen –

Wenn bei Affen gewisse nackte Teile bunt, mit Elementarfarben, erscheinen, so zeigt dies die weite Entfernung eines solchen Geschöpfs von der Vollkommenheit an: denn man kann sagen, je edler ein Geschöpf ist, je mehr ist alles Stoffartige in ihm verarbeitet; je wesentlicher seine Oberfläche mit dem Innen zusammenhängt, desto weniger können auf derselben Elementarfarben erscheinen. Denn da, wo alles ein vollkommenes Ganzes zusammen ausmachen soll, kann sich nicht hier und da etwas Spezifisches absondern.
Von dem Menschen haben wir wenig zu sagen, denn er trennt sich ganz von der allgemeinen Naturlehre los, in der wir jetzt eigentlich wandeln. Auf des Menschen Inneres ist so viel verwandt, daß seine Oberfläche nur sparsam begabt werden konnte.

»Wie leicht die Farbe entsteht« – das könnte der unausgesprochene Untertitel von Goethes Abhandlung über die Farben sein. Und aus dieser Abhandlung wäre herzuleiten: wie leicht alles entsteht und wie unspezifisch es ist und wie leicht spielt es von einem ins andere. In der Welt darf nur die geringste Veränderung vor sich gehen, es sei nun durch Mischung oder durch sonstige Bestimmungen, so entsteht etwas. Der andere unausgesprochene Untertitel: »Kontinuum der Leichtigkeit«. Und daher ist der Dichter der Unspezifische, einer unter vielen. Seine Oberfläche ist sparsam begabt, man erkennt ihn also kaum, er unterscheidet sich allerhöchstens durch Unauffälligkeit. In einer Wiese die ungezählten Löwenzahn-Blüten, die einander, klein, gelb, einzeln, duftlos, der Biene offen, sonnenwarm, gleichen, sind das Bild für eine Gemeinschaft der Dichter. Nicht Pen-Klubs und Gesellschaften, sondern entlang einer Eisenbahnstrecke blühendes Taraxacum oder die Kuhblumen (taraxacum officinale). Sparsam begabt, könnte man etwas Besseres über einen Dichter sagen?

...

1 Von wem sprichst du?
2 Von einem, der das und das und das getan hat und dort und dort aufgetreten ist.
1 Dann kann er kein Dichter sein.

...

1 Von wem sprichst du?
2 Von einem, der da und da nicht dabei war.
1 Ach ja, ich erinnere mich. Einen Dichter erinnern ist wie niemanden und nichts erinnern. Er war nicht da; so weiß ich von ihm. Ein Stummer, so höre ich ihn. Ein Neutraler, so zeichnet er den Weg. Einer im Parkett zwischen den Bänken, so steht er auf der Tribüne. Ach ja, ich erinnere mich, eine Freiluftszene. Dort der Einsame, der ordentlich bestürmt wird.
2 Ich kann mich an sein Aussehen nicht erinnern.
1 Ein Dichter also. Ein Verschwundener. »Hast du die Dichtung gesehen?« – »Nein.«

...

2 Wie steht es jetzt aber mit dem Arlecchino und dem Menschen?
1 Beide sind sparsam.
2 Warum? Arlecchino trägt ein Kostüm voller Farben, reich an spezifischen Farben, darunter Elementarfarben, bunt wie die nackten Ärsche der Affen. Er ist ganz stofflich und fetzig und fleckig. Dagegen im edlen Geschöpf ist alles Stoffartige verarbeitet zur Farblosigkeit. Ist also Rameaus Neffe ein Dichter oder ist der sparsame Denis Diderot der Dichter?
1 Der Sparsamere ist der Dichter. – *Sparen*, altes Wort, welches »nicht brauchen« bedeutet. *Sparsam* ist weit verwandt mit dem altslawischen Wort *sporu*, welches *reichlich* bedeutet. So bedeutet *sparsam* und *karg* auch *reichlich* und *ergiebig*. Das

Karge ist das Ergiebige. Die indoeuropäische Wurzel für *Sparen* ist ein Wort, das *sich ausdehnen* bedeutet. Da denke ich an *Sparsamkeit* und *Landschaft*. Rameau und Diderot, sie sprechen doch miteinander darüber, wer die größere Landschaft kennt. »Du mußt dir deine Landschaften sparen.«
...

Es ist hier der Ort, über einen jungen Dichter zu sprechen, der in ganz anderen Zusammenhängen wahrgenommen worden ist als den von mir bisher geltend gemachten: Thomas Kling. Und ich möchte nachdenken über eines seiner Bücher, das den Titel »brennstabm« hat, ein Buch mit Gedichten. Nur Oberflächliches will ich dazu sagen. Schluß mit den Deutungen! Man legt solch ein Buch rätselnd beiseite, hat vielleicht ein Wort wie *Farbenlehre* im Sinn; aber das ganze Buch ist keine Farbenlehre, warum also dieses Wort? Hin und wieder nimmt man das Buch auf, rätselnd. Oder man hört einer Vorlesung aus dem Buch zu; eine Vorlesung von Thomas Kling ist zeilenweise sehr laut, sehr heftig, der Schrei kommt dabei vor, viele Stimmen eines Menschen. Dann ist das wieder vorbei, das stille Buch steht lange Zeit unbeachtet. Bisweilen ein Wort wie *Farbenlehre*. Und darum hat es seinen Platz hier, in dieser Studie. Es wird wohl darin eine zarteste Erscheinung geben. Aber wie davon berichten? Das ganze Buch sollte ich vorlesen, denn es ist etwas darin weit aufgeteilt, zart verlängert, zärtlicher gespart worden, etwas Ausgiebiges ist in dem Buch. Dieses Ausgiebige ist, vermutlich, verbunden mit einem Menschen, dem das Buch gewidmet worden ist, verbunden mit dem Großvater und, wie es heißt, Lehrer Dr. Ernst Matthias, der von 1886 bis 1976 gelebt hat. Gelebt hat, und jetzt sind ihm diese Gedichte gewidmet; die zarte Wirkung geschieht, vermute ich anfangs, zwischen dem Gelebthaben und dem Jetzt der Gedichte; zwischen einem Menschen und diesen Gedichten. Daß dieser Thomas Kling einer der heftigen Schreiber sei, so ist oft über ihn gesprochen und geschrieben worden. Vielleicht ist manchmal das Heftige nötig, um abzulenken von etwas, das wirklicher ist. Wenn ich mich an dieses Buch immer wieder erinnert habe, so an sein Zartes, nicht an seine Heftigkeit.
Zehn Abteilungen hat das Buch, allem vorangestellt ist zunächst die Widmung – »*brennstabm* ist meinem großvater und lehrer

Dr. Ernst Matthias (1886–1976) in dankbarer erinnerung zugeeignet« –; dann folgt ein Spruch aus den Kasseler Glossen, einer Spruchsammlung aus dem 9. Jahrhundert, – »uuanna pistdu woher kommst du« –, den ich mir übersetze als: So einer bist du, woher du bist. Die Schreibung des Spruchs, ich nehme an, es ist die originale – »uuanna pistdu woher kommst du« –, ist eine überkommene, eine alte, keine eigene des Dichters, keine subjektive, sondern eine objektive, unspezifische. Der Spruch sagt etwas ähnliches wie die Rechtschreibung des Spruchs – du bist deine Vergangenheit. Dann alle weiteren Gedichte im Buch sind in »besonderer« Rechtschreibung, sie weicht ab von der vereinbarten, zugunsten einer Wörtlichkeit, vorgegebenen Wörtlichkeit, wörtlichen und buchstäblichen Objektivität: der Artikel *die* wird geschrieben *di,* das Substantiv *Sprachen* wird geschrieben *sprachn,* das Substantiv *Geschütze* wird geschrieben *geschüzze,* das Syntagma *schrien es* wird geschrieben und gesprochen *schrienz, Todesangst* als *todesanxxt.* Die Schrift ordnet sich der Objektivität des Gesprochenen unter. Der Dichter, der junge, ordnet sich dem Herkommen unter, augenscheinlich einem sprachlichen und sprachlich großväterlichen Herkommen (Großvater, erzähl mir). Herkommen und Sprache sind dann, nach dem Spruch, noch einmal in einem Ich-weiß-nicht-was eingefügt, in einer Art Motto – »meine haltung & di sprachn«, lautet die erste Zeile des Mottos, die zweite bildet daraus »HALTUN'. SPRACHE«, also das Wort Haltung geschrieben in einer lokalsprachlichen Variante HALTUN'; liest man das schnell, so wird daraus fast *Halt* und *Sprache* (= Fundament und Sprache). In der dritten Zeile dieses Mottos wird die Position der beiden Worte getauscht – »Sprache. Haltung.« Offensichtlich kann man, der Tausch zeigt es an, die Haltung als Sprache ansprechen und die Sprache als Haltung.

Genug der diesesmal notwendigen Haarspalterei. Auf der nächsten Rectoseite des Buchs steht das erste Gedicht *»di zerstörtn. ein gesang«,* ein Gedicht, darin es Krieg gibt, und, so schließe ich, das Herkommen, unser Herkommen sogar; das Herkommen (und das Sprechen) sind nicht zu trennen vom Krieg, und darum, daher, hat einer dieses Gedichtbuch schreiben müssen.

di zerstörtn. ein gesang

1
herzumlederun'. schwere.
geschüzze.
böschungen im schweren in
gescheuchtm mohn; wir haben lawinen, la-
winenstunden und ja und -jahre gehabt. wir
pflanztn uns auf, wir aufpflanzer von ba-
jonettn. di blutablaufrinnen, die kanntn
wir.

2
WIR LAGEN IN GROBEN GEGENDN. WIR PFLANZTN
TOD. WIR PFLEGTN DEN GESANG / WIR AUF-
PFLANZER VON EWIGEM MOHN / DER SCHOSS
AUS UNSERN HÄUPTERN UNS IN DEN GESANG
DAS NANNTN WIR: *herzumlederun'*! + schrienz,

3
rattnschlaf. so war ich deutscher, serbe,
franzose; wir wir wir. WIR STEKKTN UNS auf
unsre bajonette, fühltn uns und sangen für
den böschunxmohn   »todesanxxt?,

4
ja.: 2 mal:
als in den 20ern ich in offne see hinauszutreibn
drohte; als das meer mich *fast* genommn hätte. +:
INFANTRIE-ANGRIFF / schlacht a. d. putna; ru-
ssischer gesang noch als ich nachts 88 war. ihr
gegnüber-gesang; nur der fluß trennte uns nachdem wir umgeladn wurdn in hermannstadt ('16).«

5
hart umledertn herznz. unsere schwere.
geschüzze   so bricht der tag an di rattnnacht.
nächte nächte rattnnächte im böschunx-, im
ratten-mohn. wir sind noch WIR WAREN UNTER DER
WEISZN *(jiddisch, di mond)* da waren wir,
DAS WARNEN WIR. UMSONST-GESANG

6

unterm rattnmond kurz schlafende schlaflose
mordexpertn; WIR SCHLIFFN di spatn an und
übtn an lebendign kazzn; wir rattn wurdn
trainiert wi rattn. WIR SCHWEISSTN uns schlag-
ringe; WIR SCHWEISSTN auf allen seitn GEHN SI
IN UNSER MUSEUM auf allen seitn den bauernkriixx-
morgenstern. da, grabnkampf, verhaue,

7

brach di tagsonne ab, nebel-, geschüzznebel-
betreut im böschunxmohn, kaum kriegen, 88, wir
unsre tablettnkrallen zum schmalgelbn todmund.

8

WIR SCHWOREN auf unsre schrapnelle, blikkn
aus schwer zerlebtn trauma-höhlen auf unsre lebnzz-
geschichte.
kaliber.   korps-chor: (»WIR HÖRTN
kaliber.   DI ENGLEIN
kaliber.   SINGEN«)
geschichte.

9

bestellte, jahre später, grünoxidierte äkker;
deine pflugschar, bauer, knarrt in hülsen, schädel, handgranatnsplitter. das knarrt in deinen
schlaf, rattnschlaf, den unbesänftigtn. so rot
blüht dir der böschunxsmohn ins herz ins starr-
umlederte, wo keine schwestermutter dich anhört
und hört; di weiße scheint in gräbnmohn, ameisene
schwere, geschüzzdonner der deine träume ja jahrzehnte später pflügt und schwere,
schwere schwere (!!!)..

Das ist wohl die Sprache, Erzählung des Großvaters, er überlie-
fert etwas Wichtiges dem Enkel. Dieses Wichtige ist kriegerisch,
es geschah zwischen Geschützen, Bajonetten und Blutablaufrinnen. Dort wurde der Tod gepflanzt und Mohn schoß rot. Dort
gab es ein Gegenüber, die anderen »wir wir wir«, jeder ein
Mordexperte, jeder jedes Mörder. Das, was da war, gilt noch
immer; es ist nicht zuende. Das vielleicht die Lehre des Großva-

ters – es ist nicht zuende. Die Lehre vom Krieg: »wir blikkn /
aus schwer zerlebtn trauma-höhlen auf unsre lebnzz- / geschichte.« Die Kontinuität von damals und jetzt strahlt auch
»die Weiße« aus, der über alles hinscheinende Mond.

Da nun setzt der Gedichtband an, er nimmt die Kontinuität
und die Transzendenz zwischen damals und jetzt auf, er versucht der Überlieferung des Großvaters gerecht zu werden. Es
beginnt der erste Hauptteil des Buchs, der »brennstabm« überschrieben ist, darin das erste Gedicht ein frühes Gewahrwerden von Gewalt ist:

> *blikk durch geöffnetes garagntor*
>
> nebeleisern blix: der jeepmann
> garagn- und schußherr der da zu-
> rrte, jagdgrün; in meim 11jährign
> rükkn ein hochneblichter tannan-
> stieg, vor mir dies: HIRSCHGARAGE!
> GARAGNWANT ALS HIRSCHWANT!, schon ap-
> gesägtn geweihs der unbeschienene hu-
> bertuskopf, des hirschkopfs augnfleisch
> kopfunter, ausgependelt. da allgäuer
> zerrnebel beidseitig raus, und aufgebro-
> chn ausgeweidet ausgeräumter leib BO-
> RSTIGE RAUMTEILUN' bei weggeräumtm
> innereieneimer stark!!riechende -wände (g-
> ruchsklaffung): der da   so hinge-
> hängter hingeklaffter hirsch

Da ist es wieder, das Kriegerische, ein elfjähriges Kind gewahrt
einen ausgeweideten Körper eines erlegten Wilds, da sind
Augen, Innereien, Geruch, und da ist auch ein Meister dieser Zerfleischung. Trauma des Großvaters und Trauma des
Enkels. Nächstes Bild der Trauma-Reihe:

> *GESTOKKTES BILT*
>
> im grunde di naturgewaltn; ein grun-
> zn aus dem untergrund, durchwatete
> delirien;
>   überkreuz-
> geratne geratn da natürlich überkreuz; des

öfteren, öfter noch als früher: marterln
an der autobahn, improvisierte biltstökke,
flüchtig zustaubendes randstreifngeblü; zur
seite gesprochner truckersatz (ein stoßgebet), bei kurzem halt bei -planknsalat (»da
hats sie weggefetzt«) NUR KEINE KURVN-
DISKUSSION;
               pestackerrant, so monochrom;
dahinter einfamilienhäuser, breiige le-
bnzversicherun'

Sogleich ein Gedicht, darin der Enkel vielleicht spricht, aber
vielleicht ist es der Großvater, der spricht, die Zeiten sind hier
gemischt, die Identitäten der beiden nicht mehr zweierlei, ein
Großvater-Enkel-Kontinuum hat hier begonnen, eine Nemesis
divina-traumatica:

                 di nacht-, brandige blüte, &
       mahre di zufuß durch unsre brüste
       gehn   geschwindschritt zum her
       zn hin   (stolpern)   ungeschwiegene
       rachn der mahre, händevoll werfn
       di tagtablettn uns zu; talg der dahinfa-
       hrende augn zerträufelt, milde:
                              sieh hin,
       siechtum handfeuer
       gas

Ein wenig heißt das auch: »Du warst, also bin ich«. Auch diese
Sprache wieder, vor allem die Schreibung dieser Sprache, ist,
wie eine andere war. Im Gedicht »valkyriur. neuskaldisch« ist
ein Hinweis auf Sprache getan, auf das Skaldische, welches die
altisländische Dichtung war. Hier im Gedicht ist es Neuskaldisch, also, vielleicht, eine auf die Vergangenheit bezogene, zu
beziehende, Sprache. Und wieder ist da Krieg, schon im Titel
als Walküren angesprochen, als Kampfjungfrauen, die den Sieg
und die Niederlage besorgen:

       valkyriur. neuskaldisch

                         du-
       rchtrennte luft, die waagerechte.

197

allmählich parabel-, dann kurvenbeschreibend
die zeugleiber. schön schneidende einstellerinnen
von schlüssen. über äugendn geysiren vor-
schießend ihre geysiraugn. ein dahinjagen! der
aufsitzendn, der insassen; in zerhufter luft
keuchende pferdeseelen: EIN BLUTBILD DIES, DER
STERBENDN ATEMWEG. (*schwerleserlich*) nordmeer,
schönheulend (*in etwa*), dahindüsende wälder, wald-
stükke weltstükke, schrammend, übersauster interalt.
für was für eine schlußeinstellung sorgen valkyriur!
(*nicht nur unleserlich: befallner passus*) valkyriur!
sturm, halsadern von bleistiftdikke, entfallende passage
geplatzte nähte rauhnähte, die senkrechte sodann. flug-
zeugleiber im wie-ein-stein; im stürzn abstürzn noch
auf die auslöser drückend, grelle hälse, verwackelnd,
scheißend in vielsprachigem stoßgebet bevor im grunde
das alles hinterhältig endet. ohne einen gesang.

Das Schauen mit den Augen oder Apparaten und das Schießen
mit Waffen sind hier zugleich angesprochen. Augen und Waffen
tun dasselbe. Und was da angerichtet wird, ist Bild und Blutbad
zugleich: »BLUTBILD«. Und dann ist dieses Gedicht auch ein
wenig tagebuch-artig, es enthält schwerleserliche und unleserli-
che Passagen. Wieder, vermute ich, ist es das Tagebuch eines anderen, das Tagebuch, sagen wir, eines Großvaters. Dieses fließt
zusammen mit dem Text des Gedichts, lebt darin weiter.
Im ersten langen Gedicht hieß es: »so war ich deutscher, serbe,
franzose; wir wir wir.« Wenige Zeilen später: »nur der fluß
trennte uns.« Oder das damalige Erlebnis ist ausgedrückt im
Wort »Gegenüber-Gesang«. Aber dann sucht dieses Buch wieder einen Zusammen-Gesang zu machen. Das Laute dieses
Buchs, es spricht laut von der Trennung und Wunde, das Leise
spricht leise von der Einung und Heilung. Heilung, es ist beinahe eine Verlebendigung des Großvaters, dessen Sterbedatum
angegeben ist, es ist fast eine Heilung von Tod überhaupt: Heilung und Verlebendigung durch Mischung. Wer spricht hier?
Hier spricht, was war und was ist. Du warst, also bin ich – das
ist die Heilung. Heilung durch Überlieferung der Wunde.
(Kartesianisches »ich denke, also bin ich« – das heilt nichts.)

Der vierte Hauptteil dieses Buchs ist überschrieben »stifter-figuren, charts-gräber«. Da ist es also, das Vor-Bild der Toten, fast der Wunsch nach Nemesis, nach dem Bleibenden (der Stif-ter) und nach den charts, darin, in den englischen *charts* der *Treffer*, Woche für Woche die Besten verzeichnet sind. (Diese wechseln lebhaft, jene charts bleiben, es sind Gräber, unverän-derlich.) Und in diesem Hauptteil geschieht es, daß das sanft erinnerte Wort *Farbenlehre* wiederbegegnet, im ersten Gedicht dieses Zyklus über die Vorbilder, heißt *Mitbilder*. Das erste Vorbild und Mitbild und Immerbild heißt Paul Celan:

> DAS HEIL. (*»paulum, ein wenig«*)
>
>   nicht von
> antschel: herzgespann. weich
> behaarte, hohe lippen-
> blütler.
>   so gehz
> weiter; ödlandkönig, farbenlehre:
> starkes gelb im löwn! lattich,
> hufmaul, -zahn. so nah-
>   z

Auf einmal leise. Das Buch kommt dem Gesuchten näher, dem Wenigen, dem Unscheinbaren, der Heilung. Worin sie sich er-eignet? Im Lippenblütler vielleicht, einer Blume, die es nicht gibt, deren Lippen und Mund blühen, die vielleicht sogar spre-chen und erzählen und überliefern kann, zumindest ein wenig. Eine Blume, mit der es weiter geht, die König ist des öden Platzes, ja an ihrem Platz eine Farbenlehre entwickelt, ein Zeugnis gibt von den »zartesten Wirkungen«, sogar von der goetheschen »Formel der Lebendigkeit«. Aber das Gedicht spricht nicht *von* Celan, *von* Antschel, sondern er ist, ganz spurhaft/sparsam, ganz farben-unbeständig, ganz zart-erwirkt, wirklich-unwirklich, da und anwesend. »Wie leicht die Farbe entsteht«, das hatte ich Goethes Abhandlung über die Farben als unausgesprochenen Untertitel beigegeben. »Wie leicht die Heilung entsteht«, das wäre der noch unausgesprochene Untertitel dieses Gedichtbands. Oder: »Wie leise die Heilung entsteht«. Tatsächlich in einer Farbe geschieht sie, im Gelb

einer Blume, nicht eines Lippenblütlers, sondern eines Korb-
blütlers, des Löwenzahns, der auf Wiesen und an Wegen
wächst, dessen Wurzel als Medizin verwendet wird. (Das Wort
Lattich will ich nachschlagen im Lexikon. Dabei öffne ich die
Seite, auf der links am oberen Rand das Stichwort *Linné* steht.
Also lese ich die Eintragung über Carl von Linné, schwedi-
scher Naturforscher, geboren Rashult (Schweden), 23. 5. 1707,
gestorben Uppsala 10. 1. 1778. Begründer der modernen Pflan-
zenbeschreibung. Führte die binäre Nomenklatur (die Doppel-
benennung) ein und schuf das lange herrschende Sexualsystem
der Pflanzen.)
Lattich, ein Korbblütler so wie der Löwenzahn. Und Huf-
maul? Den kenne ich nicht. Ist das eine Mischung, Familiarisierung aus Huflattich, dem Korbblütler, und Löwenmaul,
dem Rachenblütler? Lauter Blütler, eine Familie. »stifterfigu-
ren, charts-gräber«, Thomas Kling beschreibt hier, nachdem er
begonnen hat mit dem Großvater, seine weitere Familie. Es ist
eine Familie der Lebenden und der Toten, der Blumen und
Sprecher. Es ist eine Transzendenz-Familie, eine geheilte und
leichte Wirklichkeit. Der Untertitel dieses vierten Hauptteils
lautet: MULTI PERTRANSIBUNT ET AUGEBITUR SCIENTIA. Paul Celan.
Joseph Beuys. Friederike Mayröcker. Andy Warhol. Konrad
Bayer. Reinhard Priessnitz. Und einer, der mir nicht bekannt
ist. Familie und Gelichter, Heilung darin.
Weitere Einung, Heilung, Familiarisierung im fünften Hauptteil. Ich will das nicht beschreiben, aber wieder ist, in diesem
Zyklus über die Liebe, das Ich ein Du, ein aus Du gebildetes
Ich, eine Einigung. Hier gilt nicht »Du warst, also bin ich«,
hier gilt jetzt schon »Du bist, also bin ich« –

renewed mercury blues

in unzerhaunen in reinen gegendn,
morgendn sodann: s.e.l.i.g. quick-
silver ich jaja, luv + agape du!
in ungebremstm HERMES-MEDIA-SCHU, schu!,
gleit ich dahin-daher: s.e.l.i.g., umor-,
ummorgenherze dich, ich ummorgenherze, halse,
fiere dich.

allein.
auch wo? wo auch ich
mich hab / + YOU!

reh-frenng:
WOTTA SAILIN' ...

Abgesehen von allem anderen werden hier auch zwei Sprachen vereint, das Deutsche und das Englische, der ferne Gegenüber-Gesang ist hier fast zuende und ein wirkliches *Wir* wieder da. Das englische *mercury* aus dem Titel wird im weiteren Text dann zum sowohl englischen wie deutschen *quick (silver)*, *quick* kann sowohl deutsch als auch englisch sein. Doppel-sprachlich, quicklebendig, hermes-medial. Jetzt nicht nur: »Du warst, also bin ich«, und nicht nur: »Du bist, also bin ich«, sondern auch: englisch, also deutsch. Die Buchstabengruppe l – u – v, das ist sowohl ein Wort aus der Seemannssprache, die windzu-gewandte Seite eines Schiffs, als auch falsche Schreibung für das englische Wort *Liebe.* Hier wird vieles vereint, in diesem Ge-dicht, aber mit großer Leichtigkeit, ohne wirkliches Resultat, das gefundene Ich ist ein leichtes nur, ein dahin-daher gleiten-des, windbewegtes. Ein *Humor* ist auch in diesem Gedicht, der ist ebenso falsch geschrieben worden wie die *Liebe*, *umor* ist er nämlich geschrieben, und daraus wird sogleich *ummorgenherze.* *Umor*, beinahe klingt es wie *amore*, und ist wieder falsch ge-schrieben. Man könnte sagen: Das Gedicht vertraut der falschen Schreibung. Im Falschen findet Begegnung statt. Im Falschen gibt es das Reine und die reinen, unzerhauen Gegenden und das Quicklebendige.
Der sechste Hauptteil, TIROLTYROL, Tirol einmal mit *i* geschrie-ben, einmal mit *y*, ist das nicht eine Vermengung von alter und neuer Schreibung, der sechste Hauptteil sammelt unter ande-rem Zitate und Aufschriften, die des Krieges gedenken –

5.1

vanitas. gletscheraugn

(exitus 1941)
sein lebn und strebn/ver
bandn sich nur,/den liebn

der heimat berg akker und
flur/darum war es so hart/
als zerriß dieses band,/durch
den krieg und sein/sterbn
im feindesland

5.2

wobei sich eine darartige
hizze entwikkelt daß di g
troffenen s o f o r t
zu kohle verbrennen
meyerslexikon 1926

5.3

(exitus 1942)
innixt verbundn/mit
herzhund hant,/den
liebn-der-heimat dem
bauernstant/zog er als
einziger/schwer in den krieg,
bis er als lezzter-des-stammes
gefallen!/betrauert von vielen
geehrt von uns allen

11.1

exvoti. reanimiertes tirol

1834 kam Andre Lauser unter
waggen; da ihm die pferde laufend
wurden, wo ihm lebensgefahr throhte,
nur durch Augenscheinliche Hilfe Gottes,
u. fürbitte Ma/ria, kam er ohne grobe
verletzun' davon. dankbarkeit!

16

tiroler hof, tyroler straße

ANDREAS HOFER-STÜBERL. HIER
STAND NOCH ANFANG DES 19. JH.
: DAS TIROLER-THOR DER ALTN
STADTBEFESTIGUN'

Nicht *Stadtbefestigung,* sondern STADTBEFESTIGUN': hier springt
der alte Text ins Neue um, hier, an diesem Fleck, gleicht er sich
zeitlich aus. Nein, das Tor steht nicht mehr, aber die Sprache,
dieses eine Wort (vielleicht großväterlicher Aussprache), er-
neuert es, wenn auch so unmerklich.

Aufs Unmerkliche hin: so geht es in diesem Buch zu, auf das,
welches nicht oder kaum sprechen/aussprechen kann, welches
fast stumm oder tot ist oder blinder Fleck, auf den heiligen
Florian zum Beispiel oder den Schnee –

»*schneehöhe*

den 24. april 1817«

Dieses Gedicht ist ein stummer Strich bloß. Aber die ganze
darunterliegende weiße Seite des Buchs beginnt zu sprechen,
das leise Weiß. So könnten die Toten zu sprechen beginnen.
Stumm ist auch St. Florian in einem Gasthof, darein Menschen
in ihren Elementarfarbkleidern und lauter Buntheit treten –

kitzbühel. panoramafenster

fickwahn!, knalligste monturen!,
was da zur tür reinmoonbootet und
-schneit! londoner stadtadel mai
länder fabrikantntöchter münchner & wie
ner wiener-und-tempo-mischpoche (»der da«
»die da«) bei laffm schnee, hingepustetm
kunzschnee (...); rollsplittschritte, ein
hingestapf zu glühwein drinks malakoff-
torte; pelzjäckchen geplustert, fickwahn,
pistnröte von gestern nacht, aus gelbn
knallgelbn boots staksig der ihre wadn
da raus; hah-
nenkämme! in seiner nische ver-
löschend sankt florian

Da sitzt also in diesem Bild (das ein wenig an Goethes elementare Affenärsche erinnert) der Beschützer, Florian, der vor Feuer bewahrt. Gerade in seinem Verlöschen liegt sein Schutz; sein Verlöschen schützt vor der knalligen feurigen Farbe, also vor der Aggressivität der Szene, vor dem kriegerischen Auftritt in diesem Gasthaus in Kitzbühel. Im Verlöschen des Sankt Florian ist auch wieder hörbar die Stimme des Großvaters und seine wunden Worte. Die Antwort auf das Trauma ist das Verlöschen, die Antwort auf das Trauma ist leise, beinahe ist es keine Antwort. Ist die Lehre des Großvaters und die Lehre hier nicht fast schon die sich eignende Sprache für das große Trauma mit dem Namen Auschwitz? Die Wunde und das Wunder des Verlöschens. Auch dieses Gedicht hat eine Wunde und ein Wunder; vielleicht jedes richtige Gedicht.

Noch über den siebenten und den achten Hauptteil des Buchs möchte ich sprechen, dazu wähle ich mir zwei ähnliche und ganz gegensätzliche Begriffe: die *Aufsicht* und die *Aufnahme.* Das sind zwei Weisen des Sehens, und sie spielen eine beträchtliche Rolle im Erinnerungsprozeß dieses Buchs. Die Teile sieben und acht sind wieder Rückwege; sieben heißt im Titel »retro?« – »retro« (Frage und Antwort darauf); acht heißt AUFNAHME MAI 1914. (Teil sieben besteht aus Gedichten, die 1978 geschrieben wurden, alle anderen im Buch sind 1988 und später geschrieben – eine Anmerkung am Schluß des Buchs macht darauf aufmerksam.)

Das erste Gedicht aus »retro?« – »retro« ist das Gedicht »goethes gartenhaus«, das ich aber nennen möchte »der bewachte goethe«. Der Weimarer Dichter aus der fernen Zeit steht hier unter Bewachung, unter Aufsicht, aber das Wunder dieses Buches ist die Aufnahme, wie sie dann im achten Teil zu sehen ist. Unter Aufsicht ist er aber vielleicht wirklich tot, nicht irgendwann gestorben, sondern unter den Augen der Aufsicht erst wirklich tot, ohne Transzendenz.

> als ich in goethes gartenhaus war,
> stand ewig ein aufseher in der nähe,
> starrte gelangweilt in goethes garten
> und paßte auf, daß ich nur ja nichts
> von goethes sachen anfaßte.

da habe ich noch schnell vor goethes
spiegel eine grimasse geschnitten,
(als der andere wieder aus dem fenster guckte)
bin in goethes garten gegangen,
habe mich auf eine gartenbank gesetzt,
die füße auf den steinernen gartentisch gelegt
und während goethes gartenvögel zwitscherten,
habe ich eine geraucht   und
das hier aufgeschrieben.

Immerhin, die Respektlosigkeit in Goethes Umgebung ist eine
wirklichere Achtung und ein wirklicherer Schutz, als was der
Aufseher da tut. Man könnte sagen: die Grimasse im Spiegel
und die Füße auf dem Tisch, sie wollen den Toten wecken;
auch das Gedicht will das tun, das in der Haltung der Respektlosigkeit aufgeschriebene. Eine unsichere Haltung zu Goethe,
aber gewiß eine beginnende florianische schon, begrenzt rebel-
lisch, aber dem Gedicht vertrauend, das heißt der zarten Tat.
Jetzt aber der achte Teil, der Ort der Transzendenz, der Ort der
Aufnahme, der Empfängnis – Bild und Anwesenheit. Das erste
Motto des Buchs war: »So einer bist du woher du kommst«;
jetzt steht im Motto: »der sizzta cool«; cool, das heißt gefaßt,
schweigsam, sich nicht zu erkennen gebend. Und dann folgen
in diesem achten Hauptteil weiße Flächen, Photographien und
wenig Text. Der Text beschreibt einen nicht genannten, nicht
identifizierten, vielleicht also toten, vielleicht also großväterlichen Menschen – der zugleich hier nicht anwesend ist und auf-
ersteht hier. Dem ersten Textstück ist gar kein Bild beigegeben,
die linke Seite ist weiß im Buch, rechts steht geschrieben: »gefaltet, beherrscht; di beherrschtn hände.« Vielleicht ist es der
Text zum Anblick des Toten, vielleicht ist es ein Gebet. Die
Photographien dann, vielleicht sind es Bilder aus der Schatulle
oder dem Schrank des Großvaters, sind Bilder aus dem Ersten
Weltkrieg, Marine im Hafen, Marine-Infanteristen bei der Rast
auf dem Ufer, vielleicht eine Rast vor oder nach dem im allerersten Gedicht des Buches genannten Infanterie-Angriff während
der Schlacht an der Putna, dann ein Verband Kriegsschiffe in
schneller Fahrt vor der Küste, dann ein Bild vom Abschuß
eines Torpedos, zuletzt ein brennendes Segelschiff.

8.2
gefaltet. in leicht vorgebeugter spannun'.

Wie gehören Text und Bild zusammen? Das ist fast so wie fragen: Wie gehören Lebende und Tote zusammen; Jetzige und Vergangene? Ich will die Frage nicht beantworten. In 8.3 lautet der Text: »was für ringe unter befallenen augn.« Das Bild daneben zeigt ein Deck mit zwei Flaschenzügen (Davits) eines im Hafen (von Pula?) schwimmenden Schiffs. Also kein Zusammenhang, ein Bild vom Hafen, ein Satz über die Augen eines Menschen, also kein Zusammenhang, da das tote Bild, hier die lebendige Sprache, zwei verschiedene Seiten, eine linke, eine rechte Seite. Beides ist im Buch zusammengesetzt, zusammengerückt worden; fast sieht man in der Biegung der zwei Kräne die Augen und die Ringe unter den Augen, Ringe und Seile und Rollen, Bögen, Brauen, Linien. Nur ein zarter Zusammenhang vielleicht, ein verlöschender, florianischer.

IV. Sebulon

Jetzt gibt es nur noch die Wiederbegegnung. Fast kann ich nur noch zurücksprechen, nicht mehr voransprechen. Ein Wort wie »ich« müßte man jetzt umkehren, die Reihenfolge der zwei Laute korrigieren zu »ch« und »i«; ist es nicht dem italienischen »chi?« anagrammatisch gleich? Die Wörter kehren zu den leichten Dingen zurück, die Menschen erinnern sich. Ende der Paralyse. Es hängt im Wiener Kunsthistorischen Museum ein Bild des heiligen Sebastian, das Andrea Mantegna um 1460 gemalt hat. Darauf zu sehen ist der heilige Sebastian, der gemarterte, von vielen Pfeilen durchbohrte, an die Säule einer Ruine gestellt. Zentrum des Bilds: die Qual. Aber mit diesem Zentrum kommt das Bild nicht aus, das Zentrum braucht Nebenbilder, um sich darin wiederzubegegnen. Links und rechts der Säule ist der Blick frei in eine Landschaft und in den Himmel. Diese Landschaft ist sehr tief, sie reicht bis an ein großes Gewässer, jenseits von diesem liegt auf dem Festland eine Stadt weißer Bauten. Ganz fern Gebirge. – Im Himmel wenige knaufige Wolken. Links oben, am weitesten abseits vom Mittelpunkt der Aufmerksamkeit, vom Mittelpunkt des Bildes, der ebenso knaufrund ist – der Mittelpunkt ist der Magen des Gemarterten, und im Mittelpunkt des Magenrunds steckt tief ein Pfeil –, links oben im Bild, aus knaufiger Wolkenmasse, reitet auf einem weißen Wolkenpferd ein weißer Wolkenreiter, klein, unmerklich, der Aufatmende. Es muß etwas in der Katastrophe geben, das herauskann aus der Katastrophe; doch nicht ein Gegensatz, eine Opposition, eine Ungleichung, sondern eine Wiederbegegnung und eine Kontinuierlichkeit. Hier im Bild eine Kugelformung gleich der Kugel im Zentrum dieser Bildwelt. Oben in der Wolke steigt auf der gleiche Andere. Insofern ist der nicht in das Jenseitige unterwegs, denn er ist geformt aus Diesseits-Bausteinen, er ist geformt aus dem Bildzentrum, aus einer Art Herz, aus der Abdruckrundung, da wo der Magen des Sebastian plaziert ist. Der Reiter kann nicht fort aus dem Bild, denn er ist verbunden mit dem Zentrum des Bildes. Aber er kann fort aus diesem Zentrum, er kann hinüber kommen in die Unmerklichkeit. Das Trauma bleibt, doch auch das Leichte ist erhalten.

Als ich die Fernseh-Kinderstunde an einem Samstag einschaltete, um tatenlos in den Frühabend zu kommen, da erreichte ich gerade den Beginn eines kurzen Films über das Schlangenfangen. Im Mittelpunkt des Films ein elfjähriger indischer Bub, den der Vater ausgebildet hat, Schlangen fast aller Art zu fangen. Tag für Tag zieht er alleine los, ausgerüstet mit einem an der Spitze gegabelten Ast und einem Sack aus Leinen. Nur die ganz ausgewachsenen Kobras zu fangen hat man ihm verboten. Doch schon die kleinen Kobras sind giftig genug, ihn zu töten. So zeigt ihn der Film, wie er einen Tag nach dem anderen Schlangen fangen geht, die dann nach Madras verkauft werden; er geht barfuß, er trägt einen Lendenschurz, er spricht nicht mit den ihn begleitenden Kamera-Zuschauern. Szene um Szene. Eine Schlange, da er das eine Mal unvorsichtig ist, beißt ihn ins Handgelenk. Die Kamera zeichnet auf, wie er den Schlangenkopf mit der freien Hand zieht, bis die Haut des Unterarms ein wenig einreißt und die Zähne den Halt verlieren. Einmal zeigt die Kamera den Buben bei seinen morgendlichen Vorbereitungen. Da sehe ich ihn, wie er dem Gott Vischnu fünf Räucherstäbchen opfert, daß der ihn schütze, denn Vischnu stellt auf der Erde die Gerechtigkeit und die Ordnung wieder her. Kobras, Gattung der Giftnattern, einige Arten richten den Vorderkörper auf und flachen den Nacken durch Spreizen der Halsrippen scheibenförmig ab. Die kleine Vischnu-Gottheit, vor der der Bub hockt, ist nur Oberkörper und Kopf, aus Holz geschnitzt oder aus Stein geschnitten, das Fernsehbild läßt die Unterscheidung nicht zu; die kleine Figur Vischnu wird beschützt von einer muschelförmig um sie gewölbten Hand, fast ein hinter ihr über sie gebogenes Dach – nein, nicht Muschel, nicht Dach, die sie beschützende Hand und die unterm Schutz stehende Gottheit zusammen sehen aus wie eben die Gefahr, vor der sie bewahren helfen, wie die aufgerichtete Kobra mit dem tellerrunden Nacken. Der Schutzgott sieht aus wie die Gefahr, leicht unterschieden von ihr. So wie er dargestellt ist, ist er die Gefahr, und doch ist er sie nicht.

In der ersten Studie die Gerechtigkeit; in der zweiten Studie der Raum; in der dritten die Leichtigkeit; jetzt das Ganze. Da gibt es die Königsregel, sie gehört dem Werk Gerard Manley Hopkins'. Sein Tagebuch ist ganz Lokalisierbarkeit, bestimmbare Zeitpunkte, genau bestimmbare Betrachterpositionen.

6. Mai. Grau. Vor einer kleinen Weile an einem sehr solchen anderen Tag beachtete ich die Trinity Gärten. Viel Bestimmtheit, Zauber und Andeutung im Zusammenspiel von weißem grauem Himmel, kompaktem glattem Rasen, Tannen und Eiben, dunklen Bäumen, nieder, und Kastanien und anderen leuchtender-getönten Bäumen darüber und das junge Grün hatte ein frisches feuchtes undurchlässiges Aussehen und in dem ganzen Bild war eine Abwesenheit von Tiefe und ein Erfassen von Farbe. An solch einem Tag auch vergangenen Freitag vor einer Woche fuhr ich mit H. Dugmore zu Wasser nach Godstow, aber die warme Grauheit des Tags, der Fluß, das Frühlingsgrün und der Kuckuck verlangten nach einer Regel sie zu harmonisieren und darin abzurunden.

15. Mai. Hell oder schön und kalt, insonders der Abend und sehr klar. Spazierte die Magdalen Wege. Grün-Weiß der unteren Blätter vor allem in Ulmen und Buchen: allerdings in den Buchen ist es fast der natürliche Ton. Die Ulmen Stämme sind blau oder purpurn tiefes feuchtes Schwarz zu dieser Zeit, hervorgetrieben aus den dichten Häufungen und Armeslängen der nassen Kügelchen frischen Grüns worin das Blattwerk jetzt »ersteht«. Die langen vor-kriechenden Locken der neu-beblätterten Bäume, in Fluchten und Reihen alle miteinander zusammenquartiert den Wiesenrand hinab, prachtvoll anzusehen, aber Uneinigkeit und das Fehlen der Regel macht nur daß diese anmutigen Gestalten in der scharfen unzeitlichen Abendluft den eigenen Gedanken mit peinigender Eindeutigkeit »herauskerben«. Schierling in Blütewolken. Die schmalen Terrassen der Buchenäste schweben in leichter und gewisser Haltung, die Luft teilend, knapp über dem Kopf sagen wir, mit waagrecht-gewachsenen Abschnitten blassen fenstergleichen Grüns mit weichen Dunkeln der dann und wann überlappenden Blätter gepunktet. Mai in Blüte. Iris blühen.

18. Mai. Wie gestern. Zauberisch im Garten Quadrat das starke Relief zu sehen des dunklen Grün und der Bälle aus Licht im nahen Gras und die Mischung aus sonnhellem Laub und taugleichem Schatten in den Kastanien hoch oben und im Wind bewegt. Grüne Vierecke außer-Haus, wie ein Fenster oder eine Gartentür,

sind herrlich und das Grün deutet dann ein Rosa an in einer ungewöhnlich rekonditen Weise, als wäre es eine Übersetzung des Rosa
oder Rosa in einer anderen Tonart. Die Platane im vollen Laub
aber nicht Bergahorn. Maulbeere knospt. Flieder in vollem Blust. –
Die Dinge sehen traurig und schwierig aus.

19. Juni. Peitschende Schauer am Morgen mit Aufhellungen da-
zwischen; das klarte bis es sehr schön war, mit fliegenden über die
Wye Hügel Schatten breitenden Wolken. Schöner Sonnenuntergang. – Tintern nach Ross über Monmouth. – Den Nachmittag
Weg genossen wir sehr, insbesondere bogen wir einen Gras Fuhrweg hinab den Fluß bei der Fähre zu erreichen. Zuerst ging es steil
hinab und ich erinnere blaue Sprühen der Bergulme oder des Ha-
selstrauchs gegen das Sonnenlicht weiter weg grün. Dann stiegen
die Felder hoch zu jeder Seite, die eine gekrönt von prächtigen
Bäumen (vor allem war da eine Esche mit man konnte nicht sagen
wievielen widersprechenden geschmeidigen Kurvungen im Geäst),
und dann Obstgärten, von denen dieses Land erfüllt ist; zur anderen, mit einer schmalen Parzelle Obstgarten darin Schafe grasten
zwischen Anstieg und Fuhrweg, stand auf der Höhe die Burg
Goderich aus rotem Sandstein. Nahe dem Fluß stand eine schöne
Eiche mit langen strebenden Ästen. Das Land ist voll schöner
Bäume, insbesondere Eichen, und gründet, wie Devonshire, auf
roter Erde. Wir querten den Fluß, hinabstrudelnder Schwall, und
dann über Fuhrwege nach Ross. Vom Hotel dort sieht man den
Fluß die Oak Meadow und andere Wiesen in seinen Biegungen
umschließen. Wir gingen bei Zwielicht und Mondlicht ihn stromauf, profus, rasch und ölig, der Mond streifte das Wasser, Addis
sagte, mit Haaren aus Licht. Espen geschwärzt von dem letzten
Licht scheinen ihre spärlicheren Blätter zu Bärten oder Pfeilspitzen
in Makrelmustern zu verdichten.

1. Juli. Stürzende Schauer, leuchtend zwischendurch. Spät am
Nachmittag, das Licht und der Schatten glänzten, knüpften sich
schneeige Wolken-Stücke über den Himmel aneinander, und unter
der Sonne, die über und entlang der Erdlinie hing, erstreckten sich
die vervielfachten auf-und-nieder kräuselnden funkelnden Ketten
mit perligen Schatten bis an die Ränder. Zu Sonnenuntergang, in
einer grauen Wand mit feuchten goldenen Hauben und Driften,
hatte das ganze Rund der Skyline waagrechte Wolken in natürlicher Bleifarbe aber die oberen Flächen berggelb, einige mehr,
einige weniger rosig. Nadeln oder Strahlen geflochten oder erfüllt

mit inklinierenden Kugelflocken brachen sich Bahn. Hinter solchen Wolken amboßförmige weichrote und andere hoch-gewehte woll-vließ tisch-flache gefährlich-aussehende Stücke.

20. Nov. Zwei mächtige Planeten, der eine ein Abendstern, der andere heute fern von ihm wie in dem Diagramm, beide nahezu von einer Höhe und gleicher Größe – Kontrapunkte so daß jeder die Reflexion des anderen in gegenüberliegenden Buchten des Himmels zu sein scheint und nicht zwei unterscheidbare Dinge.

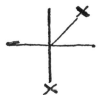

Hopkins bedarf einer so großen Genauigkeit, daß er Skizzen herstellen muß und zum Beispiel dieses Diagramm. Er stabilisiert den Jahrestag, die Zeit, die Folge der Wetter, er betrachtet täglich neu Bäume, Blumen, Flüsse, Wolken, zuweilen bis hinein in eine immer kleinere und genauere und dabei undeutlicher werdende Einzelheit, immer wieder Bäume, Blumen, Flüsse, Wolken. Er stabilisiert mit der Genauigkeit die Erscheinungen. Aber was stabilisiert er da? Daß es nicht zwei unterscheidbare Dinge sind, das ist der große Fund der Genauigkeit. Hat er die Raumposition und Zeitposition von allem genau beschrieben, so kann er den Reflexionsgehalt in allem finden. Würde er nicht genaue Festlegungen treffen, so müßte er sagen, daß sich alles verändert und verwandelt. Aber er legt Ort und Zeit fest und dann entdeckt er ein viel größeres Gesetz, welches die Getrenntheit der Dinge auflöst und die allgemeine große Reflexion ans Licht holt. Das Ganze ist das Reflektieren.

Und das Ich? Zu seinem immer genauen Zeitpunkt, an seinem Ort nur, stabilisierbar, um von da aus das Instabile, die ganze Reflexionsmenge zu entdecken. Das Ich, das nicht zu sagende Etwas, aber zu jener Zeit und an jenem Ort ist es gerade oder war es soeben oder war es damals, nicht zu sagen, aber an der Uhr und an der Stadt, dem Dorf, dem Wegrand, dem Flußufer ablesbar und so stabilisierbar, daß das größere Gesetz formulierbar ist. Das Ich, niemand, sondern damals unter dem Baum, an einem bestimmten Tag im Regen, zur späten Nachmittags-

stunde an der Bushaltestelle, jeweils und jeweils, aber der
Baum ein Reflexionsbaum, der Regen ein Reflexionsregen, der
Nachmittag zu jener Stunde ein Reflexions- und Umkehrnach-
mittag. Das Ich: damals mit folgender Geste oder jetzt ein
Geher oder lehnend an einer Straßenecke oder in der Hocke
auf Kieseln in einem Flußdelta oder im Schatten sitzend oder
ein Radfahrer mit großem Strohhut in der blauen Stunde oder
der Streunende über die herbstlichen harten Stoppelfelder.
...
Wer bist du?
Damals am Wegrand die Nesselstelle: dort stand ich.
Wer bist du?
Im Herbst um fünf Uhr am Nachmittag das plötzliche Auf-
leuchten der Tankstellen: das habe ich gesehen.
Wer bist du?
Ich saß im Schatten einer aus Bambusrohr zusammengesteck-
ten Hütte.
Wer bist du jetzt?
Ich gehe spazieren in Jacquins botanischem Garten, vormittags
und nachmittags.
Wer bist du?
Ich erinnere mich.
Wer bist du?
Ich erblicke die Straßenlaterne.
Wer bist du?
Die Brennesseln reflektieren.
Die Tankstellen reflektieren.
Die Bambushütte reflektierte und der Schatten.
Der Garten reflektiert.
Die Erinnerung ist Reflexion.
Die Straßenlaterne leuchtet.
Wer bist du?
Alles.
...

Um das Unermeßliche darzustellen, braucht das japanische
Haiku den bestimmten Ort und den bestimmten Augenblick.
Da ist die Stelle am Fluß und auf ihm Segelschiffe, der Zeit-
punkt ist der Vorüberflug des Kuckucks, wenige ganz be-

stimmte Sekunden. Und so geschieht das Flußwasser-Schiffs-mast-Kuckucksvogel-Ganze; die genaue Sekunde ergibt die ganze Reflexion.

…

Wer bist du?

Als ich an der Landstraße stand, sank die Sonne hinter den Horizont.

Und du?

Ich bin zwei Schritte vorgegangen und zwei Schritte zurückgegangen.

Und dann?

Die Augen haben geblinzelt.

Dann aber?

Ich habe mit einem Hemdknopf gespielt. Ich habe Stimmen gehört, mich umgesehen nach denen, die da kamen.

Was geschah?

Ich habe gewartet auf das Nachbild.

Und das war?

Als ich schluckte und, da es kühl wurde, einmal durch die Nase schnüffelte, schluckte und schnüffelte wie ein Elf, Elf oder Alb. Und später hörte ich die schnelle Atmung eines Hasen, der ganz nahe saß.

Und dann?

Ich wünschte mir, daß ein Fürst käme auf der Landstraße.

Und der kam?

Der kam.

Wie hast du gewußt, daß er ein Fürst ist?

Zu jener Zeit an jener Stelle.

Was heißt das?

Ein Eduard der Zwanzigste, Roderich der Vierte, erster Schattenboxer, Jakob der Hundertste, eine Freiluftszene.

…

»Aus Feldern Rußland« heißt der Gedichtband von Gennadij Ajgi. Dieses Wort *Felder* hat in der russischen Sprache noch eine zweite Bedeutung: *Freiheiten*. So heißt das Buch auch: Aus Freiheiten Rußland.

…

Da nämlich, wenn die Wolken heranschweben im Himmel,

nein, nicht die Sonne zudecken, sondern bloß aufziehen am
Himmel, dann alle Farben schwanken in der Landschaft, unmerklich, wie wenn nichts geschähe, was Bursche soll diese
These über die Kunst in einer Gesellschaft, die alle Nuancen
kennt und sich ihrer sicher ist und gar nicht verroht, wo roh
eine Nuance ist? Alle Tore stehen offen, es soll auch geschlos-
sene Tore geben. Totale Augenwinkelausleuchtung. »Und über
die Bundesrepublik mag man sehr viel Kritisches sagen, etwa,
daß das künstlerische und geistige Leben dieser erfolgreichen
Wirtschaftsgesellschaft überwiegend aus Clownereien intrika-
tiver oder provokativer Art bestehe, und man könnte mit mehr
Gerechtigkeit hinzufügen, die westliche Gesellschaft sei viel zu
komplex und in ihren Zusammenhängen zu ungreifbar geworden, als daß auch nur durch Klassen noch so etwas wie ›Ge-
meinsinn‹ erzeugt werde.«

...

Die Kunst ist Zeitpunkt und Stelle.

...

Die Königsregel bei Gerard Manley Hopkins. Die Königs-
entregelung bei dem zur gleichen Zeit Gedichte schreibenden
Arthur Rimbaud. Kein Gegenstand, kein Ort, keine Zeit, keine
Person, außer Kraft gesetzt sind diese, jedes sein anderes, seine
vielen anderen, jedes ist inmitten der Transsubstantiation oder
Wandlung, jedes ist in seinem schäumenden Frühlingszustand.
Aber in diesen Studien hat mich immer interessiert, daß Regel
und Entregelung, die Anglo-Empirie und die Franco-Rêverie
das Tor der Konzentration und Erkennbarkeit aufmachen und
in die Landschaft hinausschauen.

Winter/Frühjahr 1992

Abj.

für E. H.

Am besten läßt sich sprechen, wenn die Verhaltenheit im Spiel ist. Aus der kommt zu den Buchstaben und Worten und Sätzen sogleich ein Anderes, Nahes, die Sprache Begleitendes, Berührendes hinzu, ein eher Landschaftliches vielleicht, ein Ebenenhelles, ein Raumhaftes und Stilles. Wo die Sprache verhält oder absinkt oder stillsteht beginnt eine Ebene. Wenn ein Wort, aber das gerechte, zuende ist, beginnt der Ort in seinem Recht zu sein. Die gesprochene Sprache hat ja etwas von geschlossenen Augen, ortfrei, aber sie soll – denn man hat angefangen, sie zu schreiben, also den Augen zu zeigen – augengeschenkt werden, das heißt dann, im schönsten Fall, mit den Augen zu sprechen sein. Da! Der Übergang vom Wort zur Räumlichkeit und Stille ist auch ein Übergang vom Mund zum Auge. Sprache, weitergesucht, heißt auch, nach einer verhaltenen Bestimmung, den Mund zu den stillen Augen verwandeln. Im glücklichen Zustand sagt die Sprache: Schau! oder: Landschaft, oder: Begegne dir.

Jeder kann diese Worte *schau* oder *Landschaft* oder *du* auch ersetzen durch das Wort *Anwesenheit*. Die Sprache hat ja keineswegs Zeichen, die auf Abwesendes weisen, vielmehr macht sie gegenwärtig, und zwar alles, auch das Verlorene, sich. In einer raschen Bewegung darf es heißen: Verhaltenheit = Anwesenheit. Etwas länger gesagt heißt das: Je mehr Stille in einer Sprache ist, desto mehr ist in ihr gegenwärtig; je mehr die Sprache zurückzunehmen ist, desto mehr begegnet sie der Landschaft, der Ebene, den Räumen. »Sag nichts, und überall ein jeder hört das, auch die Schlafenden der Nächte.« Oder: »Die Welt ist ein hellhöriger Körper.«

Nicht aber Kunstfertigkeit! Der hohe Augenblick heißt: jetzt auf dieser Höhe; und für diesen ist jedes Wort das richtige, *Blume* ebenso wie *Landstraße, Schuttplatz, Kanalufer, trauerndes Hotel, Gasthof zum Elefanten.* Auf der schnellen Straße stoßen im Morgennebel einhundert Wagen ineinander; das ist hundertmal Jetzt. Du nimm diese Straße und den Kanal und das Hotel auf, wähle sie, sie haben kein Gemeinsames, tauf sie nicht, jedes leuchtet, glitzert auf einem vollkommen unbekannten Gebirge oder dem Jetzt-Berg. Die Ebene mit dem Kanal, dem Hotel und der Straße ist eine Zeit-Bergregion. Der Baum, das Brückengeländer, die meterlangen weißen Striche auf dem Asphalt. Ich hatte, da ich dort ging, keine Herzgestalt, ich leuchtete. Die Gegenwart leuchtet. Sprache ist nur im Frühlicht.

Es geht also, wenn die Sprache mit dabei ist, auf etwas Weißes zu. Der blaue Himmel über dem Spaziergänger ist, sobald von ihm geschrieben oder gesprochen wird, weiß. Alle Häuser der Dörfer sind weiß; nicht wie sie dort stehen, verschieden angestrichen oder grau oder ziegelfarben, sondern weiß angesichts der Sprache, gleich-weiß, ob man sie *rot* oder *grün* nennt. Anders gesagt: Sie sind etwas Stilles und sie anvertrauen der Sprache fast nichts, zum Beispiel ihre Farbe nicht. Das weiße Plakat mit der schwarzen Schrift darauf gedruckt ist für den Vorübergehenden lesbar und es verspricht etwas, wollte man davon berichten, es wäre an dem hellen Baum an der weißen Kreuzung der Straßen ganz schneefarben. Man mag das Plakat vorlesen; also übersetzen läßt es sich. Doch das Wort »Plakat« oder »Anschlag am Baum« ist schon unwirklich. Nur: Aufführung dreier Einakter von D., B. und S., Sonntag 24. 9. 1989, 20 Uhr, im Pfarrgemeindesaal. Und das Kanalufer war bewachsen von beweglichem Schilf. Der Kanal verband die Stadt Wien mit der südlichen Stadt Triest, unvollständig ausgeführter Plan eines belgischen Ingenieurs. In der Ebene, die Berge doch schon sichtbar, schwammen im Kanalwasser die Fischotter. Durch die geöffneten Schleusen rauschte das Wasser, schäumte braun, roch sauer, verlangsamte wieder. Auf der parallel gelegten Autobahn fuhren die Flugzeuge. Da und dort die Supermärkte mit Flughafeneingängen, der die Landschaft überragende grüngestaltige Logos, die wandernden Leuchtzeichen eines Nachtklubs oder Tagklubs, der zwanzig Meter senkrecht gestellte Namenszug einer unten dunkel liegenden Industrie, die Seitenwege, die in Kastanienalleen überleiten, zum Hechtenteich und Karpfenteich und auf diesen die großen trägen Septemberblätter, darunter die Fische, ganz überschattet, verharren. Das Licht war sehr weiß, und es ging inmitten der Landschaft die Sprache. »Dort drüben ist die Sprache«, sagt man in diesen Dörfern, »hier ist nur das Dorf, mit Weinverkauf, einem italienischen Restaurant, einem Mädchen aus Asien, hier sind nur die Häuser und die Fernsehanlagen. Hier ist nur der Asphalt. Hier sprechen wir nicht viel. Wo man viel Sprache aus den geöffneten Fenstern hört, ist es das Türkische oder das Kroatische oder das Serbische, und solche Häuser stehen wie weit draußen auf den Feldern, und sie leuchten herüber, und wir sind manches Mal stumpf. Wer wird uns verzeihen?«

»Anschlag am Baum«. Jetzt geschieht eine Bewegung, in der auch dieses Wort mitgedacht und mitgelesen werden soll. Denn »Anschlag«, so heißt auch eine in Leipzig hergestellte Zeitschrift der Literatur, der Name begegnet dem Leser auf Seite 125 der »Klandestinität der Kesselreiniger« von Gert Neumann, im Zusammenhang der Erzählung von einem Grenzübertritt, von dem Raum der Begegnung und von Landschaft. Dort steht: »So war ich mit dem Ergebnis dieser ganzen Unternehmung zufrieden. Natürlich besonders darüber, daß es den wie auch immer Beteiligten gelungen war, zu beweisen, daß in den Räumen der Begegnung für gewöhnlich etwas Unbeachtetes existiert, dem man sich entgegen aller geltenden Annahme durchaus erfolgreich widmen kann.« Eine Seite später erscheint in diesem Buch etwas, von dem bis dahin nichts geschrieben war: Landschaft, genauer gesagt: »die Möglichkeit einer Landschaft in Deutschland«. Diese Möglichkeit zitiere ich etwas ausführlicher, sie beginnt mit der Erwähnung einer verlorengegangenen Seite des Manuskripts, deren Fehlen spürbar wird in einer Landschaft mit dem Namen »Dübener Heide«: »Die diesem Versuch inzwischen fehlende Seite …, indessen, vermisse ich in einem Zusammenhang, wo ich nach meiner, wahrscheinlich mit noch ausstehenden Entschlüssen erst endgültigen, Rückkehr von dieser Reise, die mir erstaunliche aber auch mir verständliche Beunruhigung meines Denkens und meines Körpers brachte –: in einer Landschaft Schutz gesucht hatte, die sich ›Dübener Heide‹ nennt, und die mir in der (noch mit meinem Schweigen zu schreibenden) Begegnung mit der A. so nahe kam, daß mir meine auch im Westen offen-

sichtlich nicht verlorenen Zweifel über die Möglichkeit einer
Landschaft in Deutschland, eine eigene Stimme unter den auch
im Westen von mir als schwierig erkannten Deutungen des
Menschen und seiner Verhältnisse haben zu können ..., in ihrer
sich mir andeutenden Endgültigkeit schwanden. A.'s Begegnung mit dieser Landschaft, in der sie in ihrer frühen Kindheit
aufgewachsen war und später in Ferienzeiten lebte und lebt,
nannte mir wieder etwas von der Poesie ... im Gespräch der
Natur; die fern von meinen Zweifeln, an der Seite A.'s, deren
Gehen Berührung dieser vielleicht von ihr befreiten Partikel
war: ihre Schrift mit der nahen Waldlinie unter einem stille-
senkenden Wiesenhimmel in die Trauer meines Schweigens
hob, oder den durch mich fast verlorenen Berührungsschmerz
in der Achsel einer Senke, die zum trocken mit Kiefern bestan-
denen Hügel verwandelte, was ohne mein Nennen war.« Ich
möchte diese Sprache vorerst verhalten nennen. Die zitierte
Stelle ist keineswegs eine Ausnahmestelle im Buch; aber hier
erscheint zum ersten Mal, was dieser Sprache wohl die ganze
Zeit mitgegeben war: Landschaft und Nähe und Begegnung.
Man verliert in diesen Sätzen immer wieder den grammati-
schen Weg, überspringt, vergißt, sucht, liest manchmal zurück,
vieles bleibt fehlend oder offen, aber zugleich ist dieses Offene
ja der Weg, und beiläufig kommt der Lesende in die offene
Landschaft der Dübener Heide. Von dieser Sprache geht es zu
etwas hin, bei aller Schwierigkeit des Lesens ist das, worauf es
hingeht, beständig anwesend, man kann es gar nicht verlieren,
auch wenn man die Richtungen verloren hat, die Sprache ist
hier eine Schutzheilige. Aber nicht innen wird es bewahrt, sondern im Raum, im Offenen, und kann darum gar nicht gesagt
sein.
Ich setze neu an: Im Frühling dieses Jahres beteiligte ich mich
daran, ein Theaterstück zu schreiben. Darin sprachen miteinander zwei Menschen; die waren Landstreicher. Aber gibt es in
den europäischen Ländern Landstreicher oder Länderstrei-
cher? Gab es Landstreicher? Wann? Wo? Was ist geschehen?
Was geschieht? – Beweise deinen Fall nicht. Das Beste ist die
Leichtigkeit, und vertraue der Leichtigkeit nicht. Streichen, ja,
aber nur du selbst, vielleicht einladend, vielleicht kalt, vielleicht

218

still. Die guten sind immer die anderen. »Ich habe zweifellos
ein genügend böses Wesen.« – Dann die Koinzidenz, die mit
diesem Nicht-Ich sich ereignet. Im Süden des Landes ist in
einem Koinzidenz-Tal, im Gurktal, im Dorf Weitensfeld von
einer Architektin und einem Maler und von Handwerkern eine
Kapelle hingestellt worden. Mehrere Monate nach dem Frühling fand ich Haus und Fresko vollendet und fand darin eine
auf eine Porzellanscheibe gebrannte alte Photographie, dem
Fresko eingeklebt. Die Photographie zeigt zwei Menschen,
und sie heißen Hene Bartl – Honig! Honig! – und Bettel Fabe
und sie waren Landstreicher. Sie lebten nichtseßhaft im Tal
und waren weithin beliebt. Vielleicht sogar angesehen. In ihren
Identitätskarten stand dann wohl 1939 etwas wie Hubert
Honig und Fabian Bettel. Und mit den Identitätskarten ist ein
ganz und gar anderes gekommen. – Die Koinzidenz: daß
Worte da waren oder nur jenes eine Wort *Landstreicher* und
daß, in einem südlichen Tal, zwei gelebt haben, auffindbar, er-
innerbar; daß die Sprache sie, die längst nicht sind, berührt hat,
über einen großen Zwischenraum hinweg fast lebendig gemacht hat; daß die Sprache also weitergeht auf jenes Feinste
zu, jenes Fast-Nicht, Nicht-Mehr, Ohne-Identität-und-Wohn-
sitz, aber wunderbarerweise Honig-Förmige, Honig-Namige,
Honig-Leuchtende.
Die Gestalt ist nicht schneller zu gewinnen. Ich schließe eine
Vermutung über Hölderlins Konzepte an. Ich wähle als Beispiel die Gedichte »Der Winter«, 1799 entworfen, und »Sapphos Schwanengesang«, 1800 entworfen. Sattlers Frankfurter
Ausgabe entwickelt, nach einem Stichwortkonzept, folgenden
ersten konstituierten Text:

Der Winter.

Den zarten Sinn der Frauen
In goldne Wolken

Beschäfftigt
des Künstlichen

Indeß der Nord

Frommer denn die Lebenden alle ist der

Nur wenn
                                    gehört er auch
        Sich eigner an,
                        in sicherer Hütte

Doch immer wohnt der freundlichen Genien
        Noch Einer   mit ihm
                        und flöhen alle Götter
                                die Liebe bleibt

Das Gedicht, in dieser Fassung, hat mehr leere Stellen als Wörter. Aber ich vermute, das ist so, nicht weil es ein Entwurf ist,
sondern weil sein Gegenstand (?) diese Gestalt hat oder einen
sehr »zarten Sinn«. Den wohl unverständlichsten Ratschlag
muß Hölderlin bei einem Besuch bei Goethe gehört haben.
Der hat im Sommer 1797 über Hölderlin aufgeschrieben: »Ich
habe ihm besonders gerathen kleine Gedichte zu machen und
sich zu jedem einen menschlich interessanten Gegenstand zu
wählen.« Im zweiten Beispiel ist die Gestalt, um die es mir hier
geht, noch prekärer, feiner, flüchtiger, ich zitiere den konstituierten Text II von »Sapphos Schwanengesang«:

Himmlische Liebe! wenn ich dein vergäße

        Eines wüßt ich

Ihr

        Hier

        Hier

            Hier

Mehr Nicht-Sprache als Sprache ist das Gedicht so ganz auf
Begegnung gerichtet, »Hier«, »Hier«, »Hier« – das sind die
Leuchtpunkte dieser Begegnung. »Eines wüßt ich«, sagen die
Worte, aber das Gewußte hat eine unsichtbare Weite, das Ge-

dicht hält alles zurück, verschweigt sich beinahe selbst. Es ist ein Lichtgedicht, Hölderlin hat es unter dem Titel der Nachtgesänge veröffentlicht. Ich denke, es ist klar, daß die Begegnung mit dem zartesten Sinn stattfindet.

Am linken Rand der Konzeptseite für das Gedicht »Der Winter« (der Titel und das Gedicht wechseln im Lauf der Arbeit ihre Gestalt, der Titel lautet dann weitergeschrieben »Vulkan«), am linken Rand notiert Hölderlin »Abj.«. Die Frankfurter Ausgabe vermerkt dazu: mehrdeutige Abkürzung, und abiectum = flüchtiger Entwurf. »Abj.« denke ich mir in Hölderlins Sprache als die drei Buchstaben der Begegnung.

Die allererste Gestalt des Winter- und späteren Vulkangedichts ist ein aus nicht ganz fünf Wörtern bestehendes Stichwortkonzept. Dieses lautet:

Abj.
Phantasus.

Liebe.

Nord.

Doch

221

Was hier zur Begegnung kommt, ist schon beinahe geklärt. Da ist ein Vorstellungszusammenhang, Phantasus, der Sohn des Schlafs, und Liebe, und eine dagegen gerichtete Energie, ein entgegengesetzt gerichteter Wortkörper, eine andere Richtung, eine andere Landschaft: Nord. Und dann: Doch. Doch: An dieser Stelle ereignet sich das Darüberhinaus und die Verwandlung. Diese Doch-Verwandlung geschieht dann auch spät, zuletzt, im Titel. Der Winter wird der Vulkan. Das heißt: Doch das Eisige wird heiß oder ist heiß.

Die schließlich gedruckte Fassung des Gedichts lautet:

Vulkan.

Jezt komm und hülle, freundlicher Feuergeist,
  Den zarten Sinn der Frauen in Wolken ein,
    In goldne Träum' und schüze sie, die
      Blühende Ruhe der Immerguten.

Dem Manne laß sein Sinnen, und sein Geschäfft,
  Und seiner Kerze Schein, und den künftgen Tag
    Gefallen, laß des Unmuths ihm, der
      Häßlichen Sorge zu viel nicht werden,

Wenn jezt der immerzürnende Boreas,
  Mein Erbfeind, über Nacht mit dem Frost das Land
    Befällt, und spät, zur Schlummerstunde,
      Spottend der Menschen, sein schröklich Lied singt,

Und unsrer Städte Mauren und unsern Zaun,
  Den fleißig wir gesezt, und den stillen Hain
    Zerreißt, und selber im Gesang die
      Seele mir störet, der Allverderber;

Und rastlos tobend über den sanften Strom
  Sein schwarz Gewölk ausschüttet, daß weit umher
    Das Thal gährt, und, wie fallend Laub, vom
      Berstenden Hügel herab der Fels fällt.

Wohl frömmer ist, denn andre Lebendige,
  Der Mensch; doch zürnt es draußen, gehöret der
    Auch eigner sich, und sinnt und ruht in
      Sicherer Hütte, der Freigeborne.

Und immer wohnt der freundlichen Genien
Noch Einer gerne seegnend mit ihm, und wenn
Sie zürnten all', die ungelehrgen
Geniuskräfte, doch liebt die Liebe.

Die Begegnung findet statt außer aller Identifikation. Wenn
der Frost über das Land fällt, die Städte und Mauern, die
Zäune, die Wälder, die Täler und Hügel, so spricht das Gedicht von etwas außerhalb der Identifizierbarkeit, etwas, das,
wie ich denke, von Anfang an in der Konzeption spürbar oder
da war; das offenbar gar nicht greifbar ist, zu dem man über
die Sprache hinaus muß, aber die Sprache doch hilft, nein,
nicht hilft, sondern die Sprache läßt es dort, wo sie abbricht,
erscheinen, sich zeigen. Die Kesselreiniger, mit ihrer Sprache
der schwierigen Bewegung und Verbindung, und der Vulkan:
Ich denke, hier setzt sich etwas fort. Man soll die »Klandestinität der Kesselreiniger« wie ein alkäisches Gedicht lesen. Im
Untertitel heißt das Buch: »Ein Versuch des Sprechens«; das ist
ein Gedicht.
Einen der überzeugendsten Versuche, Hölderlin zu lesen, ja:
Gedichte zu lesen, fand ich in Filmen der Regisseure Jean
Marie Straub und Danielle Huillett. Da ist wieder die Nähe des
Vulkans, in den Filmen »Der Tod des Empedokles« und
»Schwarze Glut«, denn auf den Vulkan Ätna geht Empedokles, um dort seinen Tod zu finden. (Die Frankfurter Ausgabe
berichtet, daß das Gedicht »Der Winter/Vulkan« vor Beginn
des neuen Empedokles-Entwurfs begonnen wurde.) Der Film
antwortet auf die Lichtgestalt dieser Dichtung, indem er die
Dichtung im Licht gesprochen sein läßt. Die beiden Filme sind
vollkommene Begegnung. Man weiß ja nicht, was Sprache ist,
aber hier ist sie gewiß licht. Von der Kamera ist in den beiden
Filmen keine Bewegung zu erwarten, sie schaut ganz gerade, in
der bemerkenswerten Gewißheit des Lichts, also in einer em-
pedokleischen Gewißheit. Der Betrachter im Kinosaal empfängt Licht und Sprache. Man könnte sagen, sie begegnen sich.
Ich hörte Einwände, daß auf die Bilder dieses Films verzichtet
werden könnte, eine bildlose Hörspielfassung des Texts
genüge. Wer das sagt, wird nicht sehen, daß die Identität (?)

dieser Sprache und dieser Person Empedokles außerhalb liegt, outré, und einen äußeren oder äußersten Sinn hat. Jede Kamerafahrt wäre da falsch, denn alles ist da, in der Farben-Helligkeit, braucht keine Präzisierung. Die Bilder des Films sind vielleicht zu denken als die Endpunkte von Kamerabewegungen; die Bewegung wäre ja noch ein In-der-Kamera, aber Empedokles ist draußen. Ich sehe eine Einigkeit der weißen Flächen in Hölderlins Entwürfen und der Filme von Straub/Huillett (das Weiße, die Landschaft).

Das alkäische System: ich sage das auch im Hinblick auf das Prosabuch von den Kesselreinigern: streng, aber, zugleich, aufgerissen. Die Sprache ordnet sich einem strengen Bauprinzip unter; aber wird dadurch, an wiederholt unerwarteten Stellen, gestört, gebrochen. Da sind Ordnung und Brechung beisammen. In dem prekären Vers drei der alkäischen Strophe gibt es solche Beispiele, ich nenne einige der den Vers beendenden (?) Worte: »von den«, »zwischen«, »o«, »über deinen«, »daß sie dir zu«, »sieh! und«, »wohl nicht«, »wenn ihn die«, »darum gab die«, und einige Beispiele aus dem Gedicht »Vulkan«: »schüze sie, die«, »ihm, der«, »Gesang die«, »vom«, »und sinnt und ruht in«, »ungelehrgen«. Auch innerhalb der Verse der alkäischen Strophe arbeiten Störfaktoren, im weitgehenden Gleichmaß von Senkung und Hebung etwa erscheinen, an festen Stellen, zwei nebeneinanderliegende Senkungen.

> Jezt kómm und hülle, fréundlicher Féuergéist,
> Den zárten Sínn der Fráuen in Wólken éin,
> In góldne Tráum' und schüze síe, die
> Blühende Rühe der Ímmergúten.

In einer solchen Strophe sind also beinahe Fremdkörper; etwas anderes im selben, etwas, das fast draußen ist, etwas gegen die Homogenese der Sprache Gerichtetes. Ich denke, es ist das, was in den Entwürfen Hölderlins weiß war, leere Fläche. Nun treten diese Störungen aber ganz regelmäßig auf, d. h.: dieses Fremde wird mit großer leuchtender Sicherheit immer wieder berührt, das Gedicht vermag sich aus diesem Aufblitzen von Flüchtigkeit zu bilden, es gewinnt seine Identität aus etwas, das gar nicht Identität ist. Das Gedicht spricht sich frei. Aber auch das Regelmaß der Störungen wird, sanft, durchbrochen. Das Gedicht konstituiert sich »darüber hinaus«, das Gedicht, wie ich es lese, ist eine Begegnung draußen.

<pre>
Fieberentrückt   unscharf im Fieber
          Strauchwerk das sich nicht näher ziehen ließ
In den Gedächtnispausen   in den Stößen im Fließen
          der Erinnerung   fast tanzend –
          nahezu unscharf, Strauch- auf Strauchwerk, / im Fieber
Ich denke im chemischen Dunkel
          den Pflug in die Tiefe zu führen   den Radschwung zu
                                                              lenken
Das Strauchwerk antwortet   nein nicht   ja, ja,   fern hinter den Wegen
Es ist zuviel ⌒ vorwärts ⌣ unmöglich ⌒ nichts ⌣ zurück
(Strauchwerk) (und ein Strömen in den leichten Ästen)   (und Vögel):
          so daß ich an Gitter aus leichtem Gezweig und Vögeln
          und reinem/totem Holz der Zäune
den Kopf lehne als hielte ich Rast.

Im Schacht meines Körpers, an den versunkenen Körper geheftet,
gebunden an unbeweisbare Kräfte
in mühsamer Nähe der setzend/zersetzend grünen Reaktionen und
                                                   eitrigen Säfte

hingebungsvoll und mit Augen die spiegeln wie Brillen, Lemur
und Fuchs im aus-bleibenden Strauchwerk,
gebe ich dir ein Zeichen, du wartest inzwischen auf mich (oder nicht?) –
und offen für Fragen
nach blauen Teilen/ nach Brechung]   [nach dem Eisbestand der Dinge –
nach der Rauheit von Holz und Zaun –
daran gelehnt – oh Zuspruch –
entflammt mein Denken klares Blau.
</pre>

Das ist ein übersetztes Gedicht des italienischen Lyrikers Andrea Zanzotto. Es trägt den Titel »(SPUREN VON BÜRGERKRIEGEN)«. Ich lese dieses Gedicht wieder als Ferne von der Zentralsprache, zugunsten einer prekären, instabilen Gestalt oder zugunsten einer »weißen Identität« oder »blauen Identität«. Das Wirkliche, auf das das Gedicht schaut, findet sich im Bild des Gesträuchs, Gestrüpps, Strauchwerks. Das ist ein verzweigter, verästelter Wuchs, leichtes Gezweig, windbewegt, und darin sitzen, leben Vögel, der Blick geht hindurch zwischen den Blättern und Ästen, es gibt Teilungen und Brechungen, das Bild ist ausgespart, und, wundersam, in diesen Aussparungen gibt es Zuspruch. Das Gedicht versucht sich diese Durchsichtbarkeit anzuverwandeln, von Beginn an durch Textpausen, graphisch-gestische Zeichen und Klammern, zuletzt sehr entschieden durch zwei eckige Klammern, die die Sprache hart von einem textfreien Bereich trennen. Das Gedicht weist auf diesen Bereich hin, der in der Teilung des Homogenen und in der Teilung der Sprache liegt, auf eine Landschaft, die dort durchsichtig und ausgespart und leicht wird, wo in ihr das Strauchwerk und Halbholz wächst, auf ein Denken, das sein Du und seinen Zuspruch und seinen Gegenstand und sein Himmelsblau hinter tausend Wegen hat. Der Bürgerkrieg, von dem im Titel die Rede ist, ist wohl einer der Vokabularsprache, und das Lexikon erklärt dieser Sprache, wohin jedes Wort soll: *Haus,* das meint Haus, *Straße,* das meint Straße, peng.

Wer ist in diesem Gedicht »ich«? Das Ich ist unterwegs zu einer Begegnung, die nicht in der Benennung oder Abbildung der Landschaft geschieht, sondern im Zeichengeben. Das Ich verwendet nicht Sprache, die die Landschaft wörtlich erfaßt, sondern schickt, mit der Sprache, ein Zeichen hinaus, die Worte suchen nicht nach Erklärung, sondern nach (unmöglicher) Verbindung. Also nicht *Haus, Straße,* da dort Haus, Straße ist, sondern: das Wort als Begegnung, als Hinweisen, als Geste. Das Ich ist aber, offenbar, befangen in Sprache als Vokabular, in zeichenloser Dunkelheit und Versunkenheit. Sein Begegnungszeichen gibt das Ich dann mit den Augen, wortlos, und die Augen spiegeln glas- und brillenartig, also die Landschaft, die Strauchwerk-Ebene ist darin gespiegelt. Das Begegnungszeichen der Augen ist die gespiegelte oder spiegelnde Landschaft, zarteste sprachliche Verbindung dieses Gedichts. Das Ich ist auch Lemur und Fuchs, einmal die in Geistgestalt erscheinende Seele des Toten, einmal nächtlich streifender Jäger. Diesem Nacht-Ich gelingt dann die große Ausbreitung des klaren Blau, nämlich die Teilung und Spaltung der homogenen Nachtgleiche und die Entflammung des Tags und der Tagesunterschiedenheit. Diese Sprache spricht, weil sie das Stille und Zwischenräumliche erschließt.

226

Zum Alkäischen wieder, zu Alkaios (nach der Übersetzung von Treu).

Gieß aufs Haupt mir, das sovieles an Leid sehen mußte
duftiges Öl,
auf die Brust, die schon grau,
. . . .
Trinkt! Gefahr
. . . .
haben sie uns beschert, andren zugleich
. . . .
Menschen. Was aber nicht
. . . .
das nur ist ein Verlust, glaubt es
. . . .

Dieses äolische Gedicht ist, ungenau gesprochen, 2500 Jahre alt; vermutlich ist sein größerer Teil in der Zeit verloren gegangen, auf Papyrus geschrieben, welcher zerbricht. Trotzdem so vieles fehlt, bleibt dieses Gedicht Nummer 86 als Reichtum. Der Reichtum entsteht, glaube ich, indem die Wörter auf ein »Vielmehr« hinschauen machen; das »ist ein Verlust«, aber zugleich ist der Verlust wieder weiß und leer und ungesprochen hereingeholt, der Verlust selbst spricht in diesem Gedicht. So geringfügig zuerst und unscheinbar und zart behauptet sich dann das Gedicht fest, hochmütig. Da ist der andere Puls, also Sprache in einem festen Sinn, im hörbaren Sinn, im Sinn von Atem, Leben, Denken, Zögern, nicht mehr die zielgerichtete, schriftliche Sprache der Reden und Erklärungen, Erfüllung und Identität (»nur Sprache, hör auf!«). »Menschen. Was aber nicht«, natürlich wäre jede Deutung, die ich zu diesen vier Worten sagte, falsch. Aber dann läuft der beginnende Satz in ein »Nicht-Sprache«, bekommt dort einen Hauch, an den keiner dachte; irre ich mich? In der großen Flüchtigkeit des Gedichts ist die Begegnung geborgen. Welche? Nicht Benennung, sondern das Gegenteil von Benennung. Ich denke hier an das Wort Auseinandersetzung und daran, daß Alkaios im politischen Sinn an ihr teilnahm, bewaffnet, kriegerisch, lebensgefährlich gegen die aristokratische Ordnung. »Menschen. Was aber nicht«, das ist jetzt lesbar als reine (?) Gegenbewegung, zu

keinem Resultat (das Resultat ist verloren); diese Gegenbewegung ist auch in den anderen Augenblicken des Gedichts –
»haben sie uns beschert, andren zugleich«, »das nur ist ein Verlust, glaubt es«, »Trinkt! Gefahr«, »Gieß aufs Haupt mir, das
sovieles an Leid sehen mußte, duftiges Öl«. Ich denke dieses
Gegensätzliche als Begegnung und Verwandlung. Begegnung
kann ja nur Verwandlung sein.

Landschaft. Und ich ging in die Landschaft, und es reihten
sich die Wagen der Autobahn in dieselbe Richtung, und das
Kanalwasser strömte mir entgegen, und ein Schwarm der
Vögel kreiste, und da war die verschlossene Bleifabrik. Und
die Autobahn war eine weiße Häuserreihe, und der Kanal war
die Straße mit Mittelstreifen, die Fabrik war die unweit am
Wegrand wachsende Blume, die Blüte noch morgendlich geschlossen. Da ging ich, in großer Gemeinsamkeit, und hatte
meine Sprache. Und das Fabrikhaus war eine unermeßliche
Stille, war still wie der ganze Himmel, nahm von dort die
Stille und sprach hier mit ihrer Hilfe, und über das aufblit-
zende Bleidach der Fabrik war die Stille wieder zurückge-
schickt, ein enormer Wortwechsel. In der Landschaft war ein
größter Wortwechsel, und ich hatte meine Sprache. Das Auto-
bahnrauschen ging durch eine Ebene der Stille und konnte
vieles sagen, ein Reichtum der Sätze und Autofahrten war zu
hören, meine Sprache war diesem ähnlich; unweit der Bahn
aber war alles Licht und Astwerk und Gras und Brennesseln
und Feldrand und Mast der Stromleitung, also ein Vor-Ort
aus Halmen vielleicht. Vor-Ort der Brücke. Vor-Ort des
Baums, Vor-Ort mit mir. Dann aber nannte ich, wo ich war,
Vor-Ort des Atems. Warum? Atem und Baum kamen einander
nah. Ich atmete. Der Baum ...? Ich hörte hin. Der Baum war
Stille, darin Atemnähe. Das Uferschilf war still, beinahe
stimmlich, beinahe mündlich, atemreich, sprachlos, sehr groß,
blaß braun, langblättrig, windbeweglich, erreichbar, jedem
jedem Beiwort offen, morgendlich. Die Bäume wuchsen, nicht
Wald nicht Säulen, so, und die Dörfer waren so gebaut, aber
nicht schön, nicht mit einer Erwartung, mit wenig Zier, in
manchem grauen Mauerhof leuchtend, die Straßen waren so
gerichtet, gewaltsam aber die Fahrer und an der dritten

Straßenkreuzung wieder die farbenfroh gekleideten Verkäufer der Zeitungen, Marokkaner, Libyer, Algerier, Tunesier, und die Straßenschilder und Plakate waren so frei in diese Durchsichtigkeit gestellt, daß ganz daraus der weiche Hauch-Tempel geschaffen wurde und die Landschaft der Zustimmung und die Ermutigung: Ja. Nicht ich, sondern du. Die Landschaft war die Dichtung. Der Sturm der Begegnung wehte über der Reihe der Pappeln, ich sah meine gelben Blüten, ich hörte mein Schnellstraßenrauschen, ich sah meinen Kreis der Ebene, mein Auge Blau des Himmels, meine Brennesselhand brannte, dort die Tankstelle hier der grüne Knopf an meiner Jacke und Leuchtziffer auf meiner Uhr am Beginn der Dämmerung. Da war mein Fisch. Da war mein Berg. Da war mein glänzendes rauhes Erdfeld. Da war mein Herbstblatt. Da war mein Flugzeug. Da war mein Haus. Nicht ich; aber da war mein Haus. Ich ging in der Atem-Universität, durch die Lichtklassen, es war Vortrag des Du.

Zitat, von der Paßhöhe des Brenners herab, den 8. September:

Zu meiner Welterschaffung habe ich manches erobert, doch nichts ganz Neues und Unerwartetes. Auch habe ich viel geträumt von dem Modell, wovon ich so lange rede, woran ich so gern anschaulich machen möchte, was in meinem Innern herumzieht, und was ich nicht jedem in der Natur vor Augen stellen kann.

Nun wurde es dunkler und dunkler, das Einzelne verlor sich, die Massen wurden immer größer und herrlicher, endlich, da sich alles nur wie ein tiefes geheimes Bild vor mir bewegte, sah ich auf einmal wieder die hohen Schneegipfel vom Mond beleuchtet, und nun erwarte ich, daß der Morgen diese Felsenkluft erhelle, in der ich auf der Grenzscheide des Südens und Nordens eingeklemmt bin.

Betrachten wir die Gebirge näher oder ferner und sehen ihre Gipfel bald im Sonnenscheine glänzen, bald vom Nebel umzogen, von stürmenden Wolken umsaust, von Regenstrichen gepeitscht, mit Schnee bedeckt, so schreiben wir das alles der Atmosphäre zu, da wir mit Augen ihre Bewegungen und Veränderungen gar wohl sehen und fassen. Die Gebirge hingegen liegen vor unserm äußeren Sinn in ihrer herkömmlichen Gestalt unbeweglich da. Wir halten sie für tot, weil sie erstarrt sind, wir glauben sie untätig, weil sie ruhen. Ich aber kann mich schon seit längerer Zeit nicht entbrechen, einer innern, stillen, geheimen Wirkung derselben die Veränderungen, die sich in der Atmosphäre zeigen, zum großen Teile zuzuschreiben. Ich glaube nämlich, daß die Masse der Erde überhaupt, und folglich auch besonders ihre hervorragenden Grundfesten, nicht eine beständige, immer gleiche Anziehungskraft ausüben, sondern daß diese Anziehungskraft sich in einem gewissen Pulsieren äußert, so daß sie sich durch innere notwendige, vielleicht auch äußere zufällige Ursachen bald vermehrt, bald vermindert. Mögen alle anderen Versuche, diese Oszillation darzustellen, zu beschränkt und roh sein, die Atmosphäre ist zart und weit genug, um uns von jenen stillen Wirkungen zu unterrichten. –

Die Atmosphäre und die Masse, ich denke, diese sind auch im Alkaios-Fragment begegnet; die Revolutionen, die im Innern herumzogen, kamen in der atmosphärischen Anschaulichkeit hervor. Die Revolutionen im Sprachlichen kamen im atmosphärischen Weiß zum Durchbruch. Um die Worte war etwas, das zart und weit genug ist. Zart und weit genug, das wäre Sprache.

THE NIGHT BUS

Great wheels.
            Better step back.
Like standing next to a pyramid.

Scale.
            Not much used
yet mighty.
            »On the scale of my life,«
a thought,
            as if I had heard
a voice.
      Instantly
the elements slip into place:
my house, the rocks, the ocean.
Is this their night orbit?
This is not where they were.
Country road
            under the headlights
speeding, beautiful,
glances off my cheek,
an abstract flow.

Burrr. The tires,
as from a Scot glottis.
Gurgling then
                but soft and long,
unrolling,
            rubber slapping softly
against the cement,
the driver's foot asleep.

Dark bus body.
                Night, the *ursprache.*
Gold out of quiet
                light around him.
No, it is more delicate,
more like an emanation
                            a man
alone
                    longing.
Of my eyes
            yet outside,
a cousin to the strange,
the lovely Elizabethan line,
»We have the receipt of fern-seed,
we walk invisible.«

But voices intervene:
»I get antsy. I have to stretch my legs,
get out into a trout stream.«

Deeply comforting, the ordinary,
but I contract into a cricket's pulse
and have to travel through my medium
on a higher frequency.

Night.
      Where am I?
In a dense Bartokian wood
sans entropy,
tactile with frogs,
conceivably a negative of space,
yet starts felicity.
Here am I absolutely tuned.

Call Titania to my side
for Leah cannot follow me here.

Here sometimes there is no way in
except by some other poet's bungling.
Then I cry out,
                    »Not that way, this way!«
and I find myself in the wood again
and all is well.

Then an old voice
                    as from a balcony,
a lady,
        sweet:
»Mother always impressed on us
that never was a long time,«
referring to her own rebeliousness,
and she ought at least to try.

The way of the world:
the old are wise,
the young think they know.
This is her magic wood.
I must not mock it.

Then another:
»I gotta go back
and look under a leaf
like when I was a kid to see
if I'm really a sensitive loner
or just an image.«

Intellectual. Laughs.
I refuse to look pleased
or contend with his intellect.
All I want is to reach out
and touch his hand.
Who is that staring at me?
Cold eye of a pragmatist,
                            my ancient enemy.

Well, if a dog in time
can look like its master,

why not the eyes of pragmatist,
from always fixing on a practical object,
come to look that hard?

But lutes hang in the air
                              unplayed.
The poet plots an axis
                         in space
and Leah becomes my polestar.

NACHTAUTOBUS

Große Räder.
                   Geh nicht zu nah.
Wie neben einer Pyramide stehen.

Expansion.
                Kaum gebraucht
mächtig doch.
                      »Spanne meines Lebens«,
der Gedanke,
                     ich hätte eine Stimme
gehört.
           Sogleich
gleiten die Elemente zurecht:
mein Haus, der Stein, das Meer.
Umkreisen sie die Nacht?
Sie waren zuvor woanders.

Landstraßen-
                     Scheinwerferlicht
schön und bewegt,
im Augenwinkel,
ein streuender Fluß.

Vier Reifen surren
wie aus einem Kehlkopf.
Dann Gemurmel
                       weich und lang,
entrollend,
              Gummi trifft weich
den Beton,
der Fuß des Fahrers schläft.

Bus, dunkler Leib.
                    Nacht, die *Ursprache.*
Gold aus stillem
                    Licht um ihn her.
Nein es ist zarter,
eher wie Emanation
                    jemand
einsam
        träumend.
Der Augen
        und draußen,
verwandt jener fremden,
elisabethanischen, süßen Zeile,
»Wir haben Empfang des Farn-Samens,
wir gehen unsichtbar.«

Stimmen mischen darein:
»Ich bin zappelig. Ich muß die Beine strecken,
in einem Fischbach draußen kühlen.«

Tief beruhigend, das Gewohnte,
ich doch zucke fort in den Zikaden-Puls
und muß mein Medium durchlaufen
auf höherer Frequenz.

Nacht.
        Wo bin ich?
In dichtem Bartok Wald
bar Entropie,
fühlbar mit Fröschen,
klar ein Negativraum,
doch kommt Glückseligkeit.
Ich bin hier, vollkommen gestimmt.
Ruf Titania mir zur Seite
wo Leah mir nicht folgen kann.
Manchmal ist hier kein Eingang
außer ein anderer Dichter stolpert herein.
Dann ruf ich,
                »Falsch, hier ist der Weg!«
und wieder zurück im Wald bin ich
und es ist gut.

Eine alte Stimme dann
                    wie vom Balkon,
eine Frau,
          sanft:
»Mutter ermahnte uns immer,
Nie ist eine lange Zeit«,
sie meinte ihre eigene Aufsässigkeit,
und sie sollte es zumindest versuchen.

Der Gang der Welt:
die Alten sind weise,
jung glaubt man zu wissen.
Ihr Zauberwald ist es.
Ich darf nicht spotten.

Eine andere:
»Ich muß zurück
und unter ein Blatt schauen
wie früher als Kind, um zu sehen:
bin ich wirklich feinfühlig einsam
oder bilde ich mich nur ein.«

Spitzfindig. Gelächter.
Ich mag mich nicht freuen
und mit solchem Verstand nicht streiten.
Nur der Wunsch, hinauszufassen,
und seine Hand berühren.

Wer starrt mich dort an?
Augenkälte des Pragmatikers,
                    mein uralter Feind.

Na wenn schon der Hund mit
der Zeit blickt wie sein Herr,
warum soll das Pragmatiker-Auge,
vom langen Blick auf die praktischen Dinge,
nicht dinglicher werden?
Aber in der Luft sind Lauten
                    ungespielt.
Der Dichter spricht eine Linie
                    im Raum
und Leah wird mir Polarissima.

Ich denke, von diesem Gedicht von Carl Rakosi weitergehend, der Hauch braucht seinen Platz und offenen Himmel und offene Landschaft. Daß es Sprache gibt, muß das Haus offen sein. Hat das Gedicht ein Thema? Wer ist »Ich« im Gedicht? Welche Sprache spricht das Gedicht? Ist der Nachtautobus ein Nachtautobus? Durch diesen Frageraum und Identitätszauberwald zeichnet ja das Gedicht seine Linie, und diese Luftlinie wird nicht zum festen Körper. Fast sagte ich: Hör auf mit diesen steinernen Häusern. Wer weiß, was Sprache ist. Schon wieder zu schlau. Das Gedicht zittert vielleicht, oder es hat einen Schwankungsbereich, oder es ist nicht Kontinuum. Der Bus fährt nicht als kontinuierlicher durch die Nacht, sondern als aufmerksamere Ungewißheit, unsichtbarer werdend. Er fährt in seinen Wald, zu Shakespeares Mittsommernachtszeit, und die Identitäten wechseln. Die Identitäten wechseln: das heißt: Es findet Begegnung statt. Anderswie gibt es ja gar keine Begegnung. Ohne Verwandlung hast du nichts und keine Sprache. Deine Sprache ist Verwandlung. Ich spreche; ich verwandle; ich disfiguriere. Und Verhaltenheit?, von der am Anfang dieser Anmerkungen die Rede war, was ist die Verhaltenheit? Das Licht der bemerkenswerten Würde der Verwandlung. Shakespeare: »And all is well, and all is well.«

Titania und Leah. Titania, die herbei, in den Waldkreis, gerufen wird, ist vielleicht Diana, Waldgöttin oder die Mondgöttin Selene-Luna, einer der Namen in Ovids Metamorphosen, eine Feenkönigin auch im Sommernachtstraum. Titania, die Fee, oder älter auch *Fei* (ich bin gefeit), oder *Feine* aus dem lateinischen Wort *fari* = sprechen. Also die Fee und die Sprache, glaube ich; oder: Die Sprache ist eine Fee. Leah, Name im Genesiskapitel, also der Zeit der im Gedicht aufgerufenen Ursprache, Sprache vor dem babylonischen Ereignis. In diese Ursprache, Nachtsprache, Raum der Mischnacht, fährt der Nachtautobus, poetischer Impuls, und erfährt am Ende der Reise den schwachen, ungefestigten, offenen Namen Leah – Leah, deren Identität Jakob täuscht, jenen Jakob, der im Identitätsschwindel sich als Esau ausgibt –, erfährt also Leah als sein Zu-Erreichendes, als seinen Stern und Pol der Bewegung. Das Ereignis des Gedichts, glaube ich, ist Disfiguration. Im

Zeichen dieser steht der Wald des Gedichts, im Zeichen dieser stehen die schwachen Zeilen des Gedichts, die Verhaltenheiten und Pausen, die aufgedeckten Augenblicke, im Zeichen dieser steht der große Raum.

Ich ging in die Abendlandschaft der Sprache. Der Kanal nahm das Himmellicht in sein berührbares Wasser: hier für dich. Der Baum verwandelte das Haus. Die Tankstelle leuchtete aus zwei Tankstellen. In der einen Ferne rauschte die Schnellstraße, in der anderen Ferne rauschte die Eisenbahn. Dort und dort. Ferne Brücke. Die Hochspannungsleitung maß die Entfernung, jedoch sie nahm keinen Anfang und kein Ende. Die Nesselblätter wippten, und die Felder taten es ihnen gleich. Die Grashalme leuchteten wie die Abblendlichter. Ich sah die Drehung der Blume. Eine Blüte drehte sich und war ein drehender Wagen, zuerst sah ich das Weiße, dann, rot, das Rücklicht. Die Landschaft fuhr über die Autobahn in zwei Richtungen. Die Stadt dort ist hell wie hier das Zifferblatt auf meiner analogen Uhr. Licht und Licht. Der Industrieschornstein war aus der nahen Reihe der Zaunpfähle gerückt, aber ein Erstens und Zweitens, ein So und ein Anders, ein Groß und ein Klein, ein Handausstrecken und ein Meilengedanke, ein größeres Gespräch, ein Wort für den Zaun hier und ein Wort für den Schornstein weit, ein Wort für die Landschaft und ein Wort für den Betrachter, ein Betrachter-Anderes, Holzzaun-Anderes, Augen-Anderes, das alles war gefunden. Es war Stunde der offenen Tür. Von den Worten *helles Fenster* wurde das Fenster heller. Von dem Wort *Plakatwand* kräftigten sich die Farben des Bilds. Von dem Wort *Eisenbahn* wurde das Rauschen metallischer. Von dem Wort *Flugzeug* blinkte dieses eindringlicher und mit weiteren Lampen. Von dem Wort *Landschaft* ging ich schneller. Von dem Wort *Weg* ging ich in das Wiesengras. Von dem Wort *Wiesengras* blickte ich zurück, und die Hügelkette war blau, und es sprang ein kühler Wind heran. Und von dem Wort *blau* ging das Licht fort. Und von den Worten *dunkelroter Nachtbeginn* ging ich zurück zum weißen Wagen und nahm Platz in ihm. Ich schaltete die Scheinwerfer ein, und draußen die schwarzen Brombeeren leuchteten auf. Ihr Schwarz leuchtete, und ich wollte solches der Sprache ver-

danken. Aus den Brombeeren melanosis, aus den Scheinwer-
fern leukosis, aus dem Himmel iosis; Schwärzung, Weißung,
Rötung, spät, wieder flüchtig.
Ich gehe hier, ich bin hier nicht klein, nicht groß. Wiederer-
kennbar, ja, aber das ist nicht von Gültigkeit. Das Auge ist eine
Großstadt, aber keiner noch hat die Stadt erkundet. Die Flüchtigkeit, tags, nachts oder zwischen den Städten, ist so, daß ich
es nicht sagen könnte. Flüssigkeit. Sprich falsch. Es ist vieles
wie gar nichts gesagt. Die wirkliche Erscheinung ist in leisen
Anreden vorgestellt (immer wieder zu findende Weise der Bewegung). Verzeih und vergiß.

...   Sommer 1988

Durchscheinendes Wörterbuch

Was ist geschehen/
Eine deutsch-englische Sprache

Auf einer Landstraße im oberen Österreich ein Mann, ein
Herr, ein Meister, wohl fünfundsechzig Jahre alt, und er steht
dort artifiziell hingebeten, gebracht, absichtlich und sehr aufrecht, er ist kein Spaziergänger, aber er steht auch ein wenig
vertraut und verbunden. Womit verbunden; er ist nicht mit
den Dörfern der Landschaft verbunden, er hat da keine Ver-
wandtschaft, er spricht nicht die Sprachen des Landes. Würde
einer die Bedingungen dieses Bildes vergessen, daß vor einer
Filmkamera jemand Auskunft gibt, in Österreich, an einem
Tag in einem Jahr, welches Gedenkjahr genannt wurde, würde
einer die Bedingungen vergessen, jener dort Stehende wäre so
natürlich wie eine wachsende Dotterblume, und er wäre auch
ein fremd Herbeigereister vor einem dunkleren Wald.
Er spricht von dieser Landschaft – ein Hang und eine daran
hinaufgebaute Straße und Dörfer: er spricht die Namen der
Dörfer aus, daß sie besiegt erscheinen; und er erzählt vom
Schutz im Wald, von den entgegenkommenden Fahrzeugen, er
spricht von einer Taktik, er spricht alles in englischer Sprache,
dabei klingt *Pregarten* wie *Praygarden, Gallneukirchen* klingt
wie *Gallnoykerschen* undsofort. Wehrloses Idiom dieser Landschaft; auch die Landschaft ist wehrlos.
Da ist noch eine Wehrlosigkeit gewesen; sie ist geschehen im
nahen Mauthausen; der Dorfname ist jetzt erinnerungsschwer,
als wäre dort die Zeit stehen geblieben und würde niemand
etwas tun, nur erinnern, das Dorf dort wirklich nur ein Wort.
Das wäre dann ein Dorf der Dichter. Und wie kann man diese
Erinnerer unterstützen? Auch der amerikanische Soldat auf
der Landstraße im oberen Österreich ist ein Dichter. Denn er
spricht die zugehörige Sprache nicht, er sagt falsch (?) *Praygarden,* er kennt sich sprachlich nicht aus, aber orientiert sich im
Gelände, sieht den Feind, drängt ihn zurück, kann das auch
sprachlich tun, zuletzt steht er vor dem Konzentrationslager,

dem deutschsprachigen, und mit seiner Hilfe werden die letzten dort Verlorenen gerettet und beschützt. Es geht das deutsche Tor auf, die ersten, die in diesem großen traurigen Bild die Kraft zu sprechen haben, sind gefangen genommene Soldaten, sie sprechen Englisch, sie geben Namen und Rang und die Umstände ihrer Gefangennahme an, die anderen sind still. Dieses deutsche Tor geht auf, heraus kommt und spricht eine fremde Sprache, noch nicht Jiddisch, noch nicht Hebräisch, noch nicht Deutsch, zuerst Englisch.

Zu der Befreiung beigetragen hat der, der zuvor oben auf den Kuppen dieser Landschaft gestanden hatte, der wie ein Dichter war, aus den USA. Was war die Funktion dieses Autors? Sieger sein. »Du sollst deine Sieger lieben.« So wurden die Ehen geschlossen, in den Jahren nach dem Zweiten Krieg, Reisen geplant, Übersiedlungen, und neue Kinder kamen zur Welt. Und: »Du sollst deine Vergangenheit lieben«; das waren dann die allerersten poetischen Sätze im Anfang des Friedens.

Little girls singing about May Day under the windows yesterday.
Never heard this before the other day –
       Violante
      In the pantry
   Gnawing at a mutton bone,
        How she gnawed it,
        How she clawed it,
   When she felt herself alone.

Das ist der Tag des ersten Mai, die erste Zeit des Jahres, das Blühen, Anlaß zum Singen. May Day: das (englische?) radio-telephonische Hilfesignal, das von Schiffen und Flugzeugen verwendet wird, das französische *m'aider* eigentlich, help me, hilf mir. – Dann der Kinderreim über das Mädchen Violante, die verletzbare violette Blume und die Violenz. Im Monat der Verletzbarkeit beginnt das Tagebuch von Gerard Manley Hopkins, der die singenden Mädchen unter seinen Zimmerfenstern gehört hat. »Never heard this before«, das ist kein Urteil und keine Deutung, aber es ist die Beobachtung des Anfangs von Sprache, vielleicht Sprache der Gewalt, des Verschlingens in diesem Fall, vielleicht Sprache der in der Gewalt enthaltenen Zartheit.

Wie Hopkins steht dort auf der Kuppe, vor einem Walddunkel, auf der Landstraße, der amerikanische Soldat, wenn er vom Feind spricht und der Topographie und den zwei nahen Dörfern, so ist er wie ein Landschaftsdichter.

> On further side of the Witney road hills, just fleeced with grain or other green growth, by their dips and waves foreshortened here and there and so differenced in brightness and opacity the green on them, with delicate effect. On left, brow of the near hill glistening with very bright newly turned sods and a scarf of vivid green slanting away beyond the skyline, against which the clouds shewed the slightest tinge of rose or purple.

> Auf fernerer Seite der Straße nach Witney Hügel, im Vlies von Getreide oder anderem grünen Gedeihen, in ihren Senken und Wellen da und dort näher scheinend und das Grün auf ihnen so unterschieden in Helligkeit und Undurchlässigkeit, mit zarter Wirkung. Links, die Braue eines nahen Hügels glitzerte aus sehr hellen neu gewendeten Soden und eine Schärpe lebhaften Grüns bog fort über den Horizont, dagegen die Wolken den geringsten Anflug von Rosa oder Purpur zeigten.

Der Sieger, der da zuerst auf der Kuppe stand und über die Landschaft sprach als die brauchbare für seine Zwecke, die Landschaft als Weg und Straße, von Gegnern bewachsen, mit Bäumen, Sträuchern und Gegnern, ihm unbekannten Namen, und Bächen, die in der Aura des Soldaten *streams* heißen, aber Strom wäre schon etwas anderes, der dann zum Sieger werdende und viele Jahre später in einem Filmbericht aussprechende, er hat eine Möglichkeit geöffnet, die abseits von der Eroberung liegt, eine sublimierende Möglichkeit: Nicht die Sprache ist wirklich, die Vielsprachigkeit ist wirklich. Und anders gesagt: Der über die Kuppen und in die Täler Voranschreitende, der auf diese deutsche, österreichische Katastrophe zu marschiert, der Okkupant, ergreift, gewinnt, nimmt gefangen, kapert, strebt, eilt, wandert, packt, fesselt, betört, überlistet, verlockt, verleitet, empfängt und versteht.

Zwei Tagebücher von Hopkins sind erhalten, von einem Schriftsteller, der in seinem Leben keine Dichtung veröffentlicht hat. Das erste, das Buch von 1863 und 1866, ist vor allem ein Verzeichnis von Beobachtungen der Sprache. Das zweite dann, das Buch von 1866 bis 1875, beobachtet die Landschaft und das in ihr Lebendige und das Wetter. Wie im ersten Buch die Wörter und die Sprache beobachtet wurden, so werden im zweiten das Licht der Landschaft oder Sträucher oder Bäche gesehen. In einzelnen Eintragungen aber sind die Beobachtungen beider, der Sprache und der Landschaft, nicht mehr zu trennen. Dieser Art ist die Eintragung vom 27. (?) Januar 1864.

Till in the eastern seas there rise the lustrous (*or* splendid) sails of morn; the seas *being the sky, not literal.*
The sun coming with pennons of cloud, cloud bannerets, an oriflamme, a »plump« or something of the sort, of spearlike rays.
The sluiced sunrise.
The fields of heaven covered with eye-brights. – White-diapered with stars.

Bis in den östlichen Meeren die glänzenden (*oder* herrlichen) Segel der Frühe aufziehen; dabei die Meere der Himmel sind, nicht buchstäblich.
Und die Sonne mit Banderolen von Wolken nähert, mit Banner-Rittern, einem goldenen Fanal, eine Art »Trupp«, speer-gleicher Strahlen.
Die Schleusen des Sonnenaufgangs.
Die Felder des Himmels übersät mit Augentrost. – Weiß-gewirkt von den Sternen.

Es gibt verschiedenes, beinahe gleichzeitig, zu diesem »Cluster« zu sagen. Zum einen: daß hier vom Krieg gesprochen ist; die Goldflamme ist das Zeichen für den Beginn des Gefechts, der Auseinandersetzung; die Helligkeit, der Tagesanbruch, das Farbmeer sind ein kriegerischer Anfang, nur zurecht sind die ersten Strahlen der Sonne wie Speere. Der Tag wird ein Sieger sein. – Dann die Lichtüberschwemmung, Überwältigung, Öffnung des Schleusentors und der Einfluß des Lichts, bis die weiße Textur aufgehängt ist und der Augentrost.
Textilien sind auch die Segel im ersten Satz, der Segelstoff. Der weiße Tag segelt über die Nacht. Warum sind die Metaphern notwendig? Darauf steht eine Antwort wie: Die Funktion des Autors ist es, das Durchschimmern zu erlernen. Not literal: In diesem Wort vom Meer, das nicht buchstäblich ist, von der Sprache, die nicht buchstäblich ist, bleibt mehr sichtbar, bleibt

der Prozeß mehrsprachig. Der Autor erlernt die Mehrsprachigkeit. Der Satz, das Meer sei der Himmel und nicht buchstäblich, ist vergleichbar den anderen Untersuchungen linguistischer Erscheinungen, wie man sie im ganzen frühen Tagebuch findet; vergleichbar auch den Landschaftsbeobachtungen im späten Tagebuch; Sprache und Landschaft gehen ineinander. Das Nichtbuchstäbliche hier ist etwas Schwimmendes, Flimmerndes, etwas Unfestes, Übergehendes, Überfließendes. Wiederholt beschreibt Hopkins die Liquidität von Himmeln; aber seine Sprache ist selbst eine Liquidität.

Was ist das, die Mehrsprachigkeit und das Durchschimmern? »An oriflamme, a ›plump‹ or something of the sort«; zunächst das lateinische Wort für das Farbfanal, dann das merkwürdige Wort unbekannter Herkunft, das von Hopkins in Anführungsstriche gesetzte »plump«, fern fern vom vorigen Fremdwort, schließlich das Ungefähre, »something of the sort«. Die Sprache geht durch ein Mehrfaches.

Das Mehrfache und das Durchschimmern, sie sind Bilder Arkadiens. In einem Gedichtentwurf, den Hopkins in seinem Tagebuch notiert, gelingt es ihm, aus dem Wort »shepherd« eine Mehrsprachigkeit zu entwickeln; was in der ersten Strophe des Gedichts der Hirte war, shepherd, wird in der zweiten Strophe sheep und daraus sleep, in der dritten Strophe zuletzt shape. Sheep. Sleep. Shape.

He was a shepherd of the Arcadian mood,
That not Arcadia knew nor Haemony.
Affinèd to the earnest solitude,
The winds and listening downs he seem'd to be.

He went with listless strides, disorderedly.
And answer'd the dry tinkles of his sheep
With piping unexpected melody.
With absent looks inspired as one drunk deep
In nectar filter'd thro' the thymy leaves of sleep.

He rested on the forehead of the down
Shaping his outlines on a field of cloud.
His sheep seem'd to step from it, past the crown
Of the hill grazing:

243

Mehrsprachig heißt auch, daß die Sprache zu sprechen beginnt, und sie sagt: sheep; sleep; shape. Was heißt das: die Sprache beginnt zu sprechen?

Jetzt zurück zum Meer, welches Himmel ist. Gesprochen ist ein solcher Satz vom Meer nahezu, wie ein Fremder spricht, wie der zu Beginn auf einer Kuppe vor einem Wald stehende Krieger; auch ihm dreht sich der Himmel. Die See, die nicht buchstäblich ist: Dieser Augenblick des Nichtbuchstäblichen, liest man das fragmentarische frühe Tagebuch weiter, nein: Wörterbuch, liest man das frühe Wörterbuch weiter, ereignet sich am Horizont einer bestimmten Schlacht. Sogleich die nächste Eintragung, es ist vielleicht immer noch der 27. Jänner 1864, ist ein Selbstgespräch des Aias, Aias mit dem kreisenden Namen; Aias reflektiert die Rettung des schwer verwundeten Odysseus aus der Schlacht, selbst liegt er von Lehm und Blut befleckt, Halme des Grases stechen in seine Wunde, sobald er sich bewegt. Dieses Selbstgespräch führt er nach seiner Schande, nach seinem wütenden, gescheiterten Versuch, den Rivalen Odysseus zu überfallen und zu töten, und liegt befleckt von jener Schande: in einem Wahn hat er nicht Odysseus überfallen (Athene hat dafür gesorgt), vielmehr die Schafe, Schweine und Rinder der Weiden. Da liegt er, bereit zum Sterben, zur Erlösung von der Schande und phantasiert die Rettung des schwer verwundeten Odysseus, bedenkend die damaligen Gefahren der Schlacht und die Gefahr für Odysseus:

Dann wenn er verwundet wäre und kurz vor der Überwältigung würde ich ihn retten, ihm nach Hause helfen, nein ihn tragen mit furchtbarer Vorsicht, zu meiner Genugtuung seinen Kopf loben und seine Weisheit im Rat, aber andeuten daß Kopf und Hand nicht ganz gleich sein konnten, Kopf den anerkannten alle u.s.f., und seine Tapferkeit loben und ihm sagen was mit dem Lager geschehen solle. – Doch nein, er hat mit meinen Waffen gesiegt... Ich hasse seine gefällige Gutmütigkeit, seine Vergebung meiner Verbitterung, der ich nicht vergeben mag. Oft in den Straßen der Zelte sehne ich mich seine Wangen zu treffen.

Die Phantasie setzt fort bis zum Begraben der Reste des schwer Verwundeten:

Dann an einem Sommertag, Troja erobert, wird seine Seele fühlen wie die Graswurzeln erwärmen, und während Nektarluft über den Kaps und Landspitzen wartet und die Himmel blau schwimmen und die Golfe leer sind, wird er verdoppelten Augensinn haben und die Segel aufragen sehen im Meer von Tenedos und die Griechen auf der Heimfahrt.

»Not literal« – »double-sighted«, das ist wohl das gleiche Ereignis, das östliche Meer, darauf die Segel aufziehen, und die blau schwimmenden Himmel vor Tenedos. Vielleicht ist es die Poetik der Tagebücher des Gerard Manley Hopkins. Vielleicht kann man sie eine Kontaminationspoetik nennen, die nicht Sprache spricht, sondern Sprachen, die den Himmel und das Meer kontaminiert. Durch Kontamination entstehen die Sätze, Sätze voller Ansteckungspartikel, Berührungen. Der kontaminierte Satz ist eine Weise, etwas im Kern Instabiles (womöglich Radioaktives), etwas das seine Identität aufzugeben bereit ist, etwas Verwandliges, Mausiges faßlich zu machen. »Von nahe beobachtend die Bewegung einer Fahne im Wind.« – »Wir gingen (in Basel) durch große raumhaltige Straßen und Plätze noch unbelebt und kamen zu Brunnen mit dem klarsten schwarzen Wasser durch das Teile von Dingen auf dem Grund weiß schimmerten.« – »Der Giessbach fällt wie Ladungen Schnee oder wie Lasten von scheinendem Reis. Die kleineren Fälle darin zeigen lebhaft gezweigte, gittrige und gerollte Ränder die hinabtanzen, wie die frischeste Endivie.« – »Da sind um eine der Höhen der Jungfrau zwei Enden oder Fälle eines Gletschers. Nähme man die Haut eines weißen Tigers oder das tiefe Fell irgendeines anderen Tiers und ließe es in der Luft hoch kreisen und schleuderte es dann fort vor sich, es würde fallen und so alles in seiner Bahn umklammern und umlappen wie dieser Gletscher und das Vlies würde sich in ebensolche Spalte teilen: man muß erwarten einen lazulith Unterflaum erscheinen zu sehen.« – »Im Abstieg zwischen dem Pilatus und einer langgestreckten Wolke war der blaue Himmel grünlich. Seither habe ich entdeckt diese Farbe wird sichtbar blickt man vom Schnee zum Himmel verstehe aber nicht warum: ist da vielleicht ein rosa Ton im Weiß unterdrückt (– *purpurea candidior nive*)?« Bracchia purpurea nive, die Haut purpurweißer Schnee, pur-

purglänzend, purpurschimmernd; so kommt das mehrfache Herz der Wirklichkeit zum Vorschein – *purus,* klar, hell, lauter, rein, einfach, und *purpurus,* so verstärkt, verdoppelt klar, so von der Trauer verändert, daß die Farbe tiefrot wird. Hopkins, auf dieser Wanderung, vom Schnee zum Himmel blickend, wiederholt offenbar ein tiefes Wissen, daß der Schnee violett ist. In den Eklogen des Vergil ist die Farbe in der weißen Narzisse gesehen, purpureo narcisso, und im leuchtenden Frühling, hic ver purpureum. In den Metamorphosen des Ovid heißt es: So wie im Purpur pflegt zu erscheinen die Luft, wann zuerst Aurora herannaht. Bei Vergil und Ovid ist die Farbe auch den Worten *lumen* und *lux* beigegeben. Im Tagebuch Goethes: der Purpur des Schaumes und Staubes (des Rhein-Wasserfalls). Im tiefen Bild ist der Schnee purpurn, vor allem weiß, aber in Tönungen und Unterdrückungen außerhalb weiß. Oder: Der Schnee, im Kontinuum, ist weiß und purpurn. Auf einer Landesstraße im oberen Österreich stand der Offizier auf einer schwarz-weiß Landschaft, vor einem dunklen Wald, nahe dem Lager. Sagte man, dieser Soldat wurde damals, vom Feuer unten und vom Gasströmen in den Souterrain-Räumen, purpurfarben, wäre das aber Alchemie? Daß dort im Feuer, Griechisch *pur,* in der Vernichtung, in der größten Trauer, im Violett und in der Violenz noch ein glänzendes Nichts sei? Ja, in bestimmter Weise, wir dieses Nichts sind, in einem sehr weiten Februar? Die Farbe also wieder da sei der Pflanzen, Früchte und Blumen, der Morgensonne und der Abendsonne, des leuchtenden Himmels und der so beleuchteten Wolken und Berge, Farbe manchmal der Bäche oder des Meeres, Verfärbung des Asphalts, Farbe des Fadens, der den Knopf an der Jacke hält, und auf beiden Wangen und durchscheinend aus dem Hornmaterial der Brille, Farbe der Industriehalle, Farbe der Plane auf einem Lastwagen, Farbe der Mauer von Rom und überall?

Es ist Zeit, vom Wörterbuch und dem Kontinuum in dem Gedicht »alfabet« der dänischen Lyrikerin Inger Christensen zu sprechen. Bewegt und bestimmt wird dieser große Zyklus von einem alphabetischen Gesetz, von der Wortfolge Aprikosenbäume, Brombeeren, Chrom, Dunst usf. »die aprikosenbäume gibt es, die aprikosenbäume gibt es«, diese Verdoppelung bildet das Anfangsgedicht. Dann das zweite, die deutsche Übersetzung ist zum Teil gezwungen, von der alphabetischen Folge abzuweichen: »die farne gibt es; und brombeeren, brombeeren/und brom gibt es; und den wasserstoff, den wasserstoff«. Das dritte Gedicht: »die zikaden gibt es; wegwarte, chrom/und zitronenbäume gibt es; die zikaden gibt es;/die zikaden, zeder, zypresse, cerebellum«. Die alphabetische Ordnung des Gedichts verhilft ihm sogleich zu einer erstaunlichen Weite. Warum? Das enggefaßte oder nukleare Gesetz schafft sogleich die Kontamination, Kontamination mit allem, was alphabetisch auf dem Weg liegt. Dann wird das Gedicht eine topographische Studie – zunächst: »die tauben gibt es; die träumer, die puppen/die töter gibt es; die tauben, die tauben;/dunst, dioxin und die tage; die tage/gibt es; die tage den tod; und die gedichte/gibt es; die gedichte, die tage, den tod« – dann weit fortgeschritten:

... die Erde; die Erde in ihrem lauf
um die Sonne gibt es; die Erde auf ihrer route
durch die Milchstraße gibt es; die Erde unterwegs
mit ihrer last von jasminen, mit jaspis und eisen,
mit eisernen vorhängen, vorzeichen und jubel, mit Judasküssen
geküßt auf verdacht und jungfräulichem zorn in
den straßen, Jesus aus salz; mit dem schatten des
jakarandabaums überm flußwasser, mit jagdfalken, jagdflugzeugen
und januar im herzen, mit Jacopo della Quercias
brunnen Fonte Gaia in Siena und mit juli
so schwer wie eine bombe; mit heimischen hirnen,
mit herzfehlern und zittergras und erdbeeren,
mit den wurzeln des eisenbaums in der erdmüden erde

die Erde die Jayadeva in seinem mystischen gedicht
aus dem 12. jahrhundert besingt; die Erde mit
der küstenlinie des bewußtseins blau und mit nestern wo
es den fischreiher gibt, mit seinem graublau gewölbten
rücken, oder es die zwergdommel gibt, kryptisch
und scheu, oder es den nachtreiher, den seidenreiher gibt,
und den grad von flügelschlägen bei heckenbraunellen, kranichen
und tauben; es die Erde gibt mit Jullundur, Jabalpur und

der Jungfrau, mit Jotunheim und dem Jura
gibt, mit Jabron und Jambo, Jogjakarta
gibt, mit erdgestöber, erdrauch gibt,
mit wassermassen, landmassen, erdbeben gibt,
mit Judenburg, Johannesburg, dem Jerusalem von Jerusalem

die atombombe gibt es

Hiroshima, Nagasaki

Hiroshima am 6.
august 1945

Nagasaki am 9.
august 1945

140.000 tote und
verletzte in Hiroshima

ca. 60.000 tote und
verletzte in Nagasaki

zahlen die stillstehn
irgendwo in einem fernen
gewöhnlichen sommer

seitdem sind die verletzten
gestorben, erst viele, die
meisten, dann weniger, aber

alle; zuletzt
die kinder der verletzten,
totgeboren, sterbend,

viele, ständig
einige, schließlich die
letzten; ich stehe in

meiner küche und schäle
kartoffeln; der wasserhahn
läuft und übertönt
fast die kinder
draußen im hof;

die kinder rufen und
übertönen fast
die vögel draußen in
den bäumen; die vögel
singen und übertönen

fast das flüstern
der blätter im winde;
die blätter flüstern
und übertönen fast
mit stille den himmel,

den himmel der leuchtet,
und das licht das fast
seit damals dem feuer der
atombombe ein wenig
geähnelt hat

Alles schimmert hindurch, als Schimmer ist alles, bis in das
fernste, anwesend. Der Autor in einem Schimmerprozeß oder
Schimmelprozeß wiederholt; in der letzten Strophe vom Himmel ist das Licht des Tages der Wiederholer oder Hervorschim-
merer der einmal abgeworfenen Kriegsbombe; das Wort Atombombe – was für ein Wort im Gedicht – ist kein Nenner oder
Fixierer, sondern ein Wiederholer und Täufer oder ein Wieder-
täufer. Nicht das Ereignis ist benannt, sondern es leuchtet hervor, es wird, leuchtend, dem großen Schmelztiegel beigegeben,
wie mit einer Hoffnung. Tatsächlich beginnt die nächste Seite
des Gedichts mit den Zeilen »die liebe gibt es, die liebe gibt
es/so selbstvergessen deine hand in meine geschmiegt …«
Oder soll man, mit diesem Gedicht, sagen, daß die Dichtung
»zu einer Quelle hinlauscht« oder zu einer Fruchtbarkeit? Wo
ist die Quelle? Entfernst du dich von ihr? Sprichst du manchmal von ihr? Weißt du noch etwas von ihr zu erzählen? Kannst
du sie erkennen in einem geplatzten Wagenreifen am Straßenrand? Ein glitzernder Wagen: Was an ihm kannst du erkennen,
im rostfreien Leichtmetall, ist auch darin eine Quelle und ein
Überrinnen, ein Wachstum, eine Auktion? Jetzt ist es formulierbar: Wahrnehmen ist eine Quelle sehen. Oder, in anderer
Formulierung, gültig vielleicht bei Pasolini: Kontamination ist

die Entdeckung der Quelle. Noch enger gefaßt: Kontamination ist die Quelle.

Wenn die Sprache der Dichtung Zeichen verwendet: was sind diese Zeichen? Das Wort ist zurückphantasierbar auf eine indoeuropäische Wurzel, die etwa *dei* gelautet haben mag. Dieses *dei* sagte: hellglänzen, schimmern, leuchten, sichtbar sein. Aus dieser Quelle entspringt das griechische *delos,* sichtbar, ebenso das lateinische *dicere,* sagen. Zeichen sind, wenn man dieser Phantasie folgt, Dinge, die schimmernd sprechen, hindurchschimmernd sagen. Oder die Sprache der Dichtung ist ein Honig, das Zeidelige im Waldbezirk, die Zeichen sind nach ihrem Glanz benannt. Ein Zeichen ist kein Benenner, es steht zu den Dingen der Welt nicht in der nennenden Beziehung, sondern es läßt sich durchleuchten, schimmert, leuchtet von etwas außerhalb seiner selbst. Diese Beziehung zu den Dingen ist eine generell wunderbare und märchenhafte. Das Zeichen ist ein Wunder. – Aber spricht man von Schimmer, so spricht man zugleich von Schimmel. »Es geschehen noch Zeichen und Pilze.« Die Funktion des Autors ist fungus. Er bildet aus Laub oder Holz oder Leblosem oder aus dem Wort von der Atombombe Schimmel und Schimmer, er schließt es enzymatisch auf, selbst gehörig zu den sogenannten fungi imperfecti, sagen wir: schließt eine wie die am Beginn dieser Geschichte angesprochene Katastrophe enzymatisch auf, und es wird Schimmel und Schimmer oder durchscheinend. Dabei ist ja auch zu denken an die hellgelb bis schwarz geborenen Fohlen, die bis zum zwölften Lebensjahr fast rein weiß werden, Schimmel. Rein weiß heißt hier: von Erinnern kontaminiert, rein weißer Anwesenheit der Verletzten und Toten. So daß es dann sagbar wird: Die Toten sind tot, in uns werden sie schimmern (Schemen, Personen, Larven).

Auf einer Landstraße im oberen Österreich der Mann stand auch, dort vor der Kamera, ein wenig vertraut und verbunden. Er stand, aber erzählend von etwas ganz anderem, in der Naivität. Ein »zum ersten Mal« spricht in seinen Worten mit, zum ersten Mal road, hill, grass, stream. Seine Siegersprache – that village down there, the woods over there, trucks coming up the hillside – war auch eine naive, fast junge Sprache und eine native; ein Fremder, aber plötzlich ist in seiner Sprache auch Entstehung, Natürlichkeit, Naivität, auch etwas von guter Weltordnung und Naturkraft. Ins Spiel gebracht sind die Naivität, die Nation und die Natur, wo der Mann steht, der vor Jahren ein Soldat war; Humus oder Saul vor Damaskus. Entsteht er nicht selbst gerade, aus Humus und humilitas? Oder vorsichtiger ausgesprochen: auf diesem Humus wächst fungus.

Und noch einmal anders: der Autor widersetzt sich der Gewalt des Satzes, widersetzt sich dem Starksein, aber durch Bejahung; durch die Anreicherung, Autorisierung des Schmelztiegels. Zuletzt heißt es: das Tor öffnen, sich widersetzen durch das Öffnen. So auch bewegten sich die Befreier Mauthausens und sie widersetzten sich dem Bauwerk und sie öffneten es, die Tore gingen auf, die, die als unwürdig, unwert, unzugehörig beurteilt worden waren, sogenannte Fremde, das Blut und die deutschösterreichische Reinheit kontaminierende, kamen erschöpft, stumm hervor, am 5. Mai 1945, im wirklichen Sinn zeichenhaft, man sieht das in den Filmdokumenten der amerikanischen Berichterstatter, hervorschimmernde, da das Tor geöffnet wird.

Auf die Sanftheit läuft es zu. Ist die Sprache sanft, daraus ein durchschimmerndes Wörterbuch zu schreiben? Sanft, das heißt reich und widersprüchlich, enharmonisch vielleicht und häßlich, gering, manchmal dialektal und manchmal gehörig unbeholfen, unprometheisch. Durch die Stärke und Eroberung hindurch zum verdoppelten Augensinn (und zur Übersetzung). Am 27. Januar 1864: »Bis in den östlichen Meeren die glänzenden (oder herrlichen) Segel der Frühe aufziehen; dabei die Meere der Himmel sind, nicht buchstäblich.« Und später am selben Tag:

> Ich hasse seine gefällige Gutmütigkeit, seine Vergebung meiner Verbitterung, der ich nicht vergeben mag. Oft in den Straßen der Zelte sehne ich mich seine Wangen zu treffen (...) Dann an einem Sommertag Troja erobert, wird seine Seele fühlen wie die Graswurzeln erwärmen, und während Nektarluft über den Kaps und Landspitzen wartet und die Himmel blau schwimmen und die Golfe leer sind, wird er verdoppelten Augensinn haben und die Segel aufragen sehen im Meer vor Tenedos und die Griechen auf der Heimfahrt.

Odysseus, der jetzt den verdoppelten Augensinn hat, ist tot und lebendig. Aias hat ihn getötet, aber nein, in einem Zustand der Verwirrung ging sein Zorn gegen die Rinder und Schafe und Schweine auf der Weide, und er ist in Schande zurückgeblieben. Odysseus ist tot und lebendig, und während die Himmel blau schwimmen und die Buchten leer sind, sieht er die Segel auf der See und besitzt den verdoppelten Augensinn, in einem Augenblick wie dem der ersten Eintragung des Tages, in einem Augenblick, wo die Meere der Himmel sind, wo die Meere nicht wörtlich sind, sondern aufgehend und schimmernd, sich erweiternd.

Augenblick der Zweisprachigkeit, wie eine englische Sprache neben einer deutschen Sprache. Hopkins' zwei Journale wechseln in der Beobachtung von Landschaft zu Sprache, von Blättern zu einem Verb, von einer Redewendung zu einem Bach, vom Himmel zu einem dialektalen Wort oder von den Wolken zu einer etymologischen Darstellung. Auch diese beiden Journale sind Entwicklungen des verdoppelten Augensinns, beinahe Tagebücher zweier Sprachen, einer Sprache wie spuere, spit, spuma, spume, spoom, spawm, spittle, spatter, spot, sputter, und einer Sprache, die sagt: »neben der Straße Hyazinthen dicht, und Schöpfe von Schlüsselblumen und Lichtnelken.«

Am Ende von Sophokles' »Aias«, in der Übersetzung von Wolfgang Schadewaldt, spricht, in fünf Zeilen, der Chor ad spectatores:

Ja, vieles vermögen die Sterblichen,
Wenn sie es gesehn, zu erkennen,
Indessen, ehe denn man sah,
Ist keiner ein Seher des Kommenden:
Was einmal mit ihm sein wird.

Darauf wohl darf man Hopkins' Begriff vom verdoppelten Augensinn beziehen. Und nun – zum Ende – zum Anfang der Bezug; zu dem Soldaten stehend auf der Landstraße, jenem in der Fremdsprache über die Landschaft redenden – a wood, a valley, that field – und dem auf diese Weise das Kommende sichtbar machenden, die andere Zeit sichtbar machenden, das andere sichtbar machenden, wie soll ich das sagen? Das Kommende ist ja nicht zukünftig, sondern ein wenig neben der Aufmerksamkeit, auch Aufmerksamkeit der einen Sprache; in der unverfügbaren Dauer.

Dichterin, Dichter; ein da Sitzender, in dem blühenden Garten am Stadtrand, schauend zu dem vorüberfahrenden Verkehr, aufmerksam auf die blauen Flächen der Tankstelle, auf die dort haltenden Wagen, auf das unklare Geräusch der Zählmechanik in der Zapfsäule, unklares Geräusch – hat dieses Wort nicht die Erinnerung von nuklear?, aber schreibt das Wort nicht auf, der Blick wandert, der da Sitzende ist vielleicht ganz ohne Ambition, hat nie ein wirkliches Gedicht geschrieben oder nie eines veröffentlicht, wie Hopkins während seines Lebens keines veröffentlicht hat oder der Radfahrer, der pfeifend auf der Landstraße fährt, in dem blauen Hemd gekleidet und der blauen Hose; der Radfahrer lenkt von der Straße in einen Feldweg, bald kommt er von seinem Fahrrad herunter und sitzt in der Wiese; sitzt er nicht da wie eine kleine Fabrik, inmitten einer Ebene weit gestreuter Fabriken? Im blühenden Garten am Stadtrand, Besitzer vielleicht der Atombombe, so wie manche Länder und manche Armeen Besitzer der Atombombe sind; aber er würde sie nirgendwo zum Ziel schicken, das unterscheidet den hier Sitzenden.

Die Funktion des Autors ist es, eine Möglichkeit von Frieden wahrzunehmen.

Jänner/Februar 1991

Zu den Schriften dieses Buchs bin ich in jedem Fall eingeladen worden. »Das Wort« folgt der Einladung zu einem Gespräch über »Das Wort«; »What he could not forget« einer anderen zu einem Gespräch über »Erinnerung«, »Abj.« zu einem über das »Weiterschreiben«, Thema, das ich nicht verstanden habe; »Durchscheinendes Wörterbuch« antwortet auf die Frage nach der »Funktion des Autors«. »Wien. Wald« sind »Wiener Vorlesungen zur Literatur« und die »Freiluftszenen und Farbenlehre« sind das, was man »Wiener Poetik Vorlesung« nennt.

Inhalt

27.11.99